Educar con cerebro

ELVIRA PEREJÓN

Educar con cerebro

Hábitos y herramientas de crianza y neuroeducación para crecer con salud mental

Grijalbo

Papel certificado por el Forest Stewardship Council®

Primera edición: mayo de 2025

Printed in Spain – Impreso en España

ISBN: 978-84-253-6968-1
Depósito legal: B-4.517-2025

Compuesto en M. I. Maquetación, S. L.

Impreso en Liberdúplex, S.L.
Sant Llorenç d'Hortons (Barcelona)

GR 6 9 6 8 1

Índice

Introducción

Educar a nuestros hijos es, sin duda, una de las experiencias más profundas y gratificantes que podemos vivir. La crianza, para mí, es un camino de ambivalencia que se resume en dos vías: responsabilidad y oportunidad.

Responsabilidad porque es un camino lleno de retos, donde cada paso trae consigo una gran oportunidad de hacerlo cada vez mejor o, al menos, diferente. Nadie nos prepara para este viaje: es largo, intenso y lleno de incertidumbre, incluso cuando todo parece ir bien.

Si para desempeñar cualquier profesión hay que prepararse, certificarse, estudiar, o para conducir un vehículo hay que sacarse el carnet, ¿por qué para tener un hijo supuestamente no debemos formarnos? ¿Debemos saberlo todo cuando sostenemos a ese bebé en brazos por primera vez?

Cada etapa de la crianza tiene sus propios desafíos, y en cierto modo tener hijos se parece mucho a pilotar un avión; no puedes aprender solo sobre la marcha y ponerte al frente de los mandos sin más, necesitas más que instrucciones básicas, pero eso casi nadie te lo cuenta. Todo el mundo espera que sepamos exactamente cómo criar a un niño desde el primer día.

Y es que ser madre o padre implica algo extraordinario: lo que hacemos tiene un impacto duradero, ya que la ciencia ha demostrado que las experiencias en los primeros años de vida son cruciales, y aquí es donde de nuevo subrayo los conceptos responsabilidad y, también, oportunidad. Es en estos años cuando se empiezan a formar los cimientos de los pensamientos, emociones y comportamientos que son la base de su futuro, ahí es donde me refiero al punto de la oportunidad, de ser guías y acompañantes.

El cerebro humano está en pleno desarrollo desde el nacimiento, absorbiendo y procesando todo lo que ocurre a su alrededor: lo que vive en el entorno familiar, lo que percibe a través de sus sentidos, todo se traduce en conexiones neuronales que forjarán su manera de ver el mundo. Este proceso de desarrollo cerebral es extremadamente sensible a las experiencias; la estimulación oportuna desempeña un papel fundamental en ello, y las madres y padres somos los guías para que ese proceso de aprendizaje en desarrollo culmine de forma más o menos exitosa.

No se trata solo de cubrir las necesidades básicas de nuestros hijos, sino de ofrecerles el ambiente adecuado para que sus fortalezas individuales se desplieguen. Porque cada niño tiene talentos únicos, y nuestra tarea es reconocer esos talentos y ayudar a potenciarlos. Pero nada de esa potencialización tendría sentido si no cuidamos sus emociones y su salud mental. Todo el desarrollo de sus habilidades pasa a un segundo plano si la dimensión emocional está al descubierto.

Con la estimulación adecuada, podemos fomentar su curiosidad natural, su capacidad para resolver problemas, su empatía y su creatividad, pero sobre todo ayudarles a crecer con una salud mental y emocional óptima. Por eso, a lo largo de estas páginas, quiero proporcionarte las herramientas para que sientas la confianza y seguridad que da la información veraz basada en la neurociencia. Porque aunque no existe una receta perfecta para criar a un hijo, sí sabemos que hay pequeños hábitos, respaldados por pruebas científicas, que pueden tener efectos poderosos en el futuro.

Educar será mucho más sencillo si estamos preparados y si entendemos cómo funciona su cerebro y cómo sus experiencias se reflejan en su comportamiento. Es como sacarse el carnet de crianza y pilotar este avión con destreza cual acróbata aéreo.

Antes de que te sumerjas en estas páginas quiero decirte que el cerebro de un niño es extraordinariamente plástico, capaz de adaptarse, crecer y reconfigurarse en función de las experiencias que vive, por tanto si estás leyendo este libro y tu peque ya no es un bebé y crees que llegas tarde, no es así. Puedes aplicar todo lo que aquí aprendas, porque nunca es demasiado tarde para re-aprender. Aquí aprenderás o re-aprenderás qué necesita tu hijo en cada momento, independientemente de la edad que tenga, y es aquí donde radica el poder de conocer toda la información que nos ofrece la neuroeducación o como a mí me gusta llamarle: la neurocrianza.

Para sacar lo mejor de nuestros hijos no se trata de sobrecargarlos con actividades, sino de ofrecerles retos y experiencias que les permitan explorar sus habilidades, aprender a través del juego y descubrir sus propias fortalezas. En esta etapa temprana, cada interacción cuenta: desde una conversación simple hasta el momento de jugar, cantar o leer juntos. Y no creas que para ello necesitarás miles de juguetes o cachivaches, no, nada de eso.

Quiero que este libro esté presente en tu estantería, como consulta en cualquier situación que te abrume, porque todos queremos hacer lo mejor posible, pero a veces simplemente no sabemos por dónde empezar. Nos dejamos guiar por el instinto, que es genial, pero también en ocasiones por consejos de la suegra o la vecina del quinto que no son adecuados para el desarrollo e incluso cuando no sabemos qué hacer, improvisamos y eso nos lleva a no obtener los resultados que deseamos.

Te entiendo perfectamente, soy madre de tres hijos y hoy la cantidad de información disponible es abrumadora, y muchas veces contradictoria, y de repente te encuentras anhelando encontrar el camino para convertirte en la madre o el padre que deseas ser, porque todos queremos hacerlo bien. Y es que cuando la cosa se complica con los más pequeños, en lo más profundo de nosotros, sentimos que nos falta algo que nos permita entender mejor lo que sucede dentro de nuestros hijos, y esa pieza es la neuroeducación unida al amor incondicional y al respeto mutuo, una metodología propia que transformó completamente mi crianza.

Cada palabra de este libro está escrita con la esperanza de que, al aplicarlo en tu hogar, encuentres esa transformación que estás buscando. Porque educar con cerebro es darles a nuestros hijos las mejores herramientas para una vida plena y exitosa.

1
Conociendo el cerebro

¿CÓMO ES EL CEREBRO DE MI HIJO?

Para comenzar a educar con cerebro, es imprescindible tener unas nociones básicas sobre cómo funciona no solo el de los más pequeños, sino también el de los adultos cuando nos enfrentamos a la crianza.

Quiero empezar derribando algunos mitos preconcebidos que tenemos respecto al cerebro de nuestros hijos, y es que un bebé al nacer no viene como un lienzo en blanco. Nuestro cerebro es como una máquina fascinante y en constante evolución que se adapta al entorno donde vive. Para que entiendas mejor esta maquinaria, me gustaría usar una metáfora que siempre ayuda: imagina que las neuronas de tu hijo son como los edificios de una ciudad en construcción, ya listos y esperando empezar a funciona; cada neurona tiene tres partes clave, que podemos comparar con el funcionamiento de esa ciudad.

1. **Cuerpo celular (soma):** Es como el centro de mando o el edificio principal donde se toman las decisiones. Este lugar es responsable de coordinar todo lo que la neurona hace y de mantenerla funcionando correctamente.
2. **Dendritas:** Son como las antenas de comunicación o los receptores de señal en lo alto de los edificios. Las dendritas reciben la información de otras neuronas, como si

fueran mensajes o instrucciones que llegan de diferentes partes de la ciudad.

3. **Axón:** Es como una carretera o una vía rápida que conecta ese edificio con otros, llevando la información o los mensajes hacia su destino. Algunos axones están cubiertos por «asfalto especial» (la mielina) que permite que los mensajes viajen más rápido y sin interrupciones y los axones se van recubriendo de esa sustancia a medida que el neurodesarrollo se va produciendo.

Al final del axón está la sinapsis, que es como un puente que conecta una carretera con otra, permitiendo que el mensaje continúe hacia la siguiente neurona. Así, las neuronas están siempre conectadas, trabajando juntas como los edificios de una ciudad que se comunican entre sí para que todo funcione de manera coordinada. A medida que tu hijo aprende y experimenta el mundo, las «carreteras» entre los edificios se van multiplicando y reforzando, mejorando la comunicación y haciendo que la ciudad del cerebro sea cada vez más eficiente y capaz. Estas sinapsis son los puntos de contacto entre neuronas que permiten la transmisión de señales eléctricas y químicas, lo que hace posible el aprendizaje, la memoria, el procesamiento de la información y todo lo que sucede en nuestro cuerpo. Cuantas más conexiones se formen y se fortalezcan, más eficiente será el cerebro para procesar información.

Imagina ahora que esa ciudad en construcción, donde las neuronas son los edificios principales, no está organizada al azar. Al contrario, el cerebro tiene un diseño fascinante que permite que todas esas conexiones funcionen de manera eficiente. Veamos cómo está organizada esta ciudad y qué otras «trabajadoras» se aseguran de que todo marche como debe.

Si miramos esta ciudad desde arriba, veremos que las calles (los axones) no se extienden al azar, sino que se agrupan en grandes avenidas (tractos axonales), que conectan distintas regiones del cerebro para que trabajen juntas. Esto hace que la información viaje de manera eficiente, como si los mensajes de cada barrio llegaran rápidamente a su destino. Para que esta ciudad funcione bien, no solo necesitas edificios y carreteras. También necesitas trabajadores que mantengan todo en orden, reparen daños y aseguren el bienestar general. En el cerebro, estos trabajadores son las células gliales. Aunque no son tan conocidas como las neuronas, y antes solo se les consideraba «pegamento» entre las neuronas, tienen un papel fundamental. Si volvemos a comparar el cerebro con una ciudad, podemos ver cuáles son los principales equipos de trabajo:

1. **Astrocitos:** Son como los servicios públicos de la ciudad. Se encargan de alimentar a los edificios (las neuronas) y de limpiar las calles (el entorno químico). También reparan daños si ocurre algún accidente, como una lesión o un problema en la comunicación.
2. **Oligodendrocitos:** Son los asfaltadores de las carreteras. Su trabajo es recubrir las vías rápidas (los axones) con mielina, para que los mensajes viajen sin interrupciones y a toda velocidad.
3. **Microglía:** Este equipo es el servicio de seguridad y limpieza profunda. Vigilan que no haya intrusos (infecciones) y eliminan los escombros (conexiones o células que ya no sirven). También ayudan a remodelar las carreteras y edificios, asegurándose de que la ciudad siga creciendo de manera eficiente.

Si caminamos por la ciudad, notamos que tiene dos niveles principales: el centro urbano sería como la corteza cerebral y es la zona más visible desde el exterior, donde los edificios están apretados y forman arrugas o pliegues (giros y surcos). Estas arrugas no son casuales, sino que permiten que haya más espacio para los edificios, maximizando la capacidad de la ciudad. Los suburbios serían como las estructuras subcorticales que son como los barrios más profundos, debajo del centro urbano. Aquí encontramos lugares clave que describimos, *grosso modo*, como el tálamo (el centro de control de señales), la amígdala (donde se gestionan las emociones) y el hipocampo (responsable de la memoria). Estas zonas están conectadas con el centro urbano por grandes avenidas de sustancia blanca.

Imagina que en el cerebro de tu hijo hay un pequeño «centro de servicios esenciales» llamado hipotálamo. Es el encargado de regular las necesidades básicas de su cuerpo, como el hambre, la sed, el sueño y la temperatura. Cuando tu bebé siente hambre y empieza a llorar pidiendo comida, el hipotálamo ha detectado que el «tanque de energía» de su cuerpo está vacío y ha activado señales para que se alimente. Si está jugando y empieza a sudar porque hace calor, el hipotálamo ajusta el «termostato» interno para ayudar a regular la temperatura corporal. Cuando está cansado, es el hipotálamo quien le dice al cuerpo que es hora de apagar las luces y descansar.

Además, el hipotálamo tiene un papel crucial en los momentos de conexión emocional. Por ejemplo, cuando tú y tu bebé os miráis mientras le das de comer, el hipotálamo libera oxitocina, la hormona que refuerza el vínculo afectivo y fomenta la confianza. Este mismo mecanismo se activa durante el contacto piel con piel después del nacimiento o cuando consuelas a tu pequeño tras una caída.

En otro suburbio de la ciudad cerebral está la amígdala, que actúa como una alarma que reacciona ante cualquier emoción intensa o situación de peligro. En los niños pequeños, esta alarma es especialmente sensible, ya que su cerebro todavía está aprendiendo a diferenciar entre lo que es peligroso y lo que no lo es. Por ejemplo, si un perro ladra de repente cerca de tu hijo, puede reaccionar con un sobresalto o incluso llorar antes de entender qué ha pasado. Esto ocurre porque la amígdala ha detectado un posible peligro y ha activado una respuesta antes de que su cerebro haya tenido tiempo de procesar la situación. De la misma manera, cuando se asusta al escuchar un trueno fuerte o ve algo desconocido, su cuerpo puede prepararse para huir, quedarse paralizado o llorar (las famosas «3F»: *fight, flight, freeze*).

Además, la amígdala no solo responde al miedo, sino también a emociones positivas intensas. ¿Recuerdas cuando eras pequeño y te dieron una sorpresa, como un regalo inesperado, y tu reacción fue quedarte boquiabierto o saltar de emoción? Eso también es obra de la amígdala.

Este suburbio emocional también tiene otro papel importante: ayudar a tu hijo a grabar recuerdos. Por ejemplo, si tuvo una gran fiesta de cumpleaños, la amígdala le ayuda a guardar ese recuerdo como algo especial. Sin embargo, si vive algo muy estresante, como un accidente o una caída fuerte, la amígdala puede sobrecargarse y dificultar que el cerebro guarde ese recuerdo de forma clara; esto es lo que le suele pasar a las personas que han sufrido estrés postraumático y no recuerdan la experiencia.

Cerca de la amígdala está el hipocampo, que actúa como un archivista en la ciudad cerebral de tu hijo. Si la amígdala etiqueta los momentos con emociones, el hipocampo organiza esos recuerdos para almacenarlos. Por ejemplo, cuando tu hijo aprende algo nuevo, como montar en bicicleta o recordar el nombre de un amigo, el hipocampo se encarga de clasificar esa información para que pueda recuperarla más tarde. También le ayuda a entender el concepto de «antes y después». Por eso, a medida que crece, tu hijo puede empezar a contarte historias o recordar el orden de las cosas que hizo durante el día. El hipocampo es como una biblioteca que se llena a medida que tu hijo explora el mundo. Y lo más emocionante es que, incluso en la infancia, esta biblioteca puede «construir nuevas estanterías» gracias a la creación de nuevas neuronas, ese proceso llamado neurogénesis.

Por último, en otro suburbio de la ciudad cerebral encontramos el distrito del placer y la motivación, gestionado por el núcleo accumbens y el área tegmental ventral. Estas áreas son responsables de las sensaciones de alegría y del impulso de buscar cosas que nos gustan. Por ejemplo, cuando tu hijo disfruta de un helado o recibe un abrazo, este distrito se activa y libera dopamina que le hace sentir placer. Pero este distrito no solo responde al placer; también impulsa a tu hijo a perseguir lo que quiere. Por ejemplo, cuando intenta una y otra vez encajar piezas de un rompecabezas hasta lograrlo, este sistema le motiva a seguir intentándolo. Sin embargo, este circuito necesita equilibrio. Cuando los niños pequeños tienen acceso constante a recompensas rápidas, como los estímulos inmediatos de las pantallas, este sistema puede sobreactivarse y dificultar que encuentren placer en actividades más sencillas; esto lo veremos en próximos capítulos.

Estos suburbios están conectados con el «centro de la ciudad» (la corteza cerebral), que es donde tu hijo tomará decisiones más conscientes y desarrollará habilidades como la planificación o el razonamiento. A medida que crece, su corteza cerebral aprenderá a comunicarse mejor con estos suburbios, ayudándole a regular sus emociones, controlar sus impulsos y responder de forma más equilibrada a los desafíos del día a día.

Entender cómo funcionan estas áreas subcorticales te ayudará a comprender mejor por qué tu hijo reacciona de ciertas maneras, cómo aprende y por qué algunas experiencias son tan significativas para él. En esta gran ciudad cerebral, cada barrio tiene su propósito, y juntos trabajan para construir el maravilloso cerebro en desarrollo de tu pequeño.

Lo más fascinante de esta ciudad es que nunca está terminada. A medida que tu hijo explora, aprende y crece, las carreteras entre los edificios se multiplican y refuerzan. Es como si nuevos puentes y túneles se construyeran constantemente para hacer que el tráfico de información sea más rápido y eficiente. Este proceso, llamado plasticidad cerebral, es la clave del aprendizaje y la adaptación.

Esta es una versión muy pero que muy resumida sobre cómo se organiza el cerebro. Evidentemente me encantaría adentrarme y profundizar en muchos más detalles neurofriki, como yo le llamo, describiéndote cada una de las áreas del cerebro, pero ni tú tendrías tiempo para leerlo ni es el propósito de este libro, porque quiero que puedas aplicar hábitos prácticos en la crianza y no solo centrarnos en la teoría, aunque no te negaré que en este primer capítulo hay la teoría básica para que puedas aplicarla como un gran experto cuando termines estas páginas.

Durante los primeros años de vida, el cerebro forma sinapsis a una velocidad impresionante. Cada vez que hablas con tu hijo, juegas con él o lo abrazas, su cerebro está fortaleciendo esas conexiones y construyendo un mapa más complejo y eficiente. Este proceso de sinaptogénesis se acelera en la primera infancia, lo que permite que los niños adquieran rápidamente habilidades motoras, cognitivas y emocionales. La palabra *sinaptogénesis* proviene del griego: *sinapsis*, que significa «unión» o «conexión», y *génesis*, que significa «nacimiento» o «creación». Por lo tanto, sinaptogénesis se refiere al «nacimiento de conexiones», y es que durante los primeros años de vida tu peque formará en su cerebro muchas conexiones neuronales, hasta cinco veces más.

En la primera infancia, el cerebro realiza un proceso llamado poda sináptica o poda neuronal, eliminando las conexiones que no se utilizan con frecuencia y reforzando aquellas que son esenciales para la supervivencia y el desarrollo del niño para que el sistema nervioso sea más eficiente y especializado.

Así que podríamos decir haciendo alusión a la metáfora anterior, que la poda neuronal es el proceso de mejorar y optimizar las carreteras y puentes que conectan los edificios de la ciudad. Imagina que, al principio, cuando las neuronas de tu hijo están formando conexiones, se construyen muchas carreteras, algunas grandes y otras pequeñas, para ver cuáles son las más útiles. Sin embargo, los ingenieros de la ciudad se dan cuenta de que algunas vías no se usan mucho o no son eficientes y no todas estas carreteras serán necesarias a largo plazo. Entonces comienzan a eliminar esas carreteras para que las principales se fortalezcan y funcionen mejor. De esta forma, las conexiones que realmente son importantes para las habilidades y el aprendizaje de tu hijo se vuelven más rápidas y eficientes para aumentar la superficie necesaria para la recepción de neurotransmisores que facilitan la interconexión cerebral.

Entre los 2 y los 6 años, el cerebro ha creado un vasto número de conexiones, y es en esta etapa donde se inicia una gran reorganización. Este es un momento crucial en el desarrollo cognitivo y emocional del niño. Las sinapsis relacionadas con habilidades que el niño usa con frecuencia, como el lenguaje, el movimiento o las habilidades sociales, se consolidan, mientras que las conexiones que no se utilizan, como aquellas relacionadas con estímulos que el niño no experimenta regularmente, se eliminan.

Otra etapa importante de poda ocurre durante la adolescencia, donde el cerebro pasa por una segunda gran reestructuración. En esta fase se eliminan las conexiones redundantes que no se han utilizado, permitiendo que el cerebro se especialice en áreas que son más necesarias para la vida adulta.

Además, la poda sináptica también varía en función de las áreas del cerebro. Por ejemplo, las áreas del cerebro relacionadas con las habilidades sensoriales, como la vista o el oído, experimentan la poda mucho antes que las áreas responsables de las habilidades cognitivas superiores, como la planificación o la toma de decisiones, que siguen desarrollándose hasta bien entrada la edad adulta.

Por tanto, desde la neurociencia se afirma que la poda sináptica es fundamental porque al eliminar las conexiones que no son útiles, el cerebro puede concentrarse en aquellas que realmente importan, lo que facilita el aprendizaje y mejora la capacidad del niño para adaptarse al entorno. Si el cerebro no realizara esta poda, sería como una ciudad llena de carreteras y caminos que no llevan a ningún sitio, haciendo más difícil moverse de un lugar a otro. Por ejemplo, si un niño crece en un entorno donde se habla más de un idioma, su cerebro mantendrá las conexiones relacionadas con ambas lenguas y eliminará aquellas que no son necesarias. Por eso los niños expuestos a diferentes idiomas en los primeros años los aprenden con más facilidad. Del mismo modo, un niño que se cría en un ambiente donde se le estimula emocionalmente, tendrá un cerebro mejor conectado en las áreas relacionadas con la regulación emocional.

Es importante recordar que el entorno tiene una influencia clave en el proceso de poda sináptica. El cerebro de los niños se adapta a las experiencias que viven. Si un niño recibe mucho amor, atención y estimulación cognitiva, las conexiones relacionadas con esas experiencias se fortalecerán. Por otro lado, un niño que no tiene acceso a suficiente estímulo sensorial o emocional, o que vive en un entorno muy estresante, verá cómo algunas de sus conexiones potencialmente valiosas no se desarrollan o se eliminan. Por eso es tan importante que, como madres, padres, cuidadores, proporcionemos a nuestros pequeños un entorno rico en experiencias, lleno de oportunidades de aprendizaje, tanto emocional como cognitivo. Y seguramente te estés preguntando «Vale, Elvira, ¿cómo se crea ese entorno rico en experiencias? Quiero hacerlo ya». A lo que te respondo: no tengas prisa. Primero vamos a entender un poco de teoría para pasar luego a la parte práctica y te conviertas en un gran experto en darle ese ambiente lleno de oportunidades de aprendizaje a tu hijo.

Además, no creas que necesitarás una gran inversión ni materiales costosos para crear ese ambiente, sino que las muestras y gestos de amor y cariño, el juego, hablar con ellos, dejarles libertad para la exploración y el movimiento físico, son todas experiencias que ayudan a construir y consolidar las conexiones cerebrales más importantes y son oportunidades a las que cualquier persona tiene acceso independientemente de su situación económica.

Hablando de nuevo de la poda sináptica, quiero explicarte que también hay veces que puede verse alterada o no producirse correctamente debido a una combinación de factores biológicos, ambientales y relacionados con las experiencias tempranas del niño. Puede deberse a factores genéticos y predisposición biológica, ya que, en ciertas condiciones genéticas o neurológicas, el cerebro puede no ser capaz de realizar este proceso de manera eficiente. Por ejemplo, algunos estudios sugieren que las personas con autismo tienen un exceso de conexiones sinápticas debido a una poda sináptica insuficiente.

Otra razón por la que el proceso de poda se puede ver alterado es por crecer en un entorno poco estimulante, ya que el cerebro necesita estimulación sensorial y emocional para que se produzca una poda sináptica eficiente. Un entorno pobre en estímulos, donde el niño no esté expuesto a suficientes experiencias sensoriales, emocionales o cognitivas, puede llevar a que el cerebro no identifique qué conexiones son necesarias y cuáles no. Por ejemplo, estudios realizados en niños que han crecido en ambientes de privación severa han demostrado que estos niños suelen tener una poda sináptica deficiente, lo que afecta a su desarrollo.

Por otro lado, el estrés crónico en la infancia, especialmente cuando ocurre en entornos donde el niño no se siente seguro o querido, puede interrumpir el proceso de poda sináptica. Cuando un niño está sometido a estrés crónico, su cerebro se ve inundado por altos niveles de cortisol, la conocida hormona del estrés. Esta inundación de cortisol puede interferir con el desarrollo normal del cerebro y su capacidad para llevar a cabo una poda sináptica eficiente. El estrés tóxico puede surgir en situaciones como abuso o negligencia, conflictos familiares continuos y ambientes inestables o inseguros.

El cortisol elevado durante largos periodos afecta especialmente las áreas del cerebro encargadas de la memoria y la regulación emocional, como el hipocampo y la amígdala. Estas regiones pueden verse afectadas negativamente, lo que compromete su capacidad para eliminar conexiones innecesarias y optimizar las que son útiles para el aprendizaje y la adaptación.

Las primeras interacciones entre el bebé y sus cuidadores son esenciales para el desarrollo cerebral. Si un niño crece en un entorno donde no recibe suficiente atención afectiva o donde las relaciones son impredecibles, su cerebro puede tener dificultades para llevar a cabo una poda sináptica efectiva. El apego inseguro, en el que el niño no tiene una relación estable y segura con sus cuidadores, puede interrumpir la capacidad del cerebro para eliminar las sinapsis no necesarias y fortalecer aquellas que son útiles. Un apego seguro, en cambio, y del que hablaremos más adelante, favorece el desarrollo adecuado de la poda sináptica, ya que el niño experimenta seguridad emocional y la interacción con el cuidador le proporciona experiencias ricas en estímulos positivos que guían el cerebro en la correcta eliminación de conexiones.

Obviamente, el uso excesivo de tecnología (pantallas, dispositivos móviles) desde edades tempranas también puede interferir en el neurodesarrollo, ya que los estímulos artificiales, como los que provienen de dispositivos digitales, pueden sobreestimular el cerebro y dificultar la identificación de qué conexiones deben eliminarse y cuáles deben mantenerse en el proceso de poda. Un entorno sobrecargado de estímulos digitales, donde los niños tienen poco tiempo para el juego no estructurado o la interacción social directa, puede llevar a un exceso de conexiones que no reflejan adecuadamente el mundo real.

La alimentación también tiene un papel fundamental en el desarrollo cerebral y en la poda sináptica. Una dieta pobre en nutrientes esenciales para el cerebro, como los ácidos grasos omega-3, el hierro y la colina, puede afectar negativamente el proceso de poda sináptica. La deficiencia en la dieta puede ralentizarla y comprometer el desarrollo óptimo del cerebro.

Ahora que ya conoces algunos de los motivos por lo que puede no producirse una correcta poda neuronal, me gustaría contarte que, si no se produce de manera adecuada, el cerebro se convierte en una red sobrecargada e ineficiente y le cuesta trabajar de forma eficaz. Por ejemplo, puede ocurrir un desgaste energético, ya que el cerebro consume aproximadamente un 20 % de la energía del cuerpo, a pesar de representar solo el 2 % del peso corporal. Si la poda sináptica no ocurre, el cerebro requiere más energía para gestionar todas las conexiones. Esto es como intentar alimentar una ciudad que nunca detiene el crecimiento de sus caminos, lo que resulta en un uso excesivo de recursos sin aportar beneficios. Sin una poda adecuada, el cerebro puede desperdiciar energía, lo que dificulta el rendimiento cognitivo.

Cuando el cerebro tiene que procesar más información de la que necesita, se vuelve lento e ineficaz y queda afectada la capacidad del niño para procesar información y tomar decisiones de manera rápida y eficiente. Por ejemplo, un niño podría tener dificultades para concentrarse en una tarea porque su cerebro está tratando de manejar demasiadas conexiones, algunas de las cuales no son relevantes para la tarea en cuestión. Es como intentar conducir por una ciudad con demasiadas calles secundarias sin Google Maps.

Una ineficaz poda neuronal supondrá dificultades en el aprendizaje, ya que las conexiones no relevantes interfieren con las rutas más importantes. Esto podría manifestarse en problemas de atención, memoria o procesamiento de información, lo que haría más difícil para el niño aprender nuevas habilidades o adaptarse a entornos escolares. También puede generar sobrecarga sensorial: el cerebro es incapaz de filtrar eficazmente los estímulos no relevantes del entorno. Por ejemplo, si el niño está en una sala llena de personas hablando, luces brillantes y música, le resultaría más difícil centrarse en una conversación o tarea. Este fenómeno ocurre porque el cerebro no ha optimizado su capacidad para priorizar las señales importantes y eliminar las irrelevantes. La poda sináptica es crucial para ayudar al cerebro a filtrar lo que es significativo y lo que no lo es.

Mantener conexiones innecesarias puede dificultar también la gestión de sus emociones, lo que podría manifestarse en problemas de comportamiento o de control de la ira, la ansiedad o la frustración, ya que las áreas del cerebro involucradas en la regulación emocional no están funcionando de manera eficiente. En situaciones más extremas, una poda sináptica insuficiente también se ha relacionado con trastornos emocionales, como la esquizofrenia, donde se cree que la falta de poda adecuada durante la adolescencia puede contribuir al desarrollo de la enfermedad. Si las sinapsis emocionales que no son necesarias no se eliminan, puede haber una hiperactividad en las áreas cerebrales responsables de la emoción, lo que lleva a dificultades para regular emociones intensas.

Quizá te estés preguntando: «Elvira, ¿y esto cómo afecta a la plasticidad cerebral de la que tanto se habla?». Bien, vayamos por partes. La plasticidad cerebral, que es la capacidad del cerebro para cambiar y adaptarse en función de las experiencias, puede también verse afectada. Si el cerebro mantiene demasiadas conexiones ineficaces, pierde parte de esta plasticidad, lo que significa que le resultará más difícil adaptarse a nuevos entornos o desafíos o nuevas rutinas y cambios en la vida. La plasticidad es fundamental durante los primeros años de vida, ya que es lo que permite al niño aprender y adaptarse de manera efectiva a su entorno para conocerlo y aprender a sobrevivir al mismo, porque nuestro cerebro no ha venido a esta vida para hacernos felices, nuestro cerebro se encarga básicamente de nuestra supervivencia y por eso es una gran maquinaria que nos ayuda a adaptarnos lo mejor posible al entorno en el que crecemos con el objetivo de seguir vivos.

Después de todo esto, espero que tengas claro que, como madres y padres, es importante favorecer un entorno emocionalmente seguro, rico en experiencias y afecto. Y creo que ahora puedo leerte la mente y te oigo decir «Muy bien, y ¿cómo ayudo yo a favorecer un entorno seguro emocionalmente, rico en experiencias?». No te preocupes que a lo largo de los capítulos te convertirás en experto en ello porque iremos a la parte práctica y te mostraré todos los trucos que me ayudan en mi día a día, pero antes es muy necesario que conozcas un poquito la teoría.

¿CUÁNTOS CEREBROS TENEMOS?

Quiero dejar claro que el cerebro no es una máquina dividida en secciones estancas, sino que todos los «barrios» o áreas cerebrales están interconectadas, colaborando en tareas como el movimiento, la emoción, el lenguaje o el pensamiento lógico. El cerebro humano es uno de los órganos más fascinantes y complejos del cuerpo, pero a lo largo de la historia han surgido ideas erróneas que lo presentan dividido en diferentes capas con funciones separadas, como si tuviéramos un «cerebro reptiliano» para los instintos, uno «emocional» para los sentimientos y uno «racional» para el pensamiento lógico. No es así: todo el cerebro trabaja en conjunto, como una orquesta, donde las distintas secciones (hemisferios y áreas) tocan diferentes «instrumentos», pero siguen una misma melodía; es un sistema integrado donde todas sus áreas colaboran, funcionando de manera holística y conectada. No hay un cerebro instintivo separado de un cerebro emocional o racional. Las emociones y la razón están profundamente vinculadas y no pueden funcionar de manera independiente.

Para comprender mejor cómo ayudar a tu hijo a alcanzar su máximo potencial, es útil saber cómo funciona y se desarrolla su cerebro desde los primeros meses de vida hasta la infancia. Esto no significa que debas ser un experto en neurociencia, y por eso quiero ser tu «traductora» y que puedas aplicar la neurociencia en casa. Unos conocimientos básicos te darán herramientas para tomar decisiones informadas y acompañar su crecimiento de manera más efectiva.

Seguro que has oído hablar de neurodesarrollo, ese proceso continuo que ocurre desde el nacimiento, en el cual el cerebro no solo aumenta el número de conexiones neuronales, sino que también comienza a mielinizar sus axones, ese «asfalto especial» que permite que los mensajes viajen más rápido y sin interrupciones. Ese proceso en que los axones (que son como el rabito de las neuronas) se recubren de una sustancia blanca que les permite que las señales eléctricas viajen más rápido entre ellas es crucial para que el cerebro sea más eficiente y mejore sus capacidades cognitivas y motoras.

Un indicador clave del desarrollo cerebral es el perímetro craneal, que refleja el crecimiento del cerebro dentro del cráneo. Desde el nacimiento hasta los 6 años, la cabeza de nuestros niños y niñas crece mucho:

- Al nacer, el perímetro craneal de un bebé suele ser de aproximadamente 34-35 centímetros.
- A los 6 meses, este ha crecido hasta unos 43-44 centímetros, lo que refleja la rápida expansión del cerebro durante el primer año de vida.
- A los 12 meses, el perímetro craneal se aproxima a los 46-47 centímetros, y a los 2 años, alcanza entre 48-49 centímetros aproximadamente.
- El crecimiento del cráneo continúa hasta los 6 años, cuando el perímetro craneal suele estabilizarse alrededor de 52-54 centímetros de media.

Por tanto, date cuenta de que al nacer, el cerebro de un bebé tiene aproximadamente el 25 % del tamaño de un cerebro adulto. Alrededor de los 2 años, el cerebro ya alcanza entre el 80-90 % del tamaño adulto, lo que subraya la importancia de estos primeros años de vida para su desarrollo, y por eso es normal que incluso veamos que las cabezas de nuestros niños y niñas parecen descompensados respecto al resto de su cuerpo. ¿Imaginas que nos creciera la cabeza tanto cada seis años?

Sin embargo, el tamaño no lo es todo. El cerebro es como una red eléctrica que necesita activarse, y la energía para esa activación proviene del entorno. La calidad del entorno donde el niño crece, las interacciones con sus figuras de apego, y las oportunidades de aprendizaje son los que realmente moldean las conexiones neuronales. Estudios recientes han demostrado que el amor, la interacción social positiva y la estimulación cognitiva ayudan a que estas conexiones se fortalezcan y se mantengan a lo largo del tiempo. En contraste, la privación emocional o un entorno estresante puede afectar negativamente el desarrollo neuronal, lo que puede resultar en problemas emocionales o cognitivos más adelante.

Por tanto, es esencial tener muy presente que durante los primeros años, nos encontramos las llamadas ventanas de oportunidad, que son momentos críticos en los que el cerebro es especialmente receptivo a ciertos tipos de aprendizaje, como el desarrollo del lenguaje y las habilidades motoras. A lo largo de este libro, voy a enseñarte a ver estas ventanas de oportunidad para que puedas estimular de forma oportuna a los más pequeños. Porque aprovechar estos momentos con experiencias ricas y variadas, tanto cognitivas como emocionales, es fundamental para que el niño se desarrolle en plenitud.

ETAPAS DEL CRECIMIENTO CEREBRAL

Antes de comenzar este apartado quiero que sepas que el cerebro no crece ni se desarrolla de manera uniforme, sino que existen etapas críticas en el desarrollo del cerebro en las que unos aspectos maduran antes que otros, y el entorno que rodea al niño en cada una de estas etapas es básico y fundamental. Por eso no hay dos cerebros iguales, ya que cada persona vive experiencias diferentes y tiene una genética singular, pero a pesar de estas diferencias podemos hablar sobre etapas comunes que nos explica la neurociencia.

Seguiremos con la metáfora de la construcción de nuestra ciudad cerebral. Esta ciudad sigue un plan muy bien definido, en el que las zonas más profundas y antiguas del cerebro, como las áreas subcorticales, se construyen primero porque garantizan las necesidades básicas. Desde allí, el desarrollo avanza hacia las estructuras más sofisticadas y modernas de la corteza cerebral, siguiendo un orden que respeta dos principios fundamentales: de atrás adelante (posterioridad-anterior) y de arriba abajo (céfalo-caudal). Este proceso explica por qué algunas habilidades básicas se desarrollan antes que otras más complejas.

Cuando decimos que el cerebro se desarrolla de abajo hacia arriba, se refiere a que las áreas del cerebro más básicas, como el tronco encefálico (encargado de funciones vitales como la respiración y el ritmo cardíaco), se desarrollan primero. Otras áreas, que ya hemos visto, como el hipotálamo, la amígdala y el hipocampo, son las responsables de gestionar las funciones esenciales para la supervivencia, como el hambre, el sueño, las emociones básicas y los primeros recuerdos. En los primeros meses de vida, estas zonas están en plena actividad, asegurando que tu bebé pueda responder al mundo que lo rodea. Las áreas superiores, como el córtex cerebral, que gestionan funciones más complejas como el pensamiento, el lenguaje y el autocontrol, se desarrollan más tarde.

En el cerebro, la construcción del «centro urbano» comienza en las regiones traseras de la ciudad y avanza hacia las áreas delanteras. Este principio explica por qué los niños primero desarrollan habilidades más simples, como percibir el entorno, y luego avanzan hacia funciones más complejas, como planificar o tomar decisiones.

El lóbulo occipital, situado en la parte trasera del cerebro, es uno de los primeros en activarse. Este barrio es como la ventana visual de la ciudad, encargada de procesar todo lo que entra a través de los ojos. En un recién nacido, el sistema visual es inmaduro y la capacidad del lóbulo occipital para procesar imágenes complejas todavía está en construcción. Al principio, los bebés solo pueden percibir formas simples, patrones de alto contraste (como blanco y negro) y objetos que están muy cerca de su cara, aproximadamente a 20-30 centímetros, que coincide con la distancia entre sus ojos y el rostro de quien lo sostiene. En esta etapa, el lóbulo occipital se encarga de interpretar estas imágenes básicas, como si la ciudad cerebral estuviera activando sus primeras antenas de recepción visual. A medida que el bebé crece, el lóbulo occipital empieza a procesar información más compleja, como colores, texturas y movimientos.

El lóbulo parietal, situado un poco más adelante, desarrolla el mapa sensorial de la ciudad. Este lóbulo actúa como el sistema de orientación espacial y procesamiento táctil. En los primeros años, tu hijo empieza a explorar el mundo con las manos y el cuerpo: toca, siente y aprende a entender dónde están los objetos en el espacio. El tacto se procesa principalmente en este lóbulo, en una región llamada corteza somatosensorial primaria, que se encuentra justo detrás del lóbulo frontal, en el giro postcentral. Esta área actúa como un mapa del cuerpo, recibiendo información sobre las sensaciones físicas, como el contacto, la presión, el calor, el frío y el dolor, provenientes de diferentes partes del cuerpo. En los bebés, esta región es extremadamente activa, ya que el tacto es una de sus primeras formas de explorar el mundo. Por ejemplo, cuando sienten las caricias de su mamá o papá o agarran un dedo, esta información viaja hasta el lóbulo parietal, donde se interpreta y les ayuda a formar conexiones con su entorno.

Hablando de los sentidos, es curioso que el sentido del gusto no se encuentra exclusivamente en un solo lóbulo cerebral, ya que implica la colaboración de varias áreas del cerebro para procesar la información que recibimos a través de la lengua y las papilas gustativas. Sin embargo, su procesamiento principal ocurre en el lóbulo parietal, aunque también involucra otras regiones clave como el lóbulo temporal, la ínsula y el sistema límbico donde se integran el gusto con las emociones. Esto explica por qué ciertos sabores nos producen placer o rechazo.

El siguiente barrio es el lóbulo temporal, ubicado a los lados del cerebro. Aquí se encuentra el archivo sonoro y lingüístico de la ciudad. En los primeros años de vida, este barrio procesa las palabras y sonidos que escucha tu hijo, ayudándole a aprender el idioma y reconocer las voces de las personas importantes para él. Cuando tu hijo empieza a recordar canciones o repetir palabras, este lóbulo está trabajando intensamente para desarrollar su lenguaje y su memoria auditiva.

Otro dato curioso es que el sentido del olfato no pasa primero por el tálamo, como la mayoría de los otros sentidos, sino que su información llega directamente a este lóbulo temporal, específicamente a una región llamada corteza olfativa primaria, situada cerca del bulbo olfativo. Esta zona es responsable de procesar los olores, permitiendo que distingamos fragancias y aromas, y este sentido es de los primeros en desarrollarse en recién nacidos. El olfato también está muy vinculado al sistema límbico, que incluye estructuras como la amígdala y el hipocampo, ambos esenciales para las emociones y los recuerdos. Esto explica por qué los olores suelen desencadenar recuerdos emocionales muy vívidos, algo que también ocurre en los bebés, ayudándoles a formar vínculos afectivos tempranos con quienes los cuidan. De hecho, se suele decir que el olor más vendido es el de la vainilla porque recuerda a la leche materna.

Finalmente, el lóbulo frontal, situado en la parte delantera de la ciudad cerebral, es el último en desarrollarse completamente. Este barrio es como la oficina del alcalde, donde se toman las decisiones importantes y se gestionan las tareas más complejas. Aunque empieza a trabajar desde los primeros años, sigue en construcción durante toda la infancia y adolescencia e incluso más allá de los 25 años, aunque todavía no hay unanimidad científica en este dato. Este lóbulo es el encargado de habilidades como el autocontrol, la planificación y el razonamiento. En los niños pequeños, su desarrollo aún es limitado, lo que explica por qué a veces les cuesta esperar, gestionar sus emociones o pensar antes de actuar.

Con todo esto que te acabo de contar, podrás deducir que el cerebro empieza a desarrollarse en la etapa prenatal. Durante el embarazo, se forman miles de millones de neuronas que comienzan a migrar a diferentes áreas del cerebro, creando las bases para el futuro procesamiento sensorial y motor. La salud de la madre, cómo maneja el estrés durante el embarazo y cómo se alimenta durante esta etapa tienen un impacto directo en el desarrollo cerebral del bebé. Por eso es muy importante que cuidemos siempre a nuestras embarazadas, porque estamos cuidando por partida doble.

Una vez que el bebé está en nuestros brazos, de 0 a 2 años, podemos decir que es una gran etapa de oportunidad para el desarrollo cerebral. Durante este tiempo, el cerebro del niño está en su máximo esplendor en términos de creación de sinapsis, con un ritmo impresionante de más de un millón de conexiones neuronales por segundo. Aquí es cuando el niño comienza a desarrollar habilidades motoras básicas, reconoce las voces y rostros familiares, y muestra los primeros signos de apego emocional. Un entorno seguro y amoroso, junto con oportunidades de estimulación temprana, son muy importantes en esta etapa, pues sientan las bases para el desarrollo posterior y para la vida adulta.

Entre los 2 y 6 años, el cerebro comienza a priorizar y consolidar las conexiones neuronales más utilizadas a través del proceso de poda sináptica (recuerda a los ingenieros cortando carreteras secundarias). Durante este tiempo, el cerebro se deshace de las conexiones que no son necesarias para hacer más eficientes las redes neuronales. Aquí es donde las experiencias cotidianas, como el juego, el lenguaje y la interacción con otros niños y adultos, tienen un impacto profundo en el desarrollo de habilidades sociales, emocionales y cognitivas.

De 7 a 12 años, el cerebro se enfoca en el desarrollo de habilidades más complejas como el pensamiento lógico, la resolución de problemas y la planificación. Las habilidades se van perfilando y se va accediendo a procesos de habilidades superiores. Las experiencias educativas y sociales a esta edad, como la escuela y las relaciones de amistad, desempeñan un papel fundamental en el fortalecimiento de las funciones ejecutivas.

La corteza prefrontal, encargada de la toma de decisiones y el autocontrol (entre otras muchas habilidades), todavía no está madura y lo hace lentamente. Es importante recordar, insisto, que en cada una de estas etapas, el cerebro depende del entorno para su desarrollo óptimo. Un entorno emocionalmente seguro y cognitivamente estimulante es esencial para que el cerebro de tu hijo pueda desarrollar todo su potencial, y por eso permíteme que te hable un poco sobre epigenética.

La magia de la epigenética

Imagina que los genes son como un libro de recetas que heredamos de nuestros padres. En él está escrita la información básica para construir y hacer funcionar cada célula de nuestro cuerpo, incluido el cerebro. Este libro no solo nos define como humanos, sino que también explica por qué los hijos se parecen a sus padres biológicos. ¿Has notado alguna vez cómo un recién nacido puede heredar los ojos de su madre o la sonrisa de su padre? Pues eso es la genética en acción.

Sin embargo, los genes no actúan solos. Aunque nos entregan las herramientas y las pautas básicas, necesitan algo más: un contexto para decidir qué hacer y cuándo. Aquí entra en juego la epigenética, que es como el chef que interpreta y adapta esa receta según los ingredientes disponibles. Es decir, aunque heredamos un conjunto de genes, las experiencias que vivimos y el ambiente en el que crecemos pueden «activar» o «desactivar» ciertas instrucciones genéticas, dejando marcas que influyen en cómo funcionamos.

Los genes no solo definen cómo se desarrolla nuestro cuerpo, sino también cómo funciona nuestro cerebro. Esto incluye nuestra manera de pensar, aprender, reaccionar a los retos e incluso cómo gestionamos nuestras emociones. Pero ¡ojo! Los genes no dictan todo, son más bien como un punto de partida. Su influencia en el comportamiento y las capacidades cognitivas depende del entorno en el que crezcan los niños. Es decir, el estilo de crianza, el tipo de educación que reciben y las experiencias que les brindamos actúan como un «director de orquesta» que regula cómo se expresan esos genes. Por ejemplo, hay genes que ayudan a formar conexiones en el cerebro relacionadas con el aprendizaje o la creatividad, pero estas conexiones necesitan ser estimuladas. Si creamos un ambiente enriquecedor, con juegos, conversaciones, música y cariño, esos genes pueden expresarse plenamente. Por el contrario, en un entorno poco estimulante o lleno de estrés, es posible que algunas de estas capacidades no se desarrollen como podrían.

Seguro que alguna vez has escuchado a alguien decir: «Es igual de cabezota que su abuelo» o «Tiene el carácter fuerte de su madre». Y es cierto, los genes tienen algo que ver con nuestra personalidad. Pero aquí viene lo interesante: aunque la genética puede influir, no lo define todo. Por ejemplo, los rasgos de personalidad, como ser extrovertido, creativo o responsable, tienen una base genética, pero también dependen del ambiente en el que crezcamos. Las investigaciones muestran que entre el 30 % y el 50 % de las diferencias en estos rasgos se debe a la genética, mientras que el resto está relacionado con las experiencias y aprendizajes vividos. Es como hacer un pastel: los genes son los ingredientes básicos, pero el resultado final depende de cómo los combines, cuánto tiempo los hornees y los toques que les des. Tú, como madre o padre, tienes un papel fundamental como «chef principal» en esta receta.

El doctor David Bueno elaboró una tabla de heredabilidad de algunas características cognitivas y sociales que me parece fascinante, donde describe en qué porcentaje dependen unas características de lo que diga nuestra genética y en qué porcentaje depende del entorno en el que crecemos. Por ejemplo, la habilidad lectora y matemática tiene un porcentaje de heredabilidad del 68 %, lo que se traduce en que el otro 32 % depende del ambiente en el que se desarrolle el niño. Por otro lado, la capacidad para afrontar nuevos retos tiene una heredabilidad del 14 % y el 86 % restante depende del entorno o, por otro lado, la musicalidad tiene un porcentaje de heredabilidad de entre el 21 y el 51 % y el resto, entre el 49 al 79 %, dependería de si el entorno favorece esta aptitud. De hecho, hay características que varían además según el sexo. Por ejemplo, se sabe que la inteligencia tiene una base genética, pero los factores ambientales, como la estimulación temprana o el acompañamiento emocional, tienen un impacto aún mayor en los primeros años. Lo mismo ocurre con habilidades como la creatividad o la memoria: si les das espacio para explorar, aprender y equivocarse, estarás moldeando su cerebro para el futuro.

Ahora bien, a medida que crecemos, esta plasticidad disminuye. El cerebro adulto sigue cambiando, pero no al mismo ritmo que el de un niño. Por eso es tan importante aprovechar esta etapa temprana para ofrecerles un entorno lleno de oportunidades. La epigenética nos dice algo poderoso: aunque no podemos cambiar los genes con los que nacen nuestros hijos, sí podemos influir en cómo se expresan. Cada vez que eliges responder con paciencia en lugar de gritar, cada libro que lees con ellos antes de dormir, cada conversación en la que los escuchas con atención, estás dejando una huella positiva en su desarrollo. Es como cuidar un jardín. No podemos decidir qué semillas vienen en la bolsa, pero sí podemos regarlas, proporcionarles luz y protegerlas de las plagas. Lo que hagas hoy en la crianza de tus hijos tendrá un impacto en cómo afrontan la vida mañana. ¿No es maravilloso saber que tienes ese poder?

Por ejemplo, en estudios sobre el impacto del estrés en el desarrollo, se ha observado que la exposición prolongada a ambientes inseguros afecta el sistema de respuesta al estrés en el cerebro de los niños, modificando la expresión de los genes que regulan el cortisol, la hormona del estrés. Esto puede predisponer al niño a tener una mayor vulnerabilidad emocional o dificultades para gestionar sus emociones.

Además del impacto del estrés, el afecto y la estimulación cognitiva desempeñan un papel crucial en la modificación epigenética. Los niños que crecen en un entorno donde se sienten queridos y protegidos desarrollan un cerebro más flexible y mejor preparado para el aprendizaje y la regulación emocional. Por ejemplo, los niños que tienen acceso a una educación rica en experiencias sensoriales y sociales muestran una activación de genes asociados a la memoria y el aprendizaje, lo que facilita la formación de nuevas conexiones neuronales.

La alimentación, el juego libre y el contacto físico son también factores importantes que contribuyen a la expresión saludable de los genes. Estos estímulos promueven la creación de conexiones neuronales fuertes y resistentes, y aseguran que el cerebro del niño esté preparado para enfrentar los desafíos futuros, tanto emocionales como cognitivos.

Personalmente, lo que más me asombra de la epigenética y por eso me fascina hablar sobre ella, es que algunos de estos cambios no solo afectan al individuo, sino que pueden transmitirse a las futuras generaciones. Esto significa que las experiencias que vive una persona pueden influir en la expresión genética de sus descendientes, lo que refuerza la importancia de un entorno emocionalmente seguro y cognitivamente estimulante en los primeros años de vida. Aquí es donde vuelvo a resaltar la importancia de estar informados en la crianza.

¡Qué gran oportunidad tenemos de cambiar las cosas y qué gran responsabilidad a la vez! Lo fascinante de la epigenética es que el entorno adecuado puede «programar» el cerebro para el éxito.

Ventanas de oportunidad

El cerebro no está siempre preparado de la misma forma para aprender. Existen ventanas de oportunidad, momentos en los que es especialmente receptivo a ciertos aprendizajes. Estas ventanas, también llamadas periodos críticos, son tiempos en los que ciertas habilidades, como el lenguaje o la regulación emocional, se adquieren más fácilmente.

Durante estos periodos, el cerebro está literalmente «configurado» para absorber información de manera más rápida y eficaz. Por ejemplo, la ventana crítica del lenguaje comienza al nacer y se extiende hasta alrededor de los 7 años. Durante esta etapa, el cerebro está especialmente predispuesto a aprender palabras, sonidos y estructuras gramaticales. Diversos estudios han demostrado que los niños expuestos a un entorno rico en lenguaje en este momento muestran un mayor desarrollo en las áreas del cerebro relacionadas con el procesamiento del lenguaje, facilitando su capacidad para comunicarse y aprender en el futuro.

Otra ventana crítica es el desarrollo emocional. Los primeros tres años de vida son esenciales para que el niño aprenda a regular sus emociones, y esto está profundamente influenciado por las interacciones con los padres o cuidadores. Pero ¿a partir de los 3 años ya nos olvidamos? ¡No, en absoluto! El apego y la seguridad emocional no son solo importantes hasta esa edad; de hecho, son fundamentales a lo largo de toda la infancia y, en muchos sentidos, durante toda la vida. Lo que ocurre es que los primeros tres años son un periodo crítico porque es cuando se establecen las bases del apego, que influirán profundamente en el desarrollo emocional y en cómo el niño forma relaciones a lo largo de su vida. De hecho, los niños que reciben un cuidado emocional seguro y constante durante esta ventana crítica desarrollan una mayor capacidad para gestionar el estrés y las emociones en la vida adulta.

Otra ventana crítica para el desarrollo es la del sistema somatosensorial, que ocurre principalmente en los primeros 3 años de vida, aunque sigue siendo moldeable hasta aproximadamente los 6 años. Durante este tiempo, el cerebro está configurando las conexiones neuronales que interpretan las sensaciones del cuerpo y del entorno. En esta etapa, las experiencias sensoriales son esenciales para formar una base sólida para el desarrollo cognitivo, emocional y motor. Si no se aprovecha adecuadamente, puede haber dificultades en áreas como la coordinación, la regulación emocional o el procesamiento sensorial.

El sistema somatosensorial es uno de los sistemas más fundamentales del cuerpo humano. Es el encargado de procesar toda la información sensorial relacionada con el tacto, la presión, el dolor, la temperatura, el movimiento y la posición del cuerpo. En pocas palabras, nos permite sentir y entender nuestro entorno físico y nuestra posición dentro de él. Este sistema es esencial para el desarrollo motor, ya que las sensaciones táctiles y propioceptivas que recibe el cuerpo permiten a los niños controlar sus movimientos de forma eficiente, tanto en habilidades motoras gruesas, como gatear, caminar o saltar, como en habilidades motoras finas, como agarrar objetos pequeños o aprender a escribir.

Si está bien desarrollado, les da la capacidad de moverse con confianza y precisión, lo que es fundamental para su independencia y autonomía. Por otro lado, el tacto y el contacto físico crean una profunda conexión emocional entre el niño y sus cuidadores. Cuando abrazamos, acariciamos o simplemente sostenemos a nuestros hijos, estimulamos la producción de oxitocina, también conocida como la «hormona del amor». Esta sustancia no solo refuerza el vínculo emocional, sino que también les proporciona una sensación de seguridad y pertenencia. Esta conexión es la base para que los niños se sientan tranquilos y confiados mientras exploran el mundo.

La exploración y el aprendizaje son otras áreas donde el sistema somatosensorial desempeña un papel clave. Los niños descubren el mundo a través del tacto y el movimiento, manipulando objetos, explorando texturas y tocando diferentes superficies, experiencias que no solo les ayudan a entender su entorno, sino que también estimulan el desarrollo cognitivo, sentando las bases para un aprendizaje más profundo y significativo. Además, este sistema contribuye significativamente a la regulación del estrés, puesto que actividades como el balanceo o los masajes pueden calmar su sistema nervioso, ayudándoles a manejar mejor el estrés y la ansiedad. Por eso, en muchas ocasiones, un abrazo o un toque suave puede ser la mejor solución para un niño que se siente sobrecargado emocionalmente.

Asimismo, muy curioso saber que un sistema somatosensorial bien desarrollado es esencial para la preparación académica. Mejora habilidades clave como la concentración, la postura y el control de los movimientos necesarios para actividades como escribir, recortar o realizar tareas complejas en el aula. Estas habilidades son fundamentales no solo para el éxito en el colegio, sino también para el desarrollo de la confianza en sí mismos.

Derribando mitos sobre el cerebro

¿Alguna vez has escuchado frases como «mi hijo aprende mejor porque es kinestésico y es muy movido» o «si no estimulas su cerebro antes de los 3 años, ya no hay nada que hacer»?

Estas ideas, aunque muy populares, no son del todo ciertas. De hecho, son ejemplos claros de lo que se conoce como neuromitos. Es decir, creencias erróneas o simplificaciones exageradas sobre cómo funciona el cerebro que, sin darnos cuenta, pueden influir negativamente en cómo educamos o criamos a nuestros hijos.

Un neuromito es, básicamente, una mala interpretación de datos científicos sobre el cerebro y que a menudo surgen de investigaciones que se sacan de contexto o se simplifican tanto que pierden su esencia. Combatir los neuromitos no solo nos da herramientas más efectivas, sino que nos libera de presiones innecesarias. Imagina que piensas que tu hijo es un «aprendiz visual». Entonces lo más probable es que te enfoques solo en actividades que impliquen imágenes o dibujos, dejando de lado experiencias auditivas o kinestésicas que podrían ser igual de enriquecedoras. Al centrarte únicamente en un supuesto «estilo de aprendizaje», estarías limitando su potencial.

Muchas madres y padres creen que, si no estimulan a su hijo lo suficiente en los primeros años, el cerebro «se cierra» y ya no hay marcha atrás. Aunque es cierto que, como hemos visto, hay ventanas críticas de aprendizaje y los primeros 3 años son un periodo importante, la neuroplasticidad nos acompaña toda la vida. Esta idea errónea sobre que el cerebro «se cierra» puede generar una presión innecesaria y un estrés que no ayuda ni a los adultos ni a los niños. Porque imagina que estás leyendo este libro y tu hijo es mayor de 3 años, ¿eso significa que ya no puedes aplicar nada de lo que te cuento? Por supuesto que sí puedes hacerlo.

Te seré sincera: los neuromitos persisten porque, en el fondo, queremos respuestas rápidas y fáciles a modo de receta. Criar y educar son tareas complejas, y a veces es tentador aferrarnos a una idea sencilla que promete resultados inmediatos. Además, los neuromitos se difunden muy rápido en redes sociales, blogs y hasta en contextos educativos, y esto, por desgracia, refuerza su popularidad.

Otra razón importante que los valida es la falta de formación, puesto que no siempre tenemos acceso a información actualizada o confiable sobre neurociencia, y esto nos hace más propensos a creérnoslos. Como explican Bresnahan, Peterson y Hattan (2024), los educadores y padres que priorizan soluciones simplificadas tienden a apoyarse más en estos mitos, mientras que aquellos con una visión más integral suelen cuestionarlos. Por eso quería dedicarles un espacio en concreto en este libro.

A continuación te explicaré algunos de los neuromitos más comunes:

Mito 1: Solo usamos el 10 % de nuestro cerebro

Este mito ha sido popularizado a lo largo de los años, pero es completamente falso. A través de tecnologías modernas, como la resonancia magnética funcional (fMRI), se ha demostrado que el cerebro está activo todo el tiempo, incluso cuando estamos descansando. En realidad, usamos todas las áreas de nuestro cerebro, aunque no todas se activan al mismo tiempo ni para las mismas tareas. Esto significa que, en cualquier actividad diaria, como hablar, leer o caminar, se están utilizando múltiples áreas del cerebro, lo que refuta la idea de que solo se utiliza una pequeña porción.

Mito 2: Los hemisferios del cerebro tienen funciones completamente separadas

Se cree que los hemisferios funcionan como entidades separadas, y que el izquierdo es responsable de la lógica y el derecho, de la creatividad. Aunque es cierto que algunas funciones se especializan en un hemisferio u otro, la realidad es que ambos trabajan juntos en una colaboración constante. El cerebro no está dividido en funciones independientes; al contrario, cada hemisferio se comunica y complementa al otro. El hemisferio izquierdo está más asociado con funciones como el lenguaje, la lógica y el pensamiento secuencial, mientras que el derecho es más activo en el procesamiento espacial, el lenguaje no verbal y la intuición emocional. Sin embargo, para cualquier actividad cotidiana, ambos hemisferios deben trabajar en equipo. Por ejemplo, para que un niño pueda resolver un problema matemático, no solo necesita lógica, sino también creatividad para visualizar soluciones y flexibilidad para ajustar su enfoque si es preciso.

El cuerpo calloso, una densa red de fibras nerviosas que conecta ambos hemisferios, es el responsable de esta comunicación fluida entre ellos. Esta colaboración es esencial para que el cerebro funcione de manera eficiente y adaptativa.

Mito 3: El cerebro de los niños solo es plástico en los primeros años

Este mito sostiene que la capacidad del cerebro para cambiar y adaptarse, conocida como neuroplasticidad, se reduce significativamente después de los primeros 3 años de vida. Si bien es cierto que los primeros años son críticos para el desarrollo cerebral, la neuroplasticidad continúa a lo largo de toda la vida. El cerebro sigue siendo capaz de formar nuevas conexiones neuronales en la edad adulta, lo que significa que el aprendizaje y el desarrollo no están limitados a la infancia. La capacidad de aprender nuevas habilidades y adaptarse a experiencias persiste en todas las etapas de la vida.

Mito 4: Las emociones interfieren con la razón

Uno de los mitos más dañinos en la educación es la creencia de que las emociones y la razón están completamente separadas, y que las emociones deben suprimirse para permitir un pensamiento lógico. Pero las emociones y la cognición están profundamente entrelazadas en el cerebro. Las áreas encargadas de procesar emociones, como la amígdala, interactúan directamente con las áreas relacionadas con la toma de decisiones y la memoria. Y aunque siempre hablamos de la amígdala, no solo tenemos una en el cerebro, sino dos. Y después de derribar este neuromito es importante saber que las emociones son, de hecho, cruciales para la toma de decisiones, el aprendizaje y la memoria, ya que nos ayudan a recordar y a darle significado a la información.

Mito 5: Los estilos de aprendizaje

El mito de los estilos de aprendizaje sostiene que algunos niños aprenden mejor de manera visual, otros de manera auditiva, y otros de manera kinestésica (mediante el movimiento). La neurociencia no ha encontrado pruebas sólidas que respalden esta idea, pero los estudios muestran que los niños aprenden mejor cuando la información se presenta en diversos formatos, combinando varios sentidos. Por ejemplo, un niño puede aprender más eficazmente cuando la información visual se complementa con actividades físicas y explicaciones verbales, en lugar de depender únicamente de un solo estilo de aprendizaje.

Aunque suena lógico pensar que cada niño tiene un estilo predominante, la realidad es que el cerebro aprende mejor cuando se combinan múltiples estímulos, no cuando nos enfocamos en un solo «estilo». Esto lo han demostrado investigaciones recientes como las de Torrijos-Muelas, González-Víllora y Bodoque-Osma, quienes subrayan que muchas de estas ideas, aunque parecen inofensivas, desvían la atención de prácticas realmente efectivas tanto en las aulas como en casa.

Al desterrar los neuromitos, no solo potenciamos el desarrollo de nuestros hijos, sino que también nos liberamos de una carga innecesaria, criamos con más confianza y disfrutamos más del proceso. Así que la próxima vez que escuches algo que suena «muy científico», tómate un momento para reflexionar e investigar si es así.

2
Lo que necesitan todos los cerebros

El sueño, más necesario de lo que crees

Un dato sorprendente: dedicamos casi un tercio de nuestra existencia a dormir. Aunque parece mucho tiempo, el sueño es una de las necesidades más vitales para la salud y el bienestar, tanto de adultos como de niños.

Yo no valoraba tanto mi descanso hasta que me convertí en madre, y recordé las típicas frases que te dicen, como: «Descansa que, cuando nazca el bebé, ya verás». No querría calcular cuántas horas llevo «perdidas» desde 2017 cuando me estrené como madre. Quien inventó la frase «dormir como un bebé» seguramente no tenía hijos o no tenía madres o padres cerca. Pues ciertamente es de las pocas previsiones que se cumplieron en mis tres maternidades y de hecho diferentes estudios asienten que perdemos entre cuatrocientas y setecientas horas de sueño solo durante el primer año de vida del bebé. Nunca he sido una persona dormilona, ni hasta entonces tomaba café, de hecho, tanto mi pareja como yo empezamos a tomar café cuando ya teníamos tres hijos y cuando lo probé por primera vez pensé «Guau, ¿por qué no he tomado este "espabilador" antes?».

El descanso es primordial para nuestra supervivencia y un desarrollo pleno. Se han realizado diferentes experimentos a lo largo de la historia que demuestran que se puede aguantar más sin comer que sin dormir, ya que la privación de sueño total puede llevar incluso a la muerte y las consecuencias empiezan a verse a las 72 horas de privación de sueño total, por tanto se afirma que dormir es tan vital como respirar. Cuando dormimos, no solo recuperamos energía física, sino que el cerebro lleva a cabo procesos críticos: se consolida el aprendizaje, se regula el estado emocional, se fortalece el sistema inmunológico, y en los niños, se favorece el crecimiento cerebral y físico gracias a la liberación de la hormona del crecimiento.

Por tanto es normal que, como padres y madres, nos preocupemos cuando nuestros hijos no duermen lo suficiente, pero realmente lo que en la mayoría de las ocasiones ocurre es que fallan nuestras expectativas, ya que siempre esperamos que nuestros bebés duerman más porque también nosotros mismos queremos dormir más, lo necesitamos.

Como madre primeriza me sorprendió mucho ver que cada bebé duerme de forma diferente. Mi hermana y yo nos habíamos estrenado como madres con 5 meses de diferencia. Mi bebé era de los que no duermen tanto como a las madres y padres nos gustaría, y mi sobrina era un «bebé estrella» que dormía plácidamente toda la noche del tirón. No te voy a negar que cuando mi hermana me lo contaba sentía envidia mientras la escuchaba absorta con mis ojeras de panda y mi cara de zombi, y lo primero que pensaba era que yo no estaba haciendo algo bien como madre o que algo le sucedía a mi bebé, y efectivamente puedo decir que había razón en lo primero y también en lo segundo. Lo que yo no estaba haciendo bien como madre era entender cómo es el sueño de un bebé y mis expectativas al compararme con mi hermana y mi sobrina hacían que me sintiese culpable. Evidentemente el único problema era que yo esperaba que mi bebé durmiera como el de mi hermana. Ese es un gran error porque no debemos comparar a los niños, y al desconocer cómo era el sueño del bebé, mi culpa y mi frustración aumentaba, por eso para mí es imprescindible contarte lo que sé respecto al sueño para que no saques el látigo de la culpa y te azotes como yo. Quiero ahorrarte ese caminar.

Y si a eso le sumamos que mi bebé sufría reflujo faringolaríngeo o también conocido como reflujo «silencioso» y que descubrimos unos meses más tarde, pues también era normal que no durmiera como yo esperaba. Por eso te decía unas líneas más arriba que efectivamente a mi bebé le pasaba algo y por eso era injusto tanto para él como para mí compararlo con mi sobrina.

El cerebro de un recién nacido es inmaduro, y con él, también lo es su patrón de sueño. A diferencia de los adultos, que generalmente tenemos ciclos de sueño largos y consolidados, los bebés tienen ciclos de sueño más cortos y fragmentados, lo que da lugar a varios despertares a lo largo de la noche. Este patrón es completamente normal y responde a sus necesidades biológicas. Así que, si tu bebé se despierta, es normal.

Los bebés tienen dificultad para conciliar el sueño por sí mismos y requieren del contacto y la cercanía de sus cuidadores para sentirse seguros y tranquilos, es decir, tu bebé necesita de ti para dormir. Metodologías anteriores y entrenamientos de sueño que incitan a que los bebés se duerman solos para mí son una completa aberración que atenta y afecta a su neurodesarrollo. Nunca dejes llorar a tu bebé porque un «profesional del sueño» te lo indique, es una forma de maltrato y negligencia, ya que el llanto es de sus primeras formas de comunicación y te está diciendo con lágrimas que te necesita. No te está manipulando y esto es primordial que te lo grabes a fuego.

Además, su sueño se organiza en fases que difieren de las de los adultos dependiendo de la edad del pequeño. A medida que crecen, el sueño del bebé se va consolidando y se parece más al patrón adulto, pero este proceso de maduración lleva tiempo y por tanto es muy importante saber cómo evoluciona para que cualquier alteración no nos lleve a pensar que nuestro hijo tiene un problema o que lo estamos haciendo mal. De hecho, hay una creencia extendida de que un bebé debe dormir sin despertares nocturnos, solo en su cuna, sin presencia ni asistencia, que debe aprender a dormirse solo y muchos otros mitos que han hecho que prolifere la profesión de *sleepcoach* o entrenadores de sueño. Ojo, que no todos los asesores de sueño son iguales.

Por suerte, también hay profesionales del sueño infantil respetuoso, pero considero de vital importancia insistir de nuevo en que, si algún profesional del sueño te sugiere dejar llorar a tu bebé, dejarlo solo, te obliga a que lo pongas a dormir en su cuna, te dice que uses ruido blanco, te sugiere que lo destetes porque la dependencia del pecho no le deja dormir, simplemente HUYAS. Como ya te he explicado en el capítulo 1, durante los primeros años, el cerebro infantil está en una etapa crítica de desarrollo y es en este momento cuando las conexiones neuronales se fortalecen a través del contacto seguro y emocional. Si se priva a los bebés de consuelo, se genera estrés tóxico, lo que eleva los niveles de cortisol de manera crónica, lo cual puede afectar el desarrollo del hipocampo, la región responsable de la memoria y el aprendizaje.

Por eso en estas páginas quiero alumbrarte y contarte realmente como es el sueño infantil, ya que rebajará tus expectativas y podrás entender que todo lo que le ocurre a tu bebé es normal y que no hay ningún problema ni con él ni contigo, porque el sueño es evolutivo.

Todos hemos experimentado las consecuencias de una mala noche: irritabilidad, falta de concentración y agotamiento. De hecho, la falta de sueño saca lo peor de todos nosotros, seamos mayores o pequeños. Pero en los niños, la falta de sueño puede tener un impacto aún más profundo, ya que su cerebro está formándose. La privación de sueño se ha relacionado con problemas en el estado de ánimo, un menor rendimiento escolar y, en casos extremos, con riesgos a largo plazo, como problemas metabólicos y emocionales. Por eso es muy importante que entiendas cómo funciona el cerebro y el desarrollo del de los más pequeños para tener en cuenta algunos detalles. Vamos a ver cómo es el proceso evolutivo en el sueño infantil.

El sueño comienza a regularse incluso antes del nacimiento; en el segundo trimestre del embarazo, el feto empieza a desarrollar ritmos de sueño y vigilia que se ven influidos por los hábitos de la madre, como su actividad física, sus horarios de alimentación y descanso, y su exposición a la luz natural. Aunque el bebé dentro del útero puede tener un ritmo diferente al de la madre (incluso inverso), estos hábitos ayudan a que el bebé empiece a establecer su propio ritmo circadiano. En el tercer trimestre, los ciclos de sueño del feto incluyen tres fases: sueño activo, sueño tranquilo y una fase intermedia. El sueño activo, que es similar al sueño REM (en el que los ojos se mueven rápidamente y el cerebro está más activo), predomina durante esta etapa. El bebé se mueve más cuando está en esta fase, lo que a veces coincide con los momentos en que la madre descansa. De hecho lo normal es que el bebé esté más activo en el útero cuando llegan las noches. En mis tres embarazos cuando dormía en muchas ocasiones parecía un partido de fútbol, que a la vez me daba tranquilidad al sentir que se movía y que todo parecía ir bien.

Como te vengo contando, el sueño en los niños no es estático; es un proceso evolutivo que cambia a medida que crecen y maduran. Y es importante que nunca compares a tu bebé con otro, como hice yo. Este es un error que todos cometemos, a veces hasta de forma inconsciente.

Pero aparte de todo esto, durante los primeros meses de vida, por lo general los bebés duermen en ciclos cortos, distribuidos tanto de día como de noche, con una duración entre 2 y 4 horas. Estos patrones están muy influenciados por las necesidades fisiológicas como el hambre y la necesidad de cercanía con sus cuidadores de apego. En los niños, este ciclo no se estabiliza hasta los 4 a 6 meses de vida, lo que explica por qué los bebés tienen patrones de sueño irregulares en sus primeros meses.

Alrededor de los 6 meses, los bebés empiezan a alargar sus ciclos de sueño nocturno, y muchos ya pueden dormir durante periodos más extendidos. Sin embargo, es importante recordar que no todos los niños son iguales. Las necesidades de sueño y los ritmos circadianos pueden variar considerablemente de un niño a otro, dependiendo de factores como el temperamento, el desarrollo neurológico y el entorno familiar. Por eso es esencial respetar estos ritmos y no forzar el sueño, ya que cada niño tiene su propio proceso de maduración.

De hecho, mis tres hijos han sido diferentes respecto al sueño. Mi hijo mediano parecía que si dormía cinco minutos recargaba batería, un poquito de sueño y pila para rato, y por supuesto necesitaba dormir con «barra libre» de pecho durante toda la noche. Sin embargo, el mayor, cuando ya el reflujo que sufría no era tan acusado, dormía grandes siestas y después el primer tramo de la noche daba un buen tirón de varias horas. Con el tercero, como me había formado en la práctica y en la teoría tenía cero expectativas y solo asumí que es una etapa pasajera y que su sueño iría madurando al igual que sus hermanos.

Pero en este contexto, es común sentir la presión de que los niños alcancen ciertos «hitos» relacionados con el sueño, pero es fundamental comprender que no todos los niños siguen los mismos ritmos, eso te dice la teoría, te lo digo yo en mi experiencia personal y te lo dirá tu realidad.

Escuchamos hablar mucho del «ritmo circadiano», pero ¿sabemos de qué se trata? Desde una perspectiva neurobiológica, el sueño está regulado por ese ritmo circadiano, el «reloj biológico» que sincroniza los ciclos de sueño y vigilia en intervalos de 24 horas. Este proceso está influenciado principalmente por la luz. Durante el día, la luz inhibe la producción de melatonina, una hormona producida por la glándula pineal que regula el sueño y a medida que la luz disminuye al final del día, los niveles de melatonina aumentan, lo que nos prepara para dormir.

Uno de los mayores retos a los que nos enfrentamos los padres y madres hoy en día es la exposición a la luz artificial, especialmente por el uso de pantallas antes de dormir. Las pantallas de teléfonos, tabletas y televisores emiten luz azul que puede alterar los niveles de melatonina, retrasando la aparición del sueño y afectando la calidad del descanso, especialmente en los niños, quienes son más sensibles a estos cambios. Por tanto, no es recomendable usar pantallas al menos dos horas antes de dormir, ni para adultos ni para pequeños, pero sobre pantallas hablaremos ampliamente en un capítulo solo dedicado a ello.

Siguiendo con el sueño, quiero contarte que se divide en varias fases, cada una de las cuales cumple funciones críticas para el desarrollo cerebral:

1. **Sueño NO REM:** Esta fase abarca desde el sueño ligero hasta el sueño profundo. En las primeras fases, el cuerpo comienza a relajarse, la respiración se vuelve más lenta y los músculos se sueltan, lo que permite un descanso reparador. Es común sentir pequeñas sacudidas o espasmos en esta fase, como si estuviéramos «cayendo» justo cuando estamos quedándonos dormidos.
2. **Sueño profundo:** Aquí es donde el cuerpo entra en su fase de mayor descanso físico. En este estado, el cerebro libera la hormona del crecimiento, esencial para el desarrollo físico y cerebral en los niños. Durante el sueño profundo, se produce la reparación de tejidos y el fortalecimiento del sistema inmunológico. Además, es en este momento cuando el cerebro consolida los aprendizajes del día, especialmente aquellos relacionados con la memoria explícita, que nos permite recordar datos y hechos concretos.
3. **Sueño REM (movimiento ocular rápido):** Esta es la fase de máxima actividad cerebral. Aunque el cuerpo está profundamente relajado, el cerebro está trabajando intensamente, procesando emociones y aprendizajes procedimentales, conocidos como memoria implícita. Durante el sueño REM, se producen los sueños y el cerebro «poda» las conexiones neuronales que no necesita, lo que permite que solo se mantenga la información más relevante. Este proceso, como ya hemos hablado ampliamente, es clave para el desarrollo neurológico y emocional de los niños.

Tras el nacimiento, el bebé sigue con un patrón de sueño que está lejos de ser similar al de los adultos. Durante los primeros 4 meses de vida, el bebé experimenta lo que se llama sueño ultradiano, es decir, un sueño que no sigue un ciclo circadiano claro (día-noche). En esta etapa, los bebés tienen despertares frecuentes, y sus ciclos de sueño son bifásicos, lo que significa que tienen dos fases y alternan entre sueño activo y sueño tranquilo, pero todavía no tienen las fases completas del sueño adulto.

En el sueño activo, que es el predominante en los primeros meses, el bebé se mueve mucho, hace pequeños sonidos e incluso puede parecer que se despierta, aunque realmente esté dormido. Esta fase se repite cada 40-50 minutos, y es completamente normal. Durante estos primeros meses, lo más probable es que el bebé duerma mejor en contacto directo con su cuidador, ya que el calor corporal, el olor y el latido del corazón proporcionan la seguridad que necesita para relajarse.

También es común que el bebé demande más contacto, brazos o más pecho si toma lactancia materna, especialmente al final del día, lo que muchos llaman la «hora bruja». A mis hijos, entre las 19.30 y las 21.00, cuando eran bebés de solo unos meses les pasaba eso, de hecho muchos bebés que también sufren de cólicos suelen tener episodios en este tramo horario. Esto responde a la necesidad de seguridad y contacto constante más que a problemas de sueño. Yo lo solucionaba con mucho porteo. De hecho, como mis hijos se llevan poco tiempo entre ellos, el porteo ergonómico alivió mucho mi crianza.

Por otro lado, el término sueño polifásico se refiere a un patrón de sueño dividido en varios episodios a lo largo del día y la noche, en lugar de un solo periodo de sueño prolongado. Este es el tipo de sueño que tienen los bebés en los primeros meses de vida y a diferencia de los adultos, que suelen tener un único periodo de sueño nocturno (monofásico), los bebés duermen en pequeños tramos, tanto durante el día como por la noche; a esos pequeños tramos durante el día es lo que comúnmente conocemos como las siestas del bebé. El sueño polifásico es típico en recién nacidos, y poco a poco, a medida que crecen, va consolidándose en menos episodios de sueño y van reduciéndose las siestas, hasta llegar a solo un largo periodo de descanso durante la noche.

Entre los 4 y 8 meses, el ritmo circadiano del bebé comienza a madurar y su ciclo de sueño se vuelve más estructurado. A esta edad, los ciclos de sueño duran entre 45 y 60 minutos, y el sueño empieza en la fase 1 NO REM, es decir, el bebé ya no comienza su sueño en la fase activa. Esto significa que su sueño es más profundo desde el principio, lo que le permite dormir periodos más largos. Los despertares siguen siendo frecuentes, pero los horarios son más predecibles.

A partir de los 8 meses aproximadamente, el sueño del bebé ya incluye todas las fases del sueño adulto: fase ligera, fase profunda y sueño REM. Sin embargo, su patrón de sueño sigue siendo inmaduro, lo que provoca despertares nocturnos frecuentes, aunque también es posible que empiece a dormir tramos más largos. Esta etapa puede ser complicada debido a la aparición de hitos del desarrollo, como el gateo o los primeros pasos, que pueden interrumpir el sueño.

A medida que el bebé se acerca al primer cumpleaños, el sueño se consolida más, y la mayoría de los niños ya comienzan a dormir una siesta diurna y un sueño nocturno más prolongado. A esta edad, es común que el niño logre dormir 5 horas seguidas durante la noche, aunque aún es normal que haya uno o más despertares nocturnos. Durante este periodo, el desarrollo cognitivo es intenso, lo que puede generar resistencia a dormir, miedo a la oscuridad o pesadillas.

Entre los 2 y 5 años, el patrón de sueño se parece cada vez más al de los adultos. Los despertares nocturnos disminuyen, aunque todavía pueden ocurrir en un 15 % de los niños a los 3 años. A medida que el niño se acerca a los 5 años, las siestas desaparecen y el periodo de sueño se consolida en una noche de entre 8 y 10 horas. Sin embargo, en esta etapa pueden aparecer parasomnias como el sonambulismo o los terrores nocturnos, que son habituales y forman parte del proceso de maduración.

Todo esto es lo que conocemos en la teoría, pero ya sabes que los bebés no son robots y que muchos de estos despertares también pueden producirse por otras razones que no tengan que ver con el sueño, como que se pongan enfermos, que haya más demanda de producción de leche para los bebés que se alimentan con leche materna y se despierten más por las llamadas crisis de lactancia, por gases, por la temperatura del ambiente porque tienen calor o frío, etc. Hay mil razones por las que un bebé o un niño se puede despertar y no todo son problemas de sueño porque los despertares nocturnos son una parte normal del desarrollo infantil.

El papel de la madre en el colecho: respuesta instintiva y sincronización

A menudo los bebés experimentan microdespertares al final de cada ciclo de sueño, lo que puede llevar a despertares completos, especialmente en la segunda mitad de la noche y también dependiendo de su edad y otros cambios que se estén produciendo en su entorno.

En este contexto, puedes optar por diferentes alternativas para dormir, ya sea el colecho o el uso de cuna. Cada opción tiene sus ventajas, y la clave está en practicar una crianza responsable y consciente que involucre a ambos progenitores, si los hay, de manera activa.

Allá por 2017 yo practicaba colecho con mi primer hijo y ni siquiera sabía que eso tenía nombre, de hecho, yo lo llamaba supervivencia sin saber que lo que estaba haciendo era lo mejor para mí y para mi bebé. Aquí no había neurociencia, solo había intuición materna. A medida que me iba formando en esta área descubrí que el colecho, cuando se practica de manera segura, puede proporcionar múltiples beneficios, y es que diversos estudios han demostrado que, al compartir la cama con el bebé, la madre tiende a sincronizar sus ciclos de sueño con los del niño, lo que le permite responder de manera más rápida e instintiva a las necesidades del bebé durante la noche. Como te he contado, mi primer hijo sufría de reflujo y, no me preguntes cómo, en varias ocasiones me desperté a la vez que lo incorporaba un segundo antes de que vomitara. A día de hoy, esa sincronía mamá-bebé me sigue pareciendo magia, es como si estuviéramos conectados por bluetooth. Los científicos puntualizan que esto es especialmente cierto en el caso de las madres lactantes, cuya respuesta fisiológica es más ágil debido a esta sincronización biológica de la que hablábamos. Pero te aviso, si eres mamá de un bebé alimentado con lactancia artificial, como me pasó a mí con mi primer bebé , que fue criado con biberón porque no pude establecer la lactancia materna, esa conexión existe igual. Y esto también es debido a la oxitocina que también desempeña un papel fundamental. Este neuropéptido que a veces funciona como hormona y otras como neurotransmisor entre las neuronas, aumenta su presencia durante la crianza y la lactancia, favoreciendo una mayor sensibilidad materna hacia el bebé, lo que se traduce en una respuesta más rápida a los despertares nocturnos. La proximidad física y el contacto piel con piel facilitan este proceso, y ayuda a que tu bebé tenga un entorno de sueño seguro y emocionalmente positivo.

Con esto no quiero decir que, porque la madre esté «biológicamente programada» para tener una respuesta instintiva más rápida durante el colecho, el padre o la pareja, si la hay, no haga nada. De hecho, la pareja también tiene un papel esencial durante las noches. En una crianza compartida y responsable, es importante que ambos se involucren activamente en el bienestar nocturno del bebé apoyando a la pareja en varios aspectos como por ejemplo en la alimentación. Si la madre está amamantando, la pareja puede facilitar la lactancia nocturna, ya sea ayudando a que la madre y el bebé se acomoden adecuadamente o proporcionando agua o lo que la madre necesite. Porque te aviso que, si amamantas vas a tener tanta sed como si estuvieras en el desierto, sobre todo en los primeros meses.

Si el bebé se está alimentado con biberón, la pareja puede hacerse cargo de algunas tomas nocturnas, permitiendo que la madre descanse. Incluso si optáis por lactancia mixta, la madre puede extraerse la leche y que por la noche, la pareja alimente al bebé con el biberón. Cada familia puede organizarse según sus necesidades. En muchas ocasiones también puede ser que el bebé se despierte debido a la incomodidad de un pañal mojado o sucio. La pareja también puede encargarse del cambio de pañal.

Es importante que la pareja desempeñe un papel en el cuidado emocional del bebé, ya que esto refuerza el vínculo con ambos progenitores, generando una red de apoyo emocional más fuerte. Y este hecho es vital, y así ha sido para mí en mi experiencia de crianza, ya que el cuidado nocturno no debe recaer exclusivamente en la madre. Espero haberlo dejado suficientemente claro y que las parejas tomen buena nota de ello (hazle una foto a esta página y se la envías o se la pones en el frigorífico si no es así).

Te aventuro que estos puntos son los que más discusiones ocasionan en la pareja hasta llegar a un acuerdo. De hecho, recuerdo una noche bastante agotadora con uno de mis hijos, que se unía a una crisis de lactancia o también conocido como brote de crecimiento, en la que ni el bebé ni yo pegamos ojo; mi marido cuando se levantó me dijo: «Pues esta noche ha sido tranquila, ¿verdad?». Imagínate mi cara, mi mirada aniquiladora y mis ojeras cual madre panda. Sentía fuego salir por mis ojos y oídos. En esta ocasión ambos éramos primerizos, no sabíamos lo que sabemos ahora ni teníamos la experiencia actual, así que después de hablarlo y explicarle mis necesidades y cómo podía responsabilizarse él también por las noches todo cambió y la carga física y mental quedó un poco más repartida.

Opciones para dormir: colecho o cuna

Tanto si se elige el colecho como si el bebé duerme en cuna, lo más importante es garantizar la seguridad durante el sueño. Por eso quiero darte algunas recomendaciones para ambas opciones:

Si decides hacer colecho:

- Usa una superficie firme y evita almohadas grandes o mantas sueltas en la cama.
- Asegúrate de que el bebé no pueda quedar atrapado entre el colchón y la pared o muebles.
- Evita el colecho si alguno de los cuidadores ha consumido alcohol, tabaco o medicamentos que afecten la alerta.
- El adulto debe colocarse en una posición protectora que permita al bebé estar cerca y asegurarse de que su cara esté siempre despejada.

Si decides que tu bebé duerma en cuna:

- Hay cunas de colecho que se pueden poner prácticamente unidas a tu colchón. Este tiene que ser firme y que se ajuste adecuadamente a la cuna, sin huecos peligrosos.
- La cuna debe estar despejada de objetos como mantas gruesas, almohadas y peluches, que pueden suponer un riesgo de asfixia.
- Coloca siempre al bebé boca arriba para dormir, ya que es la posición más segura para reducir el riesgo del síndrome de muerte súbita del lactante (SMSL)

- Ponle a tu bebé ropa cómoda y evita las mantas, ya que suponen riesgo de asfixia.
- Mantén la cuna en la misma habitación donde duermas idealmente más allá del primer año, para facilitar el cuidado nocturno y reducir el riesgo de SMSL.

Actividades adecuadas para una buena higiene del sueño

Una buena higiene del sueño no solo depende de lo que ocurre en las horas previas a acostarse, sino también de las actividades y los hábitos que se desarrollan durante todo el día, por tanto lo que hagáis durante el día influirá en su forma de dormir, por eso quiero ofrecerte algunas actividades recomendadas para diferentes momentos del día, que contribuyen a una mejor calidad del sueño infantil.

Durante el día:

- Exposición a la luz natural. La luz solar es clave para regular el ritmo circadiano. Asegúrate de que tu hijo pase tiempo al aire libre durante el día, especialmente por la mañana. La exposición a la luz natural ayuda al cerebro a distinguir claramente entre el día y la noche, regulando la producción de melatonina cuando llega el momento de dormir. Investigaciones han demostrado que los niños que pasan más tiempo en exteriores tienen patrones de sueño más estables, además de promover un neurodesarrollo óptimo y equilibrado.
- Los niños necesitan movimiento para cansarse de manera saludable. El juego activo durante el día, como correr, saltar, o practicar deportes, es ideal para reducir el estrés acumulado y mejorar la calidad del sueño tanto para pequeños como para adultos. Sin embargo, es importante evitar la ac-

tividad física intensa justo antes de dormir, ya que esto podría estimular demasiado el cerebro y dificultar el proceso de relajación. Y ten en cuenta que no por cansarlo más y saltarse la siesta se dormirá antes, sino que se producirá el efecto «pasado de rosca» y costará mucho más que se duerma.

Durante la tarde-noche:

- Los niños responden muy bien a las rutinas. Establecer una secuencia constante antes de acostarse, como un baño tibio, cepillarse los dientes y leer un cuento, envía señales claras al cerebro de que es hora de relajarse y prepararse para dormir, ya que los niños no entienden de relojes. Según la Academia Americana de Pediatría, una rutina coherente para acostarse mejora la duración y la calidad del sueño en los niños y si a ello le sumamos cantarle nosotros mismos una canción antes de dormir, mejor que mejor.
- Una de las recomendaciones más importantes para la higiene del sueño es reducir el uso de dispositivos electrónicos como tabletas, teléfonos y televisores, especialmente en las horas previas a acostarse. La luz azul que emiten las pantallas suprime la producción de melatonina, lo que dificulta la aparición del sueño y puede alterar el ritmo circadiano. Lo ideal es evitar cualquier tipo de pantalla al menos 2 horas antes de dormir y fomentar actividades tranquilas y relajantes, y como ya te aventuro, las pantallas no están recomendadas en ningún caso a menores de 6 años.
- El entorno físico es fundamental para una buena higiene del sueño y la habitación debe ser tranquila, oscura y fresca. La temperatura ideal para dormir está entre los 18 °C y los 22 °C, y ahora no pretendo que te obsesiones midiendo la temperatura de cada estancia, usa el sentido común y vigila que ni esté muy abrigado ni que pase frío.

En España tenemos persianas en las ventanas, lo que nos ayuda a oscurecer la habitación a la hora de dormir mientras hay luz, pero es cierto que no es habitual en todos los países, por eso optar por utilizar cortinas opacas ayudará a reducir la luz externa, y si es necesario, una pequeña luz cálida puede servir para tranquilizar a los niños que tienen miedo a la oscuridad. Yo necesitaba tener una luz tenue para poder amamantar a mi bebé durante la noche y ver que todo iba bien.

Es importante que no uses máquinas de ruido blanco para dormir a tu bebé y reducir el ruido ambiental, hay otras muchas opciones más saludables y el ruido blanco no es recomendable ni seguro para el neurodesarrollo. Cuantos menos artilugios necesites para dormir a un bebé, más saludable y natural serán sus rutinas de sueño.

- Las actividades relajantes antes de acostarse, como la lectura de un cuento o cantarle una canción de arrullo son una excelente manera de ayudar al niño a desconectar y relajarse. Siempre es mejor cantarle tú la canción que solo escuchar música, es más poderoso usar nuestra voz. Cuando son bebés, mecerlos en tus brazos y cantarles es una manera de dormirlos con seguridad y un vínculo de apego seguro maravilloso. A quien te diga que se acostumbran a los brazos como algo malo, no le hagas caso. La etapa de bebé vuela y te puedo asegurar que con 15 años no te pedirá brazos, así que aprovecha y cántale a tu bebé arrullándolo y llenándole de besos. Porque promover el contacto afectivo antes de dormir desempeña un papel importante en la regulación del sueño, y esto se debe a que ayudar al niño a sentirse seguro y tranquilo favorece un descanso profundo.

  El momento del cuento antes de dormir, para muchos niños, es su momento favorito, y leerles en voz alta estimula la conexión emocional, además de promover habilidades lectoras y del lenguaje y permite que el niño finalice el día de manera tranquila, contribuyendo a un sueño más reparador, sin mencionar aquí todos los beneficios que nos dan los cuentos y que trataremos en próximas páginas.

- El tipo de comida que ingiere el niño influye en su sueño. Es importante evitar comidas muy pesadas o difíciles de digerir antes de dormir. Optar por cenas ligeras y equilibradas contribuye a un descanso más profundo. Uno de los grandes mitos y en los que yo también caí como madre primeriza fue darle un biberón con cereales a mi bebé porque mi madre me sugirió que así dormiría mejor. Fue un error. Ningún estudio sustenta (y tampoco mi experiencia) que los cereales en la leche del biberón ayuden a dormir a tu bebé a pierna suelta.
- Aunque los horarios no deben ser estrictos en los primeros meses, tener pequeños rituales antes de dormir (como un baño relajante, masajes suaves, cantarle una canción o leer un cuento) puede ayudar al bebé a asociar esas actividades con el sueño.

ALIMENTACIÓN Y EL SEGUNDO CEREBRO Y SU INFLUENCIA EN EL NEURODESARROLLO

¿Sabías que el intestino tiene su propio sistema nervioso, que algunos llaman «el segundo cerebro»? Sí, es fascinante. Nuestro sistema digestivo no solo se encarga de procesar los alimentos; está directamente conectado con el cerebro y tiene una influencia profunda en cómo pensamos, sentimos y nos desarrollamos. Imagina un diálogo constante entre el intestino y el cerebro, como si estuvieran compartiendo secretos todo el día. Esta conexión es tan íntima que lo que comemos puede moldear nuestras emociones, nuestra memoria y hasta la forma en que aprendemos.

Por eso cuando hablamos de alimentación y niños, es esencial entender que los alimentos que consumimos no solo afectan la salud física, sino que también impactan profundamente en el desarrollo emocional, cognitivo y comportamental. La ciencia nos muestra que lo que ocurre en el intestino influye en cómo los niños se sienten, piensan y actúan.

Sin embargo, quiero aclarar que este libro no está orientado a ofrecer consejos sobre recetas o técnicas culinarias. No soy cocinera ni nutricionista pediátrica y ni siquiera me gusta cocinar, y de eso pueden dar fe mis amigas o familia cuando he intentado experimentar sin éxito en mis dotes culinarias. Mi objetivo no es guiarte en la preparación de platos específicos, sino concienciarte de la importancia de la alimentación en un neurodesarrollo saludable y cómo esta afecta al mismo, las emociones y el comportamiento de los niños, independientemente de quien cocine en tu casa. El propósito además es sentar las bases de una buena educación nutricional, para que desde temprana edad los niños desarrollen una relación sana con la comida y evitar así conflictos, trastornos alimentarios y problemas nutricionales en el futuro.

La conexión intestino-cerebro es bidireccional, lo que significa que lo que sucede en el intestino afecta al cerebro y viceversa y por eso es muy interesante hablar sobre esta área si queremos conocer cómo se desarrollan nuestros hijos y cómo podemos potenciar todas sus habilidades.

El intestino alberga miles de millones de microorganismos que constituyen el microbioma intestinal, y estos microorganismos tienen un papel crucial en el desarrollo neurológico, la regulación del estado emocional y el comportamiento.

Pero antes de seguir sumergiéndonos volvamos a esa red de neuronas que conforman el «segundo cerebro», conocida como el sistema nervioso entérico. Estas neuronas no solo regulan las funciones digestivas, sino que también producen neurotransmisores clave, como la serotonina y el GABA, que influyen directamente en el estado de ánimo y el bienestar emocional. De hecho, alrededor del 90 % de la serotonina, el neurotransmisor que podemos decir que regula la sensación de bienestar, se produce en el intestino, pero también se puede encontrar en las plaquetas y en el tronco encefálico. Si ya por suerte cada vez vamos siendo más conscientes de que la alimentación tiene mucho peso en nuestra vida diaria, este hecho subraya aún más la importancia de una flora intestinal saludable para un desarrollo emocional equilibrado.

Durante los primeros años de vida, el microbioma intestinal de los niños se encuentra en pleno desarrollo. Factores como el tipo de parto (vaginal o por cesárea), la lactancia materna o el uso de fórmulas infantiles, así como la introducción de alimentos sólidos, tienen un impacto en la composición de este microbioma. Por ejemplo, cuando un bebé nace, su microbiota se empieza a formar inmediatamente. Si el parto es natural, las primeras bacterias que lo colonizan provienen del canal vaginal de la madre, como los lactobacilos, que son fundamentales para su salud intestinal y cerebral. En partos por cesárea, esta transmisión es diferente, y los bebés suelen adquirir microorganismos del entorno hospitalario. En algunos hospitales, los médicos usan gasas impregnadas con fluidos vaginales para transferir bacterias al bebé, imitando lo que ocurriría en un parto natural. Este detalle, que puede parecer pequeño, tiene un impacto importante en cómo se desarrolla su microbiota y, con ella, su cerebro.

Por otro lado, se dice que la lactancia materna es como un regalo para el cerebro porque es mucho más que alimento, siendo como un elixir para la microbiota. Contiene oligosacáridos, que son fibras especiales diseñadas para alimentar a las bacterias beneficiosas, como las bifidobacterias, esenciales en el intestino del bebé. Estas bacterias no solo protegen al bebé de infecciones intestinales; también influyen en el desarrollo de circuitos neuronales relacionados con la cognición, las emociones y el vínculo social. Porque un microbioma diverso y saludable es fundamental para un neurodesarrollo adecuado, es decir, cuanto más diversos sean los bichitos que tenemos en el intestino, mejor será nuestro microbioma.

El eje intestino-cerebro es como una autopista de comunicación que utiliza señales nerviosas (como las del nervio vago), hormonas, neurotransmisores y moléculas inflamatorias para que ambos órganos hablen entre sí. ¿Te ha pasado alguna vez que, al estar nerviosa, sientes mariposas en el estómago o te entran muchas ganas de ir al baño? Ese es el eje intestino-cerebro en acción. Como ya te he adelantado, la relación entre el intestino y el cerebro no solo se limita a la nutrición, sino que también afecta profundamente las emociones y el comportamiento de los niños. Diversos estudios han demostrado que un microbioma intestinal desequilibrado puede aumentar los niveles de estrés, provocar ansiedad y dificultar el manejo de las emociones y por tanto traducirse en mayores desbordes emocionales. En cambio, un microbioma sano promueve un estado emocional más estable y un mayor bienestar psicológico y esto es aplicable tanto a pequeños como a mayores, pero ya sabes que al estar los más pequeños en pleno desarrollo, son más vulnerables a todo.

El intestino, al producir neurotransmisores como la serotonina (la conocida hormona del bienestar) y el GABA (que ayuda a calmar la actividad neuronal), tiene un papel clave en la regulación de las emociones. Por eso, la alimentación que favorece la salud intestinal tiene un impacto directo en la estabilidad emocional de los niños. De hecho, algunos estudios sugieren que una flora intestinal saludable puede reducir los síntomas de ansiedad y depresión. Por ejemplo, un estudio mostró que los niños con un microbioma intestinal saludable tienden a tener un mejor rendimiento cognitivo y menos problemas de comportamiento y además favorece la capacidad del pequeño para adaptarse a situaciones de estrés, contribuyendo a una mayor resiliencia emocional. Desde mi punto de vista como madre, cuando empecé a comprender y a formarme en toda esta área, no pude evitar poner mucha más atención en la alimentación familiar.

Por eso, si la mayoría de la dieta de una familia es rica en alimentos procesados y azúcares puede tener más probabilidades de alterar el equilibrio del microbioma intestinal, provocando más rabietas, dificultades de atención y problemas de conducta, por lo que no deben ser la base de vuestra dieta. Con esta información pretendo ayudarte a que tomes decisiones más conscientes, y que sepas que existe una relación entre la alimentación y el comportamiento infantil, aunque seguro que ya has notado que cuando va a un cumpleaños y se pone tibio de chuches y de tarta está más nervioso y activo. El consumo excesivo de azúcares refinados y alimentos ultraprocesados puede provocar picos y caídas bruscas en los niveles de glucosa en sangre, resultando en mayor probabilidad de hiperactividad, seguida de irritabilidad y fatiga, afectando la capacidad del niño para regular sus emociones.

Para conseguir una estabilidad emocional a través de una nutrición adecuada es necesario a una dieta equilibrada, rica en nutrientes esenciales como proteínas, grasas saludables, vitaminas y minerales. Estos elementos proporcionan al cerebro los recursos precisos para funcionar de manera óptima y eficiente, facilitando la producción de neurotransmisores que regulan el estado de ánimo y promueven una mayor estabilidad emocional. La falta de nutrientes como el hierro o los ácidos grasos omega-3 puede afectar negativamente el desarrollo cognitivo y emocional. Por ejemplo, una deficiencia de hierro puede llevar a problemas de atención y concentración, mientras que la falta de omega-3 puede influir en la capacidad del niño para manejar el estrés y las frustraciones.

Si queremos cuidar la microbiota de nuestros hijos, debemos alimentar también a sus bacterias. Aquí es donde entran los prebióticos y probióticos, que son fibras presentes en alimentos como el ajo, la cebolla, los puerros, las alcachofas y los granos integrales. Estas fibras actúan como combustible para las bacterias beneficiosas, ayudándolas a crecer y a realizar su función.

Los ácidos grasos de cadena corta que producen estas bacterias cuando fermentan la fibra son esenciales para la salud cerebral, y ayudan a reducir la inflamación, regulan el estado de ánimo y protegen el cerebro en desarrollo.

Ahora que ya sabemos cómo influye la alimentación en las emociones y comportamientos de los más pequeños, en capítulos posteriores te mostraré cómo acompañar esos posibles desbordes emocionales que puedan suceder, así que no te preocupes, porque habrá una parte muy práctica.

Alimentos que deben evitarse durante la infancia

Hay ciertos alimentos que se deben evitar en todas las etapas de la infancia debido a sus efectos nocivos sobre el desarrollo:

- El café, té y bebidas energéticas contienen estimulantes que pueden alterar el sistema nervioso infantil y afectar el sueño y la regulación emocional.
- Las algas marinas, por su elevado contenido en yodo, pueden causar desequilibrios tiroideos en los niños pequeños.
- El alcohol en la cocina, incluso en pequeñas cantidades, puede no evaporarse por completo durante la cocción, lo que lo convierte en un ingrediente innecesario y potencialmente dañino para los niños. Esto es algo que a los abuelos y abuelas les cuesta modificar en sus recetas, pero que deben hacer. Ninguna cantidad de alcohol tampoco es segura en embarazadas.
- Huevo, carne y pescado crudos o poco cocidos presentan riesgos de infecciones graves, como salmonelosis o anisakiasis, que pueden poner en peligro la salud de los niños.

La alimentación y el desarrollo cognitivo

Como decíamos en párrafos anteriores, el tipo de alimentos que consumimos tanto de pequeños como de adultos afecta a nuestra vida, y ciertos nutrientes esenciales son fundamentales también para el desarrollo cognitivo de nuestros pequeños. La introducción de nuevos nutrientes debe realizarse de forma segura y atendiendo a la edad.

- Ácidos grasos omega-3 que se encuentran en alimentos como el pescado, las nueces y las semillas de chía son indispensables para la formación de las membranas neuronales y la plasticidad cerebral. Estos ácidos grasos desempeñan un papel crucial en el desarrollo cognitivo, la memoria y el aprendizaje, ya que promueven la formación de conexiones entre neuronas.
- El hierro es fundamental para la oxigenación del cerebro y la producción de neurotransmisores. La deficiencia de hierro en la infancia se ha asociado con problemas en el desarrollo cognitivo, como dificultades para concentrarse o problemas de memoria. Los alimentos ricos en hierro, como las espinacas, las lentejas y la carne roja, son esenciales para el buen funcionamiento del cerebro.
- La colina es un nutriente que se encuentra en los huevos, el hígado y las legumbres, y es vital para la formación de la membrana celular y para la producción de acetilcolina, un neurotransmisor relacionado con el aprendizaje y la memoria. La colina también apoya el desarrollo del sistema nervioso durante el embarazo y la infancia.
- Los alimentos ricos en probióticos (yogur, kéfir, alimentos fermentados) y prebióticos (frutas, verduras, legumbres) ayudan a mantener un microbioma intestinal saludable, lo que favorece la comunicación entre el intestino y el cere-

bro. Como has aprendido ya, un microbioma equilibrado no solo contribuye a una buena digestión, sino que también regula el estado emocional del niño, reduciendo el riesgo de problemas de comportamiento y ansiedad.

Hábitos alimentarios saludables en la mesa

La forma en que se establece la relación de los niños con la comida en sus primeros años de vida influye en su bienestar emocional y cognitivo y por ello debemos tener algunos aspectos importantes en cuenta.

Comer en familia en un ambiente relajado no solo fortalece los vínculos emocionales, sino que también ayuda a crear hábitos saludables que impactan tanto en la salud digestiva como en el bienestar emocional del niño.

Por eso, en la mesa es importante dar ejemplo como adultos y que sea un tiempo de conexión familiar, y para ello es importante dejar de lado los dispositivos digitales, ya que las pantallas no deben tener cabida en este momento. De hecho, se ha demostrado que los niños que consumen pantallas mientras comen tienen más probabilidades de tener trastornos alimentarios y de sufrir obesidad y otras enfermedades cardiovasculares. Comer sin distracciones de la pantalla permite que se concentren en las señales de hambre y saciedad, promoviendo una alimentación más consciente y evitando problemas como la sobrealimentación.

Aunque no soy cocinera, soy madre de tres niños y te puedo asegurar que es importante variar la forma en que se presentan los platos, por ejemplo, usando diferentes cocciones, combinaciones entre alimentos, tamaños y formas. Los niños «comen con la vista», y una presentación atractiva puede hacer que un alimento les resulte más interesante.

Involucrar a los niños en la elección y preparación de los alimentos es dar un paso genial hacia una alimentación más consciente, ya que haciéndolos partícipes a medida que se van haciendo mayores en la elección del menú, la compra y la preparación de la comida aumenta su interés y disposición a probar nuevos alimentos. Además de todo lo que se puede aprender a nivel cognitivo haciendo la lista de la compra, calculando cuanto nos ha costado, yendo al supermercado a comprar... Esto les brinda una sensación de autonomía y responsabilidad, además de ofrecerles otras habilidades y desarrollo en sus funciones ejecutivas cerebrales, por ejemplo, siguiendo paso a paso una receta o experimentando sensaciones con todos sus sentidos en la cocina. En la cocina se aprende muchísimo.

La mesa ni el momento de comer son lugar para forzar o engañar. Ningún momento lo es para forzar o mentirle a un niño, por tanto, te recomiendo evitar coaccionar, distraer o chantajear a los niños para que coman y se terminen el plato. Esto puede generar una relación negativa con la comida. Permite decidir si quieren comer y cuánto, ya que respetar las señales de hambre o saciedad es fundamental. Si un niño rechaza un alimento, no lo sustituyas por opciones no saludables solo para que coma algo, porque es normal que los niños rechacen un alimento al principio. Se necesita paciencia y ofrecer el alimento varias veces (hasta 15 o 20 exposiciones) antes de que lo acepten. Es un proceso que requiere paciencia y consistencia. Los expertos recomiendan que como padres y madres debemos aprovechar la curiosidad de los niños antes de los 8-9 meses para introducir una variedad de alimentos en su forma natural. Retrasar la introducción de nuevos alimentos puede aumentar el rechazo a probar cosas nuevas más adelante.

Si el niño está al cuidado de otros adultos, como abuelos u otros cuidadores, es fundamental comunicar las normas y límites acordados respecto a la alimentación. Mantener la coherencia entre todos los cuidadores ayuda a que tu peque no se sienta confundido y de esta forma se establece un entorno seguro y predecible para el niño.

Seguir todas estas recomendaciones, nos puede ayudar a prevenir conflictos y trastornos alimentarios ya que la forma en que abordamos la alimentación en la infancia tiene un impacto duradero en la relación que los niños tendrán con la comida.

Aprender en movimiento como necesidad cerebral y de aprendizaje

Los niños necesitan moverse: tu hijo tiene que tocar y, si no lo hace y se comporta como una estatua, preocúpate. Porque el cerebro infantil está diseñado para aprender en movimiento, para manipular, para no estar quieto y sobre todo está diseñado para la exploración sensorial. Solo podemos conocer nuestro entorno experimentando con nuestro cuerpo. Gracias a la neurociencia, sabemos que el movimiento libre es crucial para el desarrollo integral. De hecho, mantener a los bebés en retenedores, como sillas de paseo, cunas o dispositivos que restringen su movilidad en largos periodos de tiempo, limita no solo el desarrollo físico, sino también la creación de conexiones neuronales.

Por ello es fundamental que los niños tengan la oportunidad de moverse libremente desde bebés, en un entorno seguro para poder tocar, experimentar con todos sus sentidos, para fomentar su desarrollo motor grueso y fino, así como su sistema somatosensorial, sin olvidarnos del desarrollo de su autonomía.

El sistema somatosensorial es como una red de sensores distribuidos por toda la piel y dentro de nuestro cuerpo, que nos ayuda a detectar diferentes tipos de información, como el tacto, el dolor, la temperatura, la propiocepción (sentido de la posición de nuestros músculos y articulaciones) y la percepción del equilibrio. Gracias a este sistema también tenemos reacciones instintivas y nos ayuda a sobrevivir: retiramos la mano del fuego si nos estamos quemando, o si nos pinchamos y sentimos dolor. Como ya has aprendido, el cerebro no se desarrolla por compartimentos estancos y limitar el movimiento y el desarrollo de la autonomía en nuestros pequeños también puede afectar al proceso emocional, de hecho, muchas rabietas vienen de esas limitaciones de movimiento. En próximos capítulos hablaremos más profundamente de la parte emocional.

Limitar el movimiento de un niño es como tirar piedras a un techo de cristal, por lo que me gustaría hacer énfasis en que, cada vez que un niño toca algo nuevo, su cerebro crea nuevas conexiones neuronales que son esenciales para su aprendizaje. Y como habrás adivinado, este proceso es más efectivo cuando se le permite moverse libremente y explorar su entorno, ya sea a través de la exploración de juguetes sensoriales o el contacto con el mundo natural. Es como si su entorno fuera el gimnasio natural del cerebro.

El suelo es el entorno más seguro y enriquecedor para un bebé, un espacio donde experimentar con su cuerpo, interactuar con su entorno y desarrollar habilidades motoras cruciales para su crecimiento. Cuando el bebé se mueve libremente en el suelo, el cerebro recibe información sensorial constante a través de la «red de sensores» del sistema somatosensorial y de todos los sentidos. Por lo que recomiendo evitar que estén constantemente en hamacas, cunas-parque, sillas de paseo, etc., y en su lugar usemos el suelo cubierto con una alfombra o tapete, que usen ropa cómoda y estén siempre bajo supervisión de un adulto.

Estos retenedores también limitan la capacidad del bebé para fortalecer los músculos que necesita para moverse de manera independiente y puede afectar el desarrollo postural, ya que no tiene la oportunidad de aprender a equilibrarse y controlar su cuerpo en diferentes posiciones.

Algunos beneficios para el bebé de pasar tiempo en el suelo son:

- **Desarrollo de la motricidad gruesa:** Adquiere fuerza muscular en el cuello, tronco, brazos y piernas, facilitando hitos clave como el volteo, el gateo, la sedestación (sentarse) y, posteriormente, los primeros pasos.
- **Desarrollo cognitivo:** Experimenta con diferentes superficies, texturas y objetos. Esto estimula la curiosidad y la exploración activa, lo que fomenta la creación de nuevas conexiones neuronales, cruciales para el aprendizaje.
- **Libertad y autonomía:** Permite que el bebé elija cuándo y cómo moverse, promoviendo una mayor independencia y confianza en sus habilidades motoras. Esta autonomía temprana contribuye al desarrollo de una autoimagen positiva y al control emocional.
- **Favorece la coordinación motora:** Los bebés aprenden a moverse y coordinar diferentes partes de su cuerpo de manera sincronizada, lo que fortalece la coordinación bilateral (control de ambos lados del cuerpo) y habilidades de equilibrio.

Cómo potenciar el desarrollo físico

Para saber cómo ayudar a potenciar el desarrollo físico de un bebé y un niño es necesario que conozcamos cómo se desarrolla su cuerpo y para ello debemos hablar de los reflejos primitivos, que son respuestas automáticas e involuntarias del cuerpo que responde a estímulos externos a nuestro cuerpo y están presentes desde el nacimiento. Estos reflejos son claves para la supervivencia temprana, pero deben desaparecer a medida que el cerebro y el sistema nervioso central maduran.

Reflejo	Aparición	Descripción	Desaparición
Búsqueda	Desde el nacimiento.	Al tocar la mejilla del bebé, este gira la cabeza hacia el estímulo buscando el pecho o el biberón.	Entre los 3-4 meses.
Succión	Desde el nacimiento.	Cuando un objeto toca el paladar del bebé, este succiona automáticamente.	Entre los 2 y 4 meses.
De Moro	Desde el nacimiento.	Ante un sonido fuerte o una sensación de caída, el bebé extiende los brazos y luego los retrae.	Entre los 4 y 6 meses.
Prensión palmar	Desde el nacimiento.	Agarra con fuerza cualquier objeto colocado en su mano.	A los 4-6 meses.
Prensión plantar	Desde el nacimiento.	Cuando se estimula la planta del pie, los dedos del bebé se flexionan hacia bajo.	Entre los 9-12 meses.
Tónico cervical	Desde el nacimiento.	Al girar la cabeza del bebé hacia un lado, el brazo del mismo lado se extiende mientras el brazo opuesto se flexiona.	Alrededor de los 6 meses.
De Babinski	Desde el nacimiento.	Al acariciar la planta del pie, los dedos del pie del bebé se extienden y se abren en abanico.	Entre los 6 meses y los 2 años.
De Galant	Desde el nacimiento.	Al tocar un lado de la espalda del bebé, este arquea su columna hacia el lado estimulado.	A los 4-6 meses.
Marcha automática	Desde el nacimiento.	Cuando el bebé está sostenido en posición vertical y sus pies tocan una superficie, realiza movimientos de marcha.	A los 2-3 meses.

Cuando los reflejos primitivos no desaparecen en el momento adecuado, puede ser una señal de problemas en el desarrollo neurológico del bebé, por tanto es algo de lo que debes estar pendiente, ya que a medida que el sistema nervioso madura y el cerebro se desarrolla, estos reflejos deben ser inhibidos o integrados para permitir el desarrollo de movimientos más voluntarios y controlados. Si estos reflejos persisten después de la etapa que les corresponde, puede ser a causa de falta de estimulación adecuada, un retraso en el desarrollo neurológico o trastornos o condiciones neurobiológicas en los casos más graves. Si se sospecha que los reflejos primitivos están persistiendo más allá de la edad normal de desaparición, es crucial consultar a un especialista en desarrollo infantil, como un neurólogo pediátrico o un terapeuta ocupacional. Estos profesionales pueden evaluar al niño y proponer intervenciones específicas para ayudar a integrar los reflejos.

Amor incondicional como necesidad cerebral

¿Cuántas veces nos habrán dicho cuando éramos niños o habremos escuchado: «Si te sigues portando mal ya no te quiero» o «Si te portas mal, mamá se va a poner triste»? Imagina por un momento que tu pareja te dijera: «Si no haces esto, ya no te quiero». En una relación saludable libre de toxicidad, esas frases nunca se dirían.

Pero entonces ¿por qué en ocasiones se ama condicionalmente a los niños o se los amenaza con retirarles el cariño? El amor incondicional es una necesidad fundamental para el desarrollo saludable del cerebro infantil y de la persona en su totalidad.

Desde la perspectiva de la neurociencia, las interacciones afectivas positivas entre madres-padres e hijos son esenciales para el crecimiento emocional, cognitivo y social del niño. Sintiéndose seguro, querido y confiado es cuando realmente el niño despliega sus alas y eso se consigue desde un amor sin condiciones, sin chantajes. A través de estas relaciones, el cerebro del niño establece las conexiones necesarias para regular sus emociones, desarrollar su sentido de seguridad y formar una base sólida para el aprendizaje y el desarrollo. El afecto no debe ser utilizado NUNCA como recompensa o castigo, sino que debe estar presente de forma incondicional, libre de condiciones o expectativas.

Durante los primeros años de vida, las interacciones afectivas y la atención positiva desempeñan un papel fundamental porque el cerebro infantil está diseñado para aprender y desarrollarse en entornos que proporcionan seguridad y afecto. De hecho, cuando un niño experimenta el amor incondicional, su cerebro libera oxitocina, que como sabes se puede liberar también en forma de neurotransmisor y ayuda a regular el estrés, promueve el apego y facilita la creación de conexiones neuronales, especialmente en las áreas del cerebro asociadas con la regulación emocional y la empatía y, por tanto, cuando establezca relaciones en un futuro lo hará desde esta perspectiva, porque ha aprendido a amar de esta manera.

Por el contrario, cuando el afecto se utiliza como moneda de cambio (por ejemplo, cuando se retira el cariño como castigo por mal comportamiento), el cerebro del niño puede desarrollar patrones de estrés y ansiedad. Estos patrones aumentan los niveles de cortisol que pueden tener efectos adversos en el desarrollo neurológico, impidiendo el crecimiento sano de las áreas cerebrales relacionadas con la confianza, la autoestima y la regulación emocional. Y por ende, tendrá más probabilidad de implementar esta forma de querer en sus relaciones socioafectivas futuras.

Para hablar de apego no podemos dejar de mencionar la teoría que desarrolló John Bowlby y más tarde fue respaldada por estudios de neurociencia, que resalta que el vínculo afectivo entre un niño y su cuidador es crucial para el desarrollo saludable. John Bowlby no lo hizo desde una intuición o una observación casual, sino desde investigaciones que marcaron un antes y un después en la forma de entender la relación entre madres/padres e hijos. Uno de los aspectos más destacados de su trabajo fue el estudio de niños en situaciones de separación y cómo esas experiencias afectaban a su desarrollo emocional y social.

Bowlby estudió a niños que habían pasado tiempo alejados de sus padres, como aquellos que vivieron en instituciones durante la Segunda Guerra Mundial. Observó que, aunque los cuidadores en esos lugares les ofrecían alimento y cuidados básicos, muchos de estos niños presentaban problemas emocionales importantes. Algunos se mostraban apáticos, otros demasiado ansiosos y algunos incluso parecían indiferentes a la presencia o ausencia de los adultos a su alrededor. Esto llevó a Bowlby a plantearse algo revolucionario para la época: ¿qué pasa si los niños no solo necesitan alimento y ropa limpia, sino también una conexión emocional con una figura constante y amorosa?

En uno de los estudios más impactantes, Bowlby investigó lo que él llamó «hospitalismo». Esto se refería a las consecuencias emocionales y psicológicas que sufrían los niños pequeños cuando eran separados de sus madres, como ocurría en hospitales donde las visitas parentales estaban restringidas. Estos niños, aunque bien alimentados y físicamente cuidados, mostraban síntomas de tristeza profunda, pérdida de interés en el mundo, y en algunos casos, dificultades para formar lazos emocionales con otras personas más adelante en su vida.

Bowlby notó un patrón en tres fases en los niños separados de sus cuidadores principales: al principio, el niño llora, grita y busca desesperadamente la atención de su madre o cuidador. Es un momento de angustia extrema. Si la separación se prolonga, deja de protestar y se vuelve apático, como si hubiera perdido la esperanza de recuperar esa figura de apego. Finalmente, el niño parece «superarlo», pero en realidad desarrolla un mecanismo de defensa emocional, evitando formar vínculos profundos con otros para no volver a sufrir esa pérdida.

Estos hallazgos confirmaron la importancia de la presencia emocional constante en los primeros años de vida. Bowlby argumentó que el vínculo con una figura de apego segura no es un lujo, sino una necesidad básica para el desarrollo saludable. Aunque Bowlby se enfocó en humanos, es interesante mencionar que sus hallazgos fueron reforzados por otros estudios de la época. Uno de los más conocidos es el experimento de Harry Harlow con monos Rhesus. Harlow separó a crías de monos de sus madres y les ofreció dos figuras sustitutas: una hecha de alambre que les daba alimento y otra cubierta con tela suave que no ofrecía comida. A pesar de que la figura de alambre era la que les alimentaba, las crías preferían pasar tiempo con la figura suave, buscando consuelo y protección. Este experimento demostró que los seres vivos no solo buscan cubrir necesidades físicas como la alimentación, sino también el contacto afectivo, el cual es esencial para su bienestar emocional y estos resultados complementaron el trabajo de Bowlby al mostrar que la conexión emocional es tan importante como cualquier necesidad física.

El apego es el vínculo emocional que se forma entre un bebé y sus cuidadores principales. Pero el apego no es solo «estar cerca» o «amar a nuestros hijos»; es la manera en que les ofrecemos seguridad emocional, un refugio al que siempre pueden volver cuando lo necesiten. Y este vínculo tiene un impacto directo en su desarrollo cerebral, emocional y social. Por tanto, la mejor manera de criar a un hijo es desde el apego seguro, pero antes de saber cómo se hace debes conocer los otros estilos de apego que existen:

- **Apego seguro:** Es el ideal, se desarrolla cuando los niños saben que sus cuidadores estarán allí para responder a sus necesidades de manera consistente. Un niño con apego seguro se siente lo suficientemente confiado como para explorar el mundo, porque sabe que siempre puede volver a sus cuidadores para buscar consuelo o apoyo.

- **Apego inseguro-evitativo:** Los niños tienden a evitar a sus cuidadores porque han aprendido que sus necesidades emocionales no siempre serán atendidas. Aunque parezcan independientes, estos niños suelen cargar con una sensación de inseguridad interna.
- **Apego inseguro-ambivalente:** Los niños se muestran ansiosos y demandantes porque no saben cuándo recibirán atención. Esto ocurre cuando los cuidadores son inconsistentes: a veces están disponibles y otras no.
- **Apego desorganizado:** Suele surgir en entornos donde hay negligencia o abuso. Los niños no desarrollan un patrón claro de vinculación y pueden mostrar comportamientos contradictorios.

Los estudios de Bowlby dejaron claro que los niños necesitan mucho más que comida y cuidados básicos. Necesitan sentir que hay alguien ahí para ellos, especialmente en los momentos de estrés o incertidumbre. Esto no significa que tengas que ser un progenitor perfecto (porque ya sabemos que eso no existe), pero sí que puedas ofrecer una presencia amorosa y confiable que les digas: «No importa lo que pase, estaré aquí contigo». Que seas constante, predecible y emocionalmente disponible. Esto significa responder a sus necesidades, validar sus emociones y estar presentes de una manera que les permita sentirse seguros. Los niños con apego seguro suelen desarrollar una mayor capacidad para regular sus emociones, formar relaciones saludables y enfrentar los desafíos de la vida con resiliencia. Criar desde el apego seguro es, en esencia, criar con cerebro.

Una frase que siempre les digo a mis hijos es «te quiero siempre», y no sabéis la tranquilidad que les da. Quererlos, aunque se equivoquen, aunque su comportamiento no sea el más adecuado... El amor incondicional forma la base de este apego seguro. Los niños que saben que son amados sin importar sus errores o logros están más inclinados a ser curiosos, explorar el mundo y aprender, sin miedo a perder el afecto de sus cuidadores y no por ello creas que harán lo que les venga en gana. Este amor incondicional no significa permisividad o la ausencia de límites, sino que los límites y normas se establecen de manera respetuosa, sin condicionar el afecto.

¿Te parece complicado? *A priori* puede parecer que sí, porque nos han grabado a fuego que sin miedo no hay control y sin control no hay autoridad. Pero te hago otras preguntas para ir despejando y aclarando a la vocecita de tu cabeza, ¿para qué quiero criar desde el autoritarismo? ¿En qué beneficia a mis hijos que me tengan miedo? ¿Cómo quiero que me recuerden en el futuro?

Quiero dejarte claro que amar siempre, sin condicionamientos, no significa que los adultos deban ignorar el mal comportamiento o evitar poner límites, sino que los límites se establecen dentro de un marco de respeto mutuo y comprensión, no de control o castigo emocional. Implicando reconocer que los errores son parte del aprendizaje, y que los niños necesitan sentir que su valor no depende de su comportamiento o logros. ¡Ojo! Y si somos los adultos los que nos equivocamos también es importante reconocerlo. Criar bajándote del altar o del pedestal es más sostenible que criar desde la autoexigencia del perfeccionismo.

Y aunque en próximos capítulos más dedicados al acompañamiento emocional nos adentraremos en esta parte práctica, no quiero cerrar este capítulo sin recomendarte estos cinco pasos:

1. **Valida sus emociones:** Acepta las emociones de tu hijo sin juicio. Ayúdalo a entender que está bien sentirse frustrado

o enojado, y que siempre estarás allí para apoyarlo, sin importar lo que sienta.

2. **Establece límites con empatía:** Los niños necesitan límites, pero es importante establecerlos con amabilidad. Explica las razones detrás de las reglas, y asegúrate de que entiendan que las reglas existen para su bienestar, no para ganarse tu amor.
3. **Fomenta la autonomía:** Permite que tu hijo explore y cometa errores sin miedo a perder tu amor o aprobación. Esto les enseña que el afecto no está condicionado a su rendimiento o comportamiento.
4. **Reafirma tu amor incluso en momentos difíciles:** Asegúrate de que tu hijo sepa que, incluso cuando se equivoca o tiene un mal día, tu amor por él es incondicional.
5. **Cultiva el tiempo de calidad:** Dedica tiempo a estar con tu hijo de manera intencionada, sin distracciones, para fortalecer el vínculo y demostrarle que es amado por quien es, no por lo que hace.

Por el contrario, si esto no se da, diversos estudios muestran que cuando el afecto de un progenitor es condicional —cuando los niños solo reciben atención y afecto cuando se comportan «bien» o cumplen con las expectativas— los niños tienden a desarrollar una autoestima condicionada, lo que puede llevar a problemas emocionales y de comportamiento en el futuro. De hecho, el afecto condicional puede hacer que los niños sientan que necesitan «ganarse» el amor de sus padres, lo cual es perjudicial para su bienestar emocional y cerebral sintiendo inseguridad y estrés en sus relaciones, lo que puede afectar a su capacidad para concentrarse, aprender y formar relaciones saludables. E incluso pueden tener más probabilidades de sufrir acoso, *bullying* o situaciones de abuso, ya que su autoestima suele ser muy bajita y harán lo que sea por pertenecer, ser vistos y sentirse amados.

Según investigaciones en neurociencia afectiva, las experiencias tempranas de amor y apego seguro contribuyen a la activación de circuitos cerebrales que permiten la autorregulación emocional y el desarrollo de la corteza prefrontal, además de favorecer el desarrollo de la resiliencia.

Cuando el amor no es una herramienta de control son más capaces de enfrentar los desafíos de la vida con una sensación de seguridad interna, manejando mejor el estrés, la frustración, la superación de obstáculos y disfrutando de regulación emocional efectiva. Incluso incide en su éxito académico y habilidades laborales y sociales.

Y ya que sabes esto, ¿a quién no le gustaría que sus hijos consiguieran esos objetivos? Pues si todo el mundo supiera que la base es el amor incondicional y que es gratis, lo usarían muchas personas más. Por el contrario, cuando los niños perciben el afecto como una recompensa que puede ser retirada, su cerebro entra en modo defensivo. Esta respuesta puede activar la amígdala, una región del cerebro relacionada con las emociones de miedo y estrés, lo que a largo plazo puede tener un impacto negativo en el comportamiento y la salud emocional.

Está claro que el cerebro infantil necesita amor para florecer, y cuando este amor no está condicionado, los niños se sienten seguros para ser ellos mismos y explorar el mundo sin miedo al rechazo.

3

El cerebro de los adultos

Convertirnos en madres y padres no solo transforma nuestro día a día, sino que también produce cambios profundos en nuestro cerebro; estos son hallazgos relativamente recientes. Estas transformaciones, aunque muchas veces pasan desapercibidas, son fundamentales para entender cómo los adultos nos adaptamos a la crianza, cómo respondemos a las necesidades de nuestros hijos y, sobre todo, cómo podemos criar de manera más consciente y respetuosa.

En este capítulo quiero contarte cómo cambia nuestro cerebro cuando formamos una familia, las diferencias en nuestra manera de criar a lo largo del tiempo, y la importancia de criar en equipo.

¿Cambia nuestro cerebro cuando formamos una familia? El cerebro de mamá

La respuesta es un sí rotundo y sobre todo cambia el cerebro de la madre gestante, así que ahora me vas a permitir que me dirija directamente a la mamá y si eres la pareja o familiar, cuéntale todo lo que vas a aprender a continuación porque saber esto da mucha tranquilidad.

¿Te has preguntado alguna vez por qué, después de convertirte en madre, sientes que tu forma de pensar y de ver el mundo ha cambiado para siempre? No es solo una sensación, sino que es una realidad y es que la ciencia ha confirmado algo que muchas madres ya intuían: el cerebro cambia profundamente durante el embarazo y el posparto. Es como si la maternidad fuera un proceso de «rediseño cerebral» que nos prepara para cuidar, proteger y amar a nuestros hijos.

Para explicarte estos cambios, te voy a hablar de los hallazgos de varias investigadoras: Susana Carmona, autora de *Neuromaternal* y otras investigaciones, Edwina Orchard y Elizabeth Chrastil. Sus estudios muestran que la maternidad no solo transforma nuestra vida, sino también nuestro cerebro, y todo esto tiene un propósito: ayudarnos a ser las mejores cuidadoras para nuestros hijos.

Estos ajustes son posibles gracias a la plasticidad cerebral, esa capacidad que tiene el cerebro de adaptarse y cambiar según las necesidades. Es como si tu cerebro dijera: «Vamos a enfocarnos en lo esencial ahora mismo», asegurándose de que estés completamente sintonizada y preparada para la llegada de tu bebé.

Este periodo de transición, conocido por Orchard como matrescencia, no solo es un cambio de vida, sino también una etapa de extraordinaria neuroplasticidad. Según Edwina Orchard, investigadora de la Universidad de Yale, la matrescencia implica modificaciones en el cerebro a nivel estructural, funcional y emocional, y sienta las bases para el vínculo único entre madre e hijo.

Durante el embarazo y el posparto, muchas mujeres reportan lo que se conoce como «lagunas de memoria» o dificultades para concentrarse. No estás sola: el 80 % de las mujeres mencionan haber sentido algún tipo de pérdida de memoria o problemas atencionales tras convertirse en madres. Pero ¿deberíamos preocuparnos? ¿Estas dificultades tienen alguna función? Esto es comúnmente conocido como «*baby brain*» o «cerebro de mamá», esa sensación de olvidos frecuentes o falta de atención que muchas madres experimentan. Por ejemplo, Orchard explica que, aunque muchas madres sienten que su memoria flaquea durante el embarazo y el posparto (sí, ese momento en el que olvidas dónde dejaste las llaves o por qué entraste en una habitación y qué ibas a llevarte), la realidad es mucho más esperanzadora. Aunque puede haber pequeñas disminuciones de memoria en esta etapa, estas son temporales. A medida que pasa el tiempo, las madres no solo recuperan su capacidad, sino que incluso pueden mejorar su reserva cognitiva, que es esa «reserva mental» que nos ayuda a enfrentar desafíos como el envejecimiento o enfermedades neurodegenerativas.

Y quizá estés pensando «eso está genial, pero yo siento que no puedo sumar 2+2», y esto es debido a otros factores que influyen en que no nos sintamos tan eficaces a nivel de memoria como antes. Esos supuestos «déficits» de memoria no son más que un efecto del sesgo de confirmación: nos sentimos más distraídas porque nuestro enfoque e intereses han cambiado radicalmente. Ahora nuestras prioridades giran en torno al bienestar del bebé, dejando en un segundo plano cosas que antes considerábamos importantes, como recordar la lista de la compra al dedillo. Además, hay que considerar la carga mental, ya que las madres no solo lidiamos con las demandas físicas de la crianza, sino que también gestionamos un torrente de nuevas responsabilidades, desde organizar citas médicas hasta monitorear tomas, cambios de pañales o patrones de sueño. Ay, el sueño, qué importante es (como hemos visto en el capítulo 2) y qué mal funcionamos cuando hay mucha ausencia de descanso. Pues todo esto puede hacernos sentir desbordadas y contribuir a la sensación de que «no recordamos las cosas como antes», pero recuerda que recuperamos esa capacidad de memoria y que incluso nos volvemos una versión mejorada en cuanto a la reserva cognitiva.

Porque está claro que la maternidad no solo exige, también enriquece. Elizabeth Chrastil, neurocientífica de la Universidad de California, cuenta que el embarazo y la crianza potencian habilidades como la memoria, la planificación y la flexibilidad cognitiva. Según sus hallazgos, el cerebro de las madres se convierte en una especie de «superordenador» emocional, adaptándose para comprender mejor las necesidades de sus hijos y manejar múltiples tareas simultáneamente.

Y ahora quiero preguntarte: ¿has notado que después de ser madre sientes que te emocionas con más facilidad o que eres más sensible a las emociones de los demás? Esto también tiene una explicación. Durante el embarazo, según Susana Carmona, los cambios en el cerebro materno son asombrosos, y es que algunas regiones de la corteza prefrontal y la amígdala, que están relacionadas con la empatía y el reconocimiento de emociones, se reorganizan para hacerte más sensible a las necesidades de tu bebé. Este proceso no es una pérdida, como muchos creen, sino una especie de ajuste fino que te convierte en la mejor cuidadora que tu hijo podría tener.

¿Quién es muy responsable de toda esta transformación? Las hormonas. Durante el embarazo, la protagonista es la oxitocina, aunque hay más hormonas en juego que desempeñan un papel clave. Pero resalto aquí la oxitocina, ya que no solo facilita el parto, sino que también activa áreas del cerebro relacionadas con el cuidado y el apego. Es como si esta hormona se encargara de conectar emocionalmente a las madres con sus hijos, garantizando que estén dispuestas a protegerlos y amarlos incondicionalmente.

Eso sí, los cambios no son solo hormonales. Las investigaciones hablan sobre una reducción en la materia gris durante el embarazo que puede alcanzar entre un 4-8 %, pero no es algo malo y entiendo que puede sonar alarmante, pero no significa que estés perdiendo capacidades o volviéndote menos inteligente, sino que esta reorganización hace que tu cerebro sea más eficiente, ya que esta «poda» cerebral es un proceso de optimización. Es como si eliminara «ruido» innecesario para enfocarse en lo que de verdad importa: conectar con tu bebé.

También se ha observado una disminución de hasta un 15 % en el córtex cerebral, la región responsable del procesamiento complejo de la información. Pero no te preocupes, esto no es una pérdida, sino un ajuste. Es como si tu cerebro estuviera eliminando conexiones menos necesarias para hacer espacio a las que más importan. Este cambio permite que las neuronas se comuniquen más rápido y que seas más eficaz en tareas como interpretar las necesidades de tu bebé y responder a ellas de forma intuitiva. En otras palabras, es tu cerebro poniéndose en «modo mamá».

Por eso, si alguna vez te has sorprendido sabiendo exactamente qué necesita tu bebé solo con mirarlo o escuchando un leve llanto, es porque tu cerebro se ha reorganizado para que seas capaz de captar sus señales con mayor precisión. Este ajuste, según Carmona, es como una inversión a largo plazo que fortalece el vínculo entre madre e hijo y garantiza su bienestar.

Mientras que la materia gris se reorganiza, la materia blanca del cerebro aumenta durante la gestación. La materia blanca actúa como los «cables» que conectan diferentes áreas del cerebro, mejorando la comunicación entre ellas. Este incremento facilita que proceses información de manera más rápida y eficiente, algo crucial cuando estás cuidando a un bebé que depende de ti. Imagina este cambio como una actualización de software: tu cerebro está optimizando sus sistemas para que puedas reaccionar rápidamente y tomar decisiones acertadas frente a los desafíos de la maternidad. Este aumento también explica por qué muchas madres desarrollan una especie de «superpoder» para anticiparse a las necesidades de sus hijos, incluso antes de que las expresen.

¿Sabes algo increíble? Incluso el tipo de parto puede influir en cómo se adapta nuestro cerebro a la crianza. Pero quiero empezar con algo que me gustaría que recordases siempre: independientemente de cómo hayas dado a luz, ya sea un parto vaginal, una cesárea de emergencia o una cesárea programada, eres la mejor mamá para tu bebé. No hay discusión en eso.

Ahora, te contaré un poco más sobre lo que pasa en nuestro cerebro según el tipo de parto, porque sé que a veces nos llenamos de dudas o sentimos presión. Cuando el parto es vaginal o incluso en una cesárea de emergencia, el cuerpo pasa por un proceso hormonal intenso. Es como si el cerebro y el cuerpo se pusieran en «modo mamá» a toda máquina. Hormonas como la oxitocina inundan tu sistema durante las contracciones y el trabajo de parto. Esto no solo ayuda a traer al mundo a tu bebé, sino que también fortalece ese vínculo tan especial que sentirás al mirarlo por primera vez. Con una cesárea programada, el proceso es diferente porque no se pasa por esas contracciones previas al nacimiento y parecen experimentar trayectorias corticales diferentes. Es crucial entender que estos hallazgos son preliminares y que se necesitan más estudios para comprender completamente cómo el tipo de parto influye en los cambios cerebrales de la madre.

Pero aquí viene lo que quiero que tengas claro: aunque el cerebro pueda adaptarse de formas distintas según el tipo de parto, eso no significa que no estés preparada para ser una mamá increíble si has tenido una cesárea programada. No importa cómo haya llegado tu bebé al mundo, tu cerebro está diseñado para reorganizarse y ayudarte a ser la madre que necesitas ser. Las mamás que tuvieron partos distintos tienen historias únicas, pero todas comparten algo en común: un amor incondicional que las lleva a superar cualquier obstáculo. Así que no permitas que nadie te haga sentir que hay una forma «perfecta» de traer a tu bebé al mundo. El tipo de parto es solo una parte del viaje, pero el verdadero cambio está en todo lo que haces después para amar y criar a ese pequeñito que depende de ti. ¿Lo ves? No hay un «manual perfecto». Hay mamás reales, con sus propias historias y formas de amar, y eso es lo que realmente importa.

Una vez que el bebé ha nacido, el posparto es una fase de aprendizaje acelerado. Durante este periodo, cada interacción con tu bebé, ya sea consolar un llanto, compartir una sonrisa o responder a sus necesidades, fortalece las conexiones neuronales que se activaron durante el embarazo. Es como si cada día fuera una oportunidad para «entrenar» tu cerebro en las habilidades necesarias para ser madre. Con su llegada hay más empatía y menos ego porque ciertas áreas de la corteza relacionadas con el ego y el «yo» disminuyen su actividad, ayudándote a centrarte en las necesidades de tu hijo. Esto no significa que dejes de ser tú, sino que tu cerebro se reorganiza temporalmente para que el cuidado de tu bebé sea la prioridad.

Por ejemplo, cuando escuchas el llanto de tu bebé, tu cerebro activa de inmediato áreas relacionadas con la atención y el cuidado. Este mecanismo asegura que siempre estés alerta y lista para responder, incluso cuando estás profundamente dormida. De hecho, cuando escuchaba llorar a mis hijos, notaba como un cosquilleo y un frío por la columna y de repente me daba cuenta de que me había dado como «un subidón de leche». Me ha llegado a pasar de estar comprando y que un bebé que no era el mío llorara y de pronto comenzar a salirme leche del pecho, y aunque a veces me resultara incomodo porque parecía una «vaca lechera» en medio del supermercado, a la vez alucinaba y pensaba ¡qué maravilla!

Los cambios cerebrales no desaparecen de inmediato después del alumbramiento, sino que las investigaciones indican que la reducción de la materia gris persiste al menos dos años después, y algunas investigaciones aseguran que los cambios pueden durar hasta seis años después del parto y otros cambios toda la vida. Por tanto, podemos afirmar que la maternidad no solo transforma tu corazón, sino también tu cerebro y todo tu cuerpo. Así que, si alguna vez sientes que no eres la misma desde que te convertiste en madre, es porque realmente no lo eres. Tu cerebro tiene la gran capacidad de adaptarse, se modifica para desempeñar este hermoso y desafiante camino. Y eso, querida mamá, es una prueba más de que la maternidad es un auténtico superpoder respaldado por la ciencia y sobre el que queda aún mucho por descubrir.

¿Qué le pasa al cerebro del hombre que cría?

La ciencia también ha comenzado a explorar lo que ocurre en el cerebro de los hombres cuando asumen el rol de cuidadores. Y aquí viene la sorpresa: ¡los hombres también experimentan cambios en su cerebro cuando participan activamente en la crianza!

Entender que el cerebro del padre o de la pareja cambia, nos permite desmitificar ciertas creencias. Muchas veces se subestima el papel del padre en la crianza, asumiendo que solo la madre está «programada» para cuidar. Sin embargo, la ciencia nos dice lo contrario: los hombres tienen un potencial enorme para convertirse en figuras referentes en el desarrollo de sus hijos. Estos cambios no están relacionados con el embarazo ni con hormonas como el caso de las mujeres, pero tienen mucho que ver con la experiencia de cuidar y vincularse emocionalmente con el bebé, aunque estas investigaciones son aún muy limitadas y queda mucho todavía por descubrir, veamos qué nos dice la ciencia.

Un estudio publicado en *Cerebral Cortex* en 2023 por el equipo de NeuroMaternal encontró que los hombres que se convierten en padres experimentan cambios neuroanatómicos. Una de las principales conclusiones del estudio es que los padres primerizos muestran una disminución del volumen en ciertas regiones del cerebro, en particular en las áreas corticales asociadas a la red neuronal por defecto y al procesamiento visual. ¿Qué significa esto? Estas áreas están implicadas en la reflexión interna, la empatía y la capacidad de procesar estímulos visuales relevantes, como las expresiones faciales del bebé. Lejos de ser algo negativo, esta reorganización parece ser una forma en la que el cerebro se especializa para centrarse en las necesidades del bebé y mejorar el vínculo con él. A pesar de estas reducciones en la corteza cerebral, las estructuras subcorticales, que son esenciales para las emociones y los instintos de cuidado, permanecen intactas. Esto refuerza la idea de que el cerebro masculino está «programado» para responder a la paternidad y desempeñar un papel activo en la crianza.

Sorprendentemente, los cambios en el cerebro de los padres primerizos comparten ciertas similitudes con los que se observan durante la adolescencia. Al igual que en esa etapa, las reducciones de materia gris podrían reflejar un proceso de refinamiento y especialización neuronal, ya que el cerebro adolescente se reorganiza para adaptarse a la transición hacia la adultez, y en este caso el cerebro del padre activo en la educación y crianza de su hijo parece estar haciendo algo similar para este propósito.

Según algunas investigaciones, como las de la neurocientífica Ruth Feldman, los hombres que participan activamente en la crianza desarrollan patrones de actividad cerebral similares a los de las madres, en especial en la amígdala, que es clave para procesar emociones y responder al llanto del bebé. Esto significa que cuanto más involucrado está un padre, más se fortalece su capacidad para interpretar las necesidades emocionales de su hijo.

Aunque los hombres no tienen los picos hormonales del embarazo y el parto, también experimentan un aumento en los niveles de oxitocina cuando interactúan con sus bebés. Este incremento ocurre sobre todo durante momentos de cuidado físico, como cambiar pañales, alimentar o jugar con el bebé. Es decir, el contacto cercano con el hijo activa procesos hormonales que fortalecen el vínculo y refuerzan el deseo de cuidar.

También experimentan un aumento de actividad en la red de recompensa, un sistema relacionado con la satisfacción y el placer. Esto significa que cuidar de un bebé no solo es un deber para ellos, sino que además puede convertirse en una fuente de alegría y realización personal. Este cambio evidentemente es más pronunciado en padres que pasan tiempo de calidad con sus hijos.

Y otra buena noticia es que la paternidad activa procesos de neuroplasticidad, es decir, la capacidad del cerebro para adaptarse y crear nuevas conexiones. En los hombres esto se traduce en un aumento de la empatía, la paciencia y la capacidad de priorizar las necesidades del bebé por encima de las propias. Es como si la experiencia de cuidar reconfigurara el cerebro para que sea más receptivo y emocionalmente conectado. Cuanto más tiempo pasa un padre con su hijo, cuidándolo y conectando emocionalmente, más profundas son las transformaciones en su cerebro. Y quizá te estés preguntando «¿y qué pasa con los padres no biológicos?»

Un dato fascinante es que estos cambios no están reservados exclusivamente para padres biológicos. Los padres adoptivos o aquellos que asumen roles principales en la crianza también experimentan transformaciones cerebrales similares. Esto demuestra que el cerebro humano, independientemente del género o de la biología, tiene la capacidad de adaptarse para cuidar de otro ser humano porque la crianza es un cambio que nos afecta a todos.

Lo que hoy sabemos, afortunadamente, es que la crianza activa transforma profundamente tanto a las madres como a los padres o cuidadores activos. En los hombres, estos cambios refuerzan su capacidad de empatizar, conectar emocionalmente y cuidar de sus hijos, en un viaje que literalmente reconfigura el cerebro, haciéndolo más sensible, receptivo y preparado para criar a un ser humano.

Así que, si alguna vez un padre duda de si su papel es tan importante como el de la madre, la respuesta es un rotundo sí. Su implicación no solo impacta positivamente en el desarrollo emocional y físico del bebé, sino que también transforma su propio cerebro, convirtiéndolo en una figura clave para el bienestar de la familia.

¿Criamos siempre de la misma manera?

No, y eso está bien. Si tienes más de un hijo, probablemente ya lo has notado. Criar al primero no es lo mismo que criar al segundo o al tercer hijo.

Cuando somos madres o padres primerizos, todo es nuevo y a menudo abrumador. Leemos libros, buscamos consejos y nos obsesionamos con hacerlo todo «perfecto». Seguramente has escuchado alguna vez que con el primer hijo somos más estrictos, perfeccionistas y hasta obsesivos, mientras que con el segundo o tercero todo fluye de forma más relajada. No es un mito, y no es porque amemos menos a los que vienen después. Tiene que ver con cómo funciona nuestro cerebro y cómo aprendemos a criar con la experiencia. La ciencia, una vez más, nos da respuestas fascinantes.

Con el segundo hijo, la experiencia nos da más confianza, pero también nos enfrentamos al desafío de dividir nuestra atención. Y cuando llega el tercero o sucesivos, solemos adoptar un enfoque más relajado, porque ya hemos aprendido que no todo tiene que ser perfecto y ya tenemos un bagaje y una experiencia que nos ampara, aunque —alerta, espóiler— con cada hijo sigues aprendiendo.

Esto tiene sentido desde un punto de vista neurológico. Nuestro cerebro aprende con la experiencia y se adapta. Cada hijo trae nuevos desafíos, pero también nos da la oportunidad de crecer como personas y de ajustar nuestra manera de criar según lo que hemos aprendido.

En mi experiencia personal, cuando eres primerizo tu cerebro está en modo alerta máxima y es porque cuando criamos por primera vez, nuestro cerebro se enfrenta a una tarea completamente nueva. Es como si de repente nos soltaran en un trabajo sin manual de instrucciones, lleno de tareas urgentes por resolver. Según estudios en neurociencia, el nacimiento del primer hijo activa intensamente las áreas del cerebro relacionadas con la preocupación, la vigilancia y el aprendizaje, destacando el córtex prefrontal y la amígdala.

La amígdala, que regula nuestras emociones y respuestas ante el estrés, se hiperactiva, sobre todo en madres primerizas. Esto explica por qué cada llanto del bebé puede sentirse como una alarma que no podemos ignorar. Este estado de alerta constante es normal: el cerebro está trabajando para garantizar su supervivencia.

Por otro lado, el córtex prefrontal, la parte que nos ayuda a planificar, organizar y tomar decisiones, también está en máxima actividad. Es aquí donde se originan esas listas interminables de cosas por hacer, los horarios rígidos y la necesidad de que todo salga «perfecto». Este perfeccionismo no es más que una estrategia del cerebro para adaptarse a algo completamente nuevo y desconocido. En el fondo, es nuestro sistema nervioso diciendo: «Tengo que hacerlo bien porque esto es importante».

Sin embargo, esta hiperactividad también puede generar a veces inseguridad. Como no tenemos aún suficiente experiencia, nuestro cerebro tiende a dudar de cada decisión, buscando validación externa o comparándose con lo que otros padres lo hacen. Esto se ve reforzado por la sociedad, que a menudo juzga o sobrecarga a los padres primerizos con consejos contradictorios, y esto es lo que yo viví en mi primera maternidad y que después de formarme en estos campos, me aportó confort, ya que con mi primer hijo la culpa asomaba a cada paso.

Con el segundo hijo (o el tercero), algo cambia. ¿Has notado cómo todo parece fluir con más calma? De hecho, con el segundo mi madre me decía que era una madre hippy. Esto no significaba que dejara de preocuparme, sino que mi cerebro había aprendido a confiar más en mi experiencia. Este proceso está relacionado con un fenómeno que hemos nombrado con anterioridad llamado neuroplasticidad, que es la capacidad del cerebro para adaptarse y aprender con el tiempo.

A medida que acumulamos experiencia en la crianza, el hipocampo, una región del cerebro vinculada con la memoria y el aprendizaje, se vuelve más eficiente. Ahora, el cerebro reconoce muchas de las señales del bebé y sabe cómo responder sin entrar en pánico. Por ejemplo, un llanto puede interpretarse más fácilmente: «Esto es hambre, no pasa nada, vamos a solucionarlo».

Además, la amígdala se regula mejor. En lugar de reaccionar de forma intensa ante cada estímulo, ahora tiene un «historial» que le dice: «Ya hemos pasado por esto antes y salió bien». Este aprendizaje reduce los niveles de ansiedad y permite que los padres y madres sean más flexibles y confiados en sus decisiones.

Por otro lado, el córtex prefrontal, que al principio estaba en modo hiperactivo, también se ajusta con la experiencia. Al haber aprendido qué funciona y qué no, el cerebro se libera de la necesidad de planificar cada detalle. Por eso, con el segundo hijo solemos ser más relajados, dejando que las cosas fluyan y confiando más en nuestro instinto.

De hecho, los padres de varios hijos desarrollan lo que se llama «sabiduría parental acumulativa». Esto no solo implica conocimientos prácticos (como calmar un cólico o interpretar el llanto), sino también un mayor control emocional y la capacidad de priorizar lo que realmente importa. En otras palabras, el cerebro aprende a distinguir entre lo que es una emergencia y lo que no lo es, lo que se traduce en menos estrés y más confianza.

Además, la oxitocina y el apego siguen desempeñando un papel clave. Con cada hijo, el cerebro vuelve a liberar oxitocina, pero esta vez sobre una base emocional más sólida. Es como si el cerebro dijera: «Ya sé cómo se siente esto. Puedo hacerlo otra vez».

Otro punto interesante es cómo cambia nuestra percepción de lo que significa ser un «buen padre» o una «buena madre» con menos perfeccionismo y menos culpa. Con el primer hijo, a menudo sentimos la presión de hacer todo «perfecto», porque nuestro cerebro busca minimizar los riesgos. Sin embargo, con el tiempo entendemos que la crianza no tiene que ser perfecta, sino suficiente. Este cambio de mentalidad tiene una base científica: el cerebro ajusta sus expectativas en función de la experiencia y aprende a confiar más en la resiliencia.

Esto no significa que los siguientes hijos reciban menos amor o atención, sino que los padres y madres ahora son más selectivos con sus esfuerzos. Han aprendido que no pasa nada si el bebé se ensucia un poco al comer o si no sigue al pie de la letra el horario de las siestas. Esta relajación no es descuido, es sabiduría.

Y por eso y por suerte no criamos siempre de la misma manera, porque nuestro cerebro evoluciona con cada hijo. La neuroplasticidad, la experiencia acumulada y los ajustes hormonales nos permiten pasar de ser padres o madres inseguros y perfeccionistas a ser cuidadores más relajados, confiados y flexibles.

Así que, si alguna vez te has sentido culpable por no ser tan «estricta» con el segundo o tercer hijo, recuerda que esto no es algo malo. Es tu cerebro diciéndote que ya sabes cómo hacerlo, que puedes confiar en ti y disfrutar más del proceso. Al final, lo más importante no es si haces todo perfecto, sino que tus hijos sientan que los amas y estás presente para ellos. Y eso es algo que siempre has hecho bien desde el primer día.

La carga mental y el peso invisible de la crianza

La carga mental es ese peso invisible que muchas mujeres llevamos al ser las «gestoras» de la familia. No se trata solo de cuidar físicamente a los niños o hacer tareas domésticas, sino de mantener una lista interminable de cosas en nuestra mente: recordar citas médicas, planificar comidas, coordinar actividades escolares, anticiparse a las necesidades de todos... Todo esto mientras intentamos estar emocionalmente disponibles para nuestros hijos. Es como si lleváramos siempre un motor encendido las 24 horas los 7 días de la semana, sin posibilidad de apagarlo.

Según la encuesta «Sin madres no hay futuro» realizada en 2024 por la asociación Yo No Renuncio, el 85 % de las mujeres se siente sola desde que es madre por no contar con los apoyos para conciliar, la falta de acompañamiento y de redes, constatando que las mujeres no cuentan con el apoyo suficiente para que se favorezca la maternidad. Esta carga no solo es invisible para muchos, sino que tiene un impacto profundo en nuestra salud mental, física y emocional. Y lo más importante, también afecta nuestra capacidad para gestionar las demandas emocionales de nuestros hijos con calma y presencia.

La carga mental no solo nos desgasta físicamente, también impacta directamente en el funcionamiento de nuestro cerebro activando de manera sostenida el sistema límbico en concreto a la amígdala, que es la región del cerebro encargada de procesar el estrés y las emociones. Cuando la amígdala está hiperactiva, el cuerpo entra en un estado constante de alerta, lo que puede llevar a niveles elevados de cortisol. ¿Qué significa esto en el día a día? Te sientes agotada, reactiva y con menos capacidad para gestionar contratiempos, como los berrinches o demandas emocionales de tus hijos. Es difícil conectar con ellos desde la calma cuando tu cerebro está en modo «supervivencia».

El córtex prefrontal, la parte del cerebro encargada de la planificación, toma de decisiones y regulación emocional, también se ve afectado. Cuando estamos agotadas por la carga mental, esta región funciona de manera menos eficiente, dificultando nuestra capacidad para organizarnos y tomar decisiones claras y dando pie a esas lagunas mentales o falta de memoria que todas notamos. ¿Cómo se traduce esto? Olvidas cosas importantes, te cuesta priorizar y puedes sentir que no das abasto. Además, gestionar los desbordes emocionales de tus hijos se vuelve más difícil porque tu cerebro simplemente no tiene suficiente energía para regular tus propias emociones.

La fatiga prolongada afecta nuestra capacidad para estar presentes emocionalmente. Cuando el cerebro está saturado, entra en una especie de «modo automático», lo que puede hacer que nos sintamos desconectadas o menos disponibles para nuestros hijos y esto supone un impacto en la crianza. Aunque los amas profundamente, puedes sentirte más irritable, menos paciente y con dificultades para responder desde la calma en lugar de la reacción.

A esto se une la falta de tiempo para cuidarte a ti misma y que no solo aumenta el agotamiento, sino que también afecta la plasticidad cerebral, que es la capacidad de tu cerebro para adaptarse y aprender. El autocuidado es esencial para mantener un cerebro sano, resiliente y capaz de gestionar el estrés. Sin autocuidado, es más difícil responder a las demandas diarias de la crianza con flexibilidad y empatía, por eso es primordial que tengas en tu horario pequeños momentos para dedicarlos a ti misma.

Porque cuando la carga mental nos abruma, el impacto no solo recae en nosotras, sino también en la relación con nuestros hijos. Es más fácil perder la paciencia cuando estamos agotadas. Algo tan simple como que tu hijo derrame un vaso de leche puede desencadenar una respuesta desproporcionada porque tu cerebro y tu cuerpo ya está al límite. Cuando tu mente está ocupada con listas interminables de tareas, es difícil estar completamente presente para tu hijo, escuchar sus emociones o responder con calma a sus necesidades y eso hace que la culpa aparezca y esté casi siempre presente. Muchas madres se sienten culpables por no ser «lo suficientemente buenas» cuando en realidad están sobrecargadas. Este ciclo de culpa perpetúa el agotamiento emocional.

Criar en equipo: ¿es posible?

La buena noticia es que la carga mental no tiene por qué ser una carga exclusiva de las madres y se puede romper el ciclo para promover una crianza compartida, y tomar medidas para cuidar la salud mental es vital.

Criar en equipo no significa que todo sea perfecto, pero sí implica que ambos estén comprometidos y sean corresponsables. Cambiar pañales, preparar meriendas, atender despertares nocturnos o simplemente estar presentes, son gestos que, créeme, marcarán la armonía de tu casa.

Educar con cerebro significa reconocer que la crianza no es solo responsabilidad de la madre. Es un trabajo en equipo que, cuando se comparte, no solo alivia la carga, sino que también fortalece el vínculo familiar y nos permite disfrutar más de esta maravillosa aventura. Puedo ver tu cara con los ojos vueltos y resoplando, pensando «sí, claro, ¿y eso cómo se consigue?».

1. Habla abiertamente con tu pareja o familia sobre la carga mental explicando cómo te sientes y detalla las responsabilidades que llevas. Muchas parejas o familiares no son conscientes de esta carga porque es invisible. Hablar de esto no es una queja, es una necesidad para crear un hogar más equitativo y justo.

2. Distribuye tareas con claridad y crea una lista conjunta de todas las responsabilidades del hogar y divídelas de manera justa. Incluye tanto las tareas físicas como las «invisibles», como planificar el menú o coordinar citas médicas. Usa herramientas como calendarios compartidos o aplicaciones para organizar tareas familiares.

3. Practica el autocuidado sin culpa reservando tiempo para ti misma, aunque sea unos minutos al día. Puede ser un paseo, leer un libro, hacer ejercicio o simplemente descansar. Recuerda que cuidar de ti es cuidar también de tu familia. Prioriza el sueño. Un cerebro descansado es más capaz de gestionar el estrés y las demandas emocionales. Y que tu pareja, si la hay, haga lo mismo y también tenga tiempo.

4. Involucra a los niños, porque según su edad, tus hijos pueden asumir pequeñas responsabilidades que alivien tu carga. Esto no solo te ayuda, sino que también les enseña sobre corresponsabilidad y empatía. Además, en próximos capítulos veremos cómo llevarlo a la práctica.

5. Busca apoyo en tu red familiar y amigos de confianza. Habla con ellos o busca a alguien que pueda ayudarte ocasionalmente. Pedir ayuda no es un signo de debilidad, es una herramienta para proteger tu salud mental.

6. Reformula tus expectativas y recuerda que no necesitas hacerlo todo perfectamente. Ser una madre presente y amorosa no significa cumplir con estándares imposibles. La crianza no tiene que ser impecable, solo suficiente.

Y con esto, espero haber dejado bastante claro que la crianza no es una tarea exclusiva de las madres, es una responsabilidad compartida que, cuando se distribuye de manera equitativa, beneficia a todos, reduce el estrés, mejora la salud mental y permite disfrutar más de la educación de los hijos y por ende fomenta una conexión más profunda con la pareja. Esto hace que finalmente los niños crezcan en un ambiente equilibrado, donde ven modelos de cooperación y aprenden que las responsabilidades se comparten.

En muchas ocasiones haciendo esto, sobre todo las mujeres pensamos que hablar de la carga mental y buscar formas de aliviarla es un acto egoísta, y créeme que no lo es, sino que es un acto de amor. Porque una madre que se siente apoyada, descansada y valorada tiene más espacio para estar presente, conectada y calmada con sus hijos, y eso, al final, es lo que más importa.

4
Entendiendo las emociones

El desarrollo emocional desde el nacimiento

El desarrollo emocional es el proceso por el cual los niños aprenden a identificar, expresar y regular sus emociones. Desde el nacimiento, los bebés son capaces de sentir placer, malestar, miedo, alegría y muchas otras emociones básicas. Estas emociones no solo influyen en su comportamiento, sino que también son fundamentales para su aprendizaje y para construir relaciones con los demás, sin embargo, el cerebro de un recién nacido no está completamente desarrollado.

Aunque los bebés parecen responder principalmente a estímulos físicos en sus primeros días de vida, su sistema emocional ya está en marcha, y esto está profundamente influenciado por sus experiencias con sus cuidadores de apego. Durante los primeros años, el sistema límbico, una de las áreas del cerebro encargada de procesar las emociones, está en pleno funcionamiento, pero la corteza prefrontal, que tiene un papel protagonista en la regulación y moderación, aún está inmadura. Destaco estas dos partes, pero cuando se produce cualquier emoción son muchos más agentes y estructuras implicados en que toda la maquinaria funcione.

Que la corteza prefrontal esté inmadura significa que los niños experimentan emociones de forma muy intensa y carecen de las habilidades necesarias para regularlas. Por ejemplo, un bebé puede llorar de manera descontrolada porque tiene hambre, frío o simplemente necesita cercanía, pero no puede calmarse por sí mismo, o un niño de 2 años puede tener una rabieta o desborde emocional, pero es incapaz de volver a la calma por sí solo. Investigaciones en neurociencia del apego han demostrado que el tipo de apego que los niños desarrollan con sus cuidadores afecta profundamente su desarrollo emocional.

Como ya te he contado, pero no está de más volver a mencionar, un apego seguro se forma cuando los cuidadores responden de manera coherente y amorosa a las necesidades emocionales del bebé, lo que le ayuda a construir un sentido de confianza y seguridad. Por tanto, nunca sigas las recomendaciones de quien te aconseje que dejes llorar a tu bebé porque es bueno para desarrollar los pulmones o que lo dejes en la cuna porque no es bueno que no se acostumbre a estar en brazos. Huye de estos tips antiapego, porque los niños con un apego seguro muestran mayor capacidad para gestionar el estrés, tienen mejor autoestima y desarrollan relaciones sociales más saludables en su vida adulta. En esta etapa, cada gesto, caricia y respuesta que ofrecemos es esencial para ayudarles a construir un cerebro emocionalmente equilibrado.

Primeros meses (0-6 meses)

Desde el nacimiento, el bebé ya tiene la capacidad de sentir emociones básicas como el placer y el malestar. Sus emociones están principalmente ligadas a satisfacer sus necesidades: cuando tiene hambre, llora; cuando se siente cómodo, sonríe o se relaja. Durante esta etapa, el vínculo con los cuidadores es crucial. Los bebés buscan y responden a las voces, caricias y miradas de las personas que los cuidan. A través de este contacto, comienzan a desarrollar un sentido de seguridad emocional.

Entre los 6 y 12 meses

A medida que el bebé crece, empieza a mostrar una mayor variedad de emociones, como el miedo o la alegría. Por ejemplo, muchos bebés experimentan ansiedad por separación hacia los 8-10 meses, lo que significa que pueden sentirse angustiados cuando se alejan de sus cuidadores. También comienzan a reconocer el tono emocional en las voces y gestos de los demás, lo que les ayuda a entender las emociones en otras personas.

Durante este tiempo, las sonrisas se vuelven más sociales. Los bebés comienzan a sonreír en respuesta a otras personas y buscan el contacto visual como una forma de conectar emocionalmente.

Entre 1 y 2 años

A partir del primer año, los niños empiezan a tener más control sobre sus emociones, aunque todavía están aprendiendo cómo manejarlas. Esta es una etapa en la que surgen nuevas emociones como la vergüenza, el orgullo y la frustración. Es común que los niños pequeños experimenten desbordes emocionales como rabietas o berrinches, ya que aún no tienen las herramientas necesarias para autorregularse. Puedes ayudarles diciendo frases como por ejemplo «Veo que estás enfadado porque no puedes coger el juguete. Vamos a intentarlo juntos». Este simple acto de nombrar sus emociones y validar lo que siente le ayuda a entender que es normal sentirse así y que tú estás ahí para guiarle y ofrecer apoyo emocional.

También en esta etapa, los niños comienzan a mostrar señales de empatía. Por ejemplo, si ven a otro niño llorando, pueden sentirse incómodos y que el llanto se contagie de alguna manera o incluso tratar de consolarlo, aunque todavía no entienden completamente las emociones de los demás.

Entre los 2 y 3 años

A esta edad, los niños empiezan a entender mejor sus emociones y las de los demás. Pueden expresar más claramente lo que sienten, usando palabras como «feliz», «triste» o «enfadado». También son capaces de comenzar a regular sus emociones, aunque aún dependen mucho del apoyo de los adultos para calmarse cuando están muy molestos o sobrecargados. En esta etapa, es importante modelar el comportamiento que queremos ver. Si nosotros resolvemos los conflictos con calma y respeto, ellos aprenderán a hacer lo mismo.

El juego también se vuelve una herramienta fundamental para el desarrollo emocional. Los niños juegan a imitar a los adultos y, a través de ese juego, practican cómo manejar situaciones emocionales. El juego de roles, como cuidar a una muñeca o «cocinar», les ayuda a entender y procesar las emociones cotidianas. En esta etapa siguen estando muy presentes los desbordes emocionales.

De 3 a 5 años

Entre los 3 y 5 años, los niños empiezan a explorar el mundo emocional con mayor profundidad. Si antes te costaba saber qué sentían, ahora es posible que te encuentres con frases como: «Estoy enfadado» o «Me siento triste». Es un gran paso, porque su desarrollo verbal comienza a sincronizarse con su mundo emocional, y esto les permite expresar de forma más clara lo que ocurre dentro de ellos.

En esta etapa, los niños descubren el maravilloso (y a veces complicado) universo de las primeras amistades. Comienzan a jugar con otros niños de manera más cooperativa y a entender conceptos como compartir o turnarse, aunque todavía habrá conflictos que gestionar. Por ejemplo, no te sorprendas si un día llegan diciendo: «Ya no soy amigo de X porque no me dio su juguete». Este tipo de experiencias son oportunidades perfectas para enseñarles sobre empatía y resolución de conflictos.

Si tu hijo dice: «Estoy enfadado porque no quiero dejar el parque», puedes responder: «Entiendo que te enfades. A mí también me cuesta parar de hacer algo que me gusta. Pero podemos volver otro día». Validar lo que sienten no significa ceder, sino enseñarles a identificar y aceptar sus emociones.

Si tienen un conflicto con un amigo, muestra cómo resolverlo. Por ejemplo, puedes decir: «Parece que ambos queréis el mismo juguete. ¿Qué tal si lo usáis por turnos?».

Siempre recomiendo incorporar cuentos a su desarrollo emocional, ya que son una herramienta maravillosa para ayudarles a comprender sentimientos en otros personajes y aprenden que hay muchas maneras de manejarlos.

De 6 a 8 años

El ingreso a la escuela primaria trae nuevos retos emocionales porque ahora tus hijos no solo se relacionan contigo o con su círculo cercano, sino que empiezan a formar parte de un grupo social más amplio. En esta etapa, desarrollan una comprensión más profunda de las emociones de los demás, lo que les permite construir amistades más profundas. Es también un periodo en el que comienzan a formar una imagen más clara de sí mismos. Su autoestima se construye a partir de la retroalimentación que reciben de amigos, maestros y familia. Por ejemplo, un «¡qué orgulloso debes sentirte, hiciste un gran trabajo!» de su maestro puede llenarles de orgullo, mientras que una burla de un compañero puede hacerles dudar de sí mismos.

En esta etapa es fundamental destacar sus esfuerzos y el proceso más que los resultados: «Trabajaste mucho en este dibujo, se nota que te esforzaste». Esto les enseña que su valor no depende solo de lo que logren, sino de su dedicación.

Si un amigo no quiere jugar con ellos, ayúdales a entender que eso no significa que sean menos valiosos. Diles: «A veces a los demás no les apetece jugar, y está bien. Podemos buscar otra cosa divertida para hacer».

Tener un rincón de la calma para corregular sus emociones contigo y aprender habilidades de autorregulación emocional también es una buena idea o, por ejemplo, si llegan frustrados o enfadados del colegio, podéis dedicar un rato a colorear, hacer deporte o simplemente hablar sobre su día.

De 9 a 12 años

La preadolescencia es un momento fascinante y sin duda también desafiante. Los niños comienzan a reflexionar sobre quiénes son y cómo encajan en el mundo. Sus emociones se vuelven más complejas, y pueden surgir conflictos internos entre lo que sienten y cómo creen que deben comportarse.

En esta etapa, las relaciones con amigos cobran una importancia inmensa. Los preadolescentes comienzan a buscar más independencia emocional de sus padres y madres, pero eso no significa que ya no necesiten nuestra guía. Más bien buscan apoyo desde una posición más autónoma. En esta etapa es fundamental escuchar más que hablar, y hacer preguntas más que dar sermones. Si te cuentan algo que les preocupa, evita interrumpir con juicios o soluciones rápidas. En lugar de decir: «Eso no es nada», prueba con: «Entiendo que te preocupa. ¿Quieres que pensemos juntos en una solución?».

Si están enfadados con un amigo, podrías preguntarles: «¿Qué crees que le hizo actuar así?». Esto fomenta la empatía y la comprensión de perspectivas. Deja que exploren intereses como deportes, música o escritura. Estas actividades no solo les ayudan a conocerse mejor, sino que también refuerzan su autoestima.

Adolescencia (13 a 18 años)

La adolescencia es una etapa llena de emociones intensas, marcada por la búsqueda de identidad y el deseo de autonomía. Los adolescentes pasan mucho tiempo reflexionando sobre quiénes son y cómo encajan en su grupo social, lo que puede generar inseguridad, entusiasmo y ansiedad.

En este periodo, las amistades y las primeras relaciones románticas desempeñan un papel crucial en su desarrollo emocional. Aunque buscan más independencia, necesitan que sigamos presentes para ofrecerles guía y apoyo, incluso cuando parece que no quieren escucharnos. Aunque dejen ver que prefieren hablar con sus amigos, asegúrate de que sepan que siempre pueden acudir a ti. Evita juzgarles y, en su lugar, escucha con empatía.

La adolescencia trae sentimientos como la ansiedad social o la presión por encajar. Ayúdales a entender que estas emociones son normales y pasajeras, y enséñales estrategias para manejarlas. Y por supuesto es una etapa donde debemos fomentar su independencia y autonomía, y va siendo hora de tomar decisiones sobre aspectos que no comprometan su seguridad. Esto les ayuda a sentirse responsables y capaces.

Y ahora que ya hemos hecho un breve recorrido por el crecimiento emocional de nuestros menores, está claro que acompañarlos en este desarrollo es un camino lleno de momentos únicos y donde nosotros como madres y padres también iremos aprendiendo a la vez que ellos, y aunque dura toda la vida, los primeros años son como los cimientos de una casa: cuanto más sólidos sean, más estabilidad tendrán en el futuro. Pero acompañar a nuestros hijos en este proceso no significa protegerlos de cada malestar o solucionarles cada problema. Significa estar ahí, hombro a hombro, ayudándoles a entender lo que sienten, a enfrentar sus frustraciones y a encontrar sus propias respuestas. Y debemos ser conscientes de que nosotros como guías, también erraremos y que no seremos como una divinidad que siempre tiene todas las respuestas, pero saber cómo se desarrollan nuestros hijos nos dará mayor orientación para tener respuestas mejores, como si tuviéramos una brújula interior.

No podemos ser madres y padres perfectos ni tener todas las respuestas, pero sí podemos ser su red de apoyo, para demostrarles que las emociones, incluso las que parecen más difíciles de gestionar, son una parte natural de la vida. Podemos ofrecerles un abrazo cuando lo necesiten y una palabra de ánimo cuando se sientan perdidos.

Al final del día, lo que realmente importa no es que se conviertan en niños que nunca lloran o nunca se enfadan, sino en personas que saben escuchar su corazón, que encuentran la fuerza para levantarse después de una caída y que son capaces de construir relaciones basadas en el respeto y la empatía. Porque más allá de cualquier logro académico o éxito externo, el mayor regalo que podemos darles es la capacidad de vivir y sentir plenamente, con confianza en sí mismos.

Mi hijo me hace perder la paciencia: no eres tú, soy yo

Si alguna vez has sentido que tu hijo tiene la habilidad mágica de pulsar todos tus botones emocionales, no estás solo en la oscuridad, porque como madres y padres es normal frustrarnos o sentirnos abrumados frente a comportamientos que vivimos como difíciles, como rabietas, negativas constantes o incluso silencios prolongados a medida que va llegando la adolescencia. Pero aquí hay algo que quiero que pensemos juntos: la raíz de nuestra reacción emocional no está en ellos, sino en nosotros mismos.

Cuando nuestro hijo tiene un desborde emocional o se niega a colaborar, su cerebro está funcionando de manera completamente normal para su etapa de desarrollo. Como ya hemos visto, su amígdala, la región que regula las emociones intensas, toma el control porque su corteza prefrontal —responsable de la regulación y el autocontrol— aún no está completamente madura.

Sin embargo, ¿qué pasa con nuestro cerebro en esos momentos? Cuando perdemos la paciencia, nuestra amígdala también se activa, interpretando el comportamiento de nuestro hijo como un «desafío» o una amenaza a nuestro control. Esta activación genera una respuesta automática de lucha, huida o parálisis, que puede traducirse en gritos, reacciones bruscas o, incluso, una desconexión emocional momentánea. En esos momentos, no estamos respondiendo de manera consciente; estamos reaccionando impulsivamente desde nuestras propias emociones desbordadas.

Es importante entender que nuestra reacción frente a los comportamientos de nuestros hijos a menudo tiene más que ver con nuestras propias experiencias y estados emocionales que con lo que ellos están haciendo. Algunos factores que influyen en nuestra paciencia son el cansancio acumulado, la falta de sueño y el agotamiento físico, que hace que disminuya la actividad de nuestra corteza prefrontal, dificultando la autorregulación emocional. Es mucho más difícil mantener la calma cuando estamos agotados.

A veces las expectativas poco realistas no ayudan y esperamos que nuestros hijos actúen de manera más madura de lo que su cerebro es capaz. Por ejemplo, esperamos que un niño pequeño «razone» o que un adolescente «nos entienda perfectamente», olvidando que ambos están en pleno desarrollo.

Las experiencias de nuestra infancia, las expectativas que ponemos en la crianza o nuestras propias emociones no gestionadas pueden amplificar nuestras reacciones. Por ejemplo, si crecimos en un ambiente donde nuestras emociones no eran validadas o nuestro llanto era reprimido, podemos sentirnos incómodos o incluso culpables cuando nuestro hijo tiene un desborde emocional. Además, la culpa al criar viene de serie y constantemente sentir que debemos ser «perfectos» genera estrés y nos hace más vulnerables a reaccionar de forma desproporcionada cuando las cosas no salen como esperábamos.

Y entonces ¿cómo podemos cambiar nuestra respuesta? Todo esto lo veremos en la parte más práctica en el siguiente capítulo. Pero espera. No te saltes las páginas y vayas directamente ahí, que todo lo que hay en medio no es relleno, es necesario que lo leas y que hagas el viaje del acompañamiento emocional respetuoso de forma completa. Pero sí te hago un poco de espóiler: la clave para manejar esos momentos no está en controlar a nuestro hijo, sino en autogestionar nuestras emociones primero y la próxima vez que sientas que tu hijo «te hace perder la paciencia», recuerda que él no está tratando de desafiarte, sino que está actuando desde su propia inmadurez emocional. Su comportamiento es una señal, no un ataque. Aprovecha esos momentos como oportunidades para crecer juntos, para conectar y para modelar la regulación emocional que él necesitará aprender.

Cuando elegimos mirar hacia dentro, gestionamos mejor nuestras propias emociones y, al hacerlo, creamos un espacio más seguro para nuestros hijos, enseñándoles no solo cómo manejar las suyas, sino también cómo amar y aceptar sus imperfecciones, tal como nosotros aprendemos a aceptar las nuestras.

Cómo influyen mis emociones en las de mi hijo

Las emociones son contagiosas. Seguro que has notado cómo tu estado de ánimo puede transformar el ambiente de tu casa. Si estás tranquilo, todo parece fluir mejor; pero si te sientes estresado o agobiado, tu pequeño parece captar esa energía al instante. No es magia, es ciencia, y entender cómo tus emociones influyen en las de tu hijo es clave para fomentar una crianza consciente y respetuosa. Desde el momento en que nacen, los niños dependen de los adultos para aprender a manejar sus emociones y en este caso tú eres su referente emocional, como un espejo en el que se reflejan. Esto no significa que siempre tengas que estar feliz o ser intachable, pero sí que tu forma de sentir y reaccionar impacta directamente en cómo tu hijo percibe y regula sus propias emociones.

Un concepto clave aquí es el de corregulación emocional. Durante los primeros años de vida, los niños no tienen las herramientas necesarias para manejar emociones como el miedo, la frustración o el estrés. Es tu capacidad para estar presente, validar sus emociones y ofrecer calma lo que les enseña, poco a poco, a gestionar lo que sienten. Piensa en ello como si tu estado emocional fuera el «termómetro» que ayuda a regular el de tu hijo. Este proceso tiene una base biológica y se llaman neuronas espejo. Descubiertas por el neurocientífico Giacomo Rizzolatti, son como pequeñas antenas que permiten «reflejar» lo que vemos en los demás. En el caso de tu hijo, estas neuronas replican tus emociones, incluso antes de que pueda ponerlas en palabras. Si estás en calma, percibe esa calma; pero si estás hasta arriba de estrés, su cerebro lo detecta y reacciona activando su propio sistema de alerta. Además, el sistema nervioso de tu hijo está en desarrollo, y su amígdala, la parte del cerebro encargada de las emociones intensas, todavía no sabe cómo manejar grandes descargas emocionales. Cuando tú estás tranquilo, su cerebro recibe la señal de que todo está bien. Pero si estás con ansiedad o irritable, su amígdala se activa cual detector de humo.

Y es normal que las emociones nos superen en algunos momentos. Somos humanos, y la crianza puede ser agotadora. Sin embargo, cuando nuestras emociones desbordadas se vuelven habituales, pueden tener efectos profundos en cómo nuestros hijos experimentan y manejan las suyas. Si vivimos en un estado constante de estrés o irritación, nuestros hijos lo perciben como un «peligro» constante. Esto activa su amígdala, generando respuestas como ansiedad, miedo o inseguridad, incluso si no entienden exactamente lo que está ocurriendo.

Las emociones intensas, como el enfado o la frustración, pueden desencadenar un ciclo reactivo. Tú te sientes desbordado, tu hijo lo percibe y reacciona con su propia frustración o desborde, creando un círculo difícil de romper. Y esa fatiga emocional puede entrar en un «modo automático», donde respondemos a las necesidades físicas de nuestros hijos, pero sin la conexión emocional que ellos necesitan para sentirse seguros. Es decir, como el mono de Harlow que daba alimento, pero no era suavecito como el otro.

Tu peque aprenderá a calmarse observando cómo lo haces. Si tú reaccionas con calma ante una situación difícil, tu hijo internaliza esa respuesta como un modelo para manejar sus propias emociones. Cuando muestras que eres capaz de gestionar tus emociones, le enseñas que las emociones intensas no son peligrosas y que siempre se pueden afrontar con herramientas adecuadas, ya que tu capacidad para validar y manejar tus emociones también fomenta la empatía en tu hijo. Aprenden a reconocer y respetar las emociones de los demás porque tú les has mostrado cómo hacerlo. Para ello prioriza el autocuidado como hemos hablado antes, aunque sean momentos pequeños: un paseo, escuchar música o simplemente un rato de descanso. Tu bienestar emocional es esencial para ser una figura de apoyo para tu hijo porque es como un faro guiando a través de sus propias emociones. Mostrarle que las emociones, incluso las difíciles, son parte de la vida y que podemos gestionarlas con amor incondicional y respeto mutuo es uno de los mayores regalos que puedes darle.

Cuando eliges la calma frente a la reactividad, estás ayudando a construir en tu hijo un cerebro más resiliente, seguro y empático. Porque educar con cerebro también es criar con el corazón.

Aprenden más de lo que ven que de lo que escuchan

¿Cuántas veces hemos dicho frases como «¡Recoge tus juguetes!» o «Deja de gritar!», solo para darnos cuenta de que nuestros hijos parecen no escucharnos? Si todavía no has tenido hijos y estás leyendo este libro para prepararte para la crianza, seguro que te las han dicho en tu infancia. Pero la realidad es que los niños aprenden mucho más observando lo que hacemos que escuchando lo que decimos. Esto no es solo una percepción, sino un hecho respaldado por la ciencia. Desde que nacen, los niños son pequeños científicos emocionales y conductuales. Su cerebro está diseñado para observar, imitar y aprender del entorno, especialmente de las personas que más les importan: sus cuidadores. Aquí es donde entran de nuevo en juego las famosas neuronas espejo. Si tu hijo te ve resolver un conflicto con palabras amables y tranquilidad, está internalizando esa forma de actuar como un modelo para futuros conflictos. Por otro lado, si ve que ante el estrés respondes con gritos o impaciencia, también absorberá esa reacción como una posible respuesta ante el estrés. Por tanto, aquí debes tener en cuenta una premisa: más acción y menos predicación.

Especialmente en sus primeros años, tienen un cerebro que aprende principalmente a través de la imitación y la experiencia directa. Esto significa que, aunque expliquemos muchas veces lo que queremos que hagan, lo que realmente les enseña es lo que ven en nosotros. Por ejemplo, puedes decirle cientos de veces: «No grites», pero si tú gritas cuando estás frustrada, esa será la conducta que probablemente imite. Si quieres que sean amables con los demás, la manera más efectiva de enseñarles es tratándolos con respeto y mostrándoles cómo tratas a otras personas con empatía, porque los modelos son más fuertes que las palabras. Un estudio demostró que los niños pequeños son más propensos a imitar comportamientos observados en los adultos, incluso si las palabras contradicen las acciones. Esto significa que si dices: «Es importante ser paciente», pero te ven reaccionar de manera impulsiva, aprenderán de tu reacción, no de tus palabras.

Este fenómeno no se limita a la infancia. Incluso los niños más mayores y los adolescentes continúan observando cómo actuamos para construir sus propios patrones de conducta. Si queremos que nuestros hijos desarrollen habilidades como la resiliencia, la empatía o la paciencia, necesitamos demostrarles cómo se ven esas cualidades en acción. Por tanto, debemos ser coherentes con lo que decimos y hacemos. Si quieres que tus hijos sean respetuosos, asegúrate de hablarles y tratar a los demás con respeto. Si quieres que valoren el tiempo en familia, guarda el móvil durante las comidas o los momentos importantes.

Cuando te enfrentas a un momento de estrés o frustración, muestra cómo gestionar esas emociones. Por ejemplo: «Estoy enfadada porque no tuve un buen día en el trabajo, pero voy a respirar profundo para calmarme». Esto les enseña que las emociones son naturales y que se pueden manejar. Si actúas de una forma que no quisieras que tu hijo imite (por ejemplo, gritar en un momento de estrés), no tengas miedo de disculparte. Decir: «Lo siento, estaba muy cansada y te grité. No fue la mejor manera de manejarlo» les enseña que los errores son normales y que repararlos es parte de ser responsables. Mostrar gratitud, pedir perdón, ser amable con los demás o mostrar interés genuino por lo que sienten tus hijos son lecciones que aprenden sin necesidad de palabras.

Al final del día, nuestros hijos absorben mucho más de lo que ven en nosotros que de lo que les decimos. Esto puede darte mayor carga de responsabilidad, pero también es una oportunidad poderosa para moldear sus valores, habilidades y formas de afrontar la vida porque cada acción cuenta, y cada momento es una oportunidad para enseñarles cómo vivir de manera consciente, respetuosa y empática. Y es que al final no es lo que decimos lo que queda en ellos, sino lo que hacemos y cómo lo hacemos.

¿Será la generación de cristal?

Muchas familias que decidimos criar con amor incondicional y respeto mutuo siempre tenemos esta pregunta escondida en nuestra mente. «¿Será verdad eso que dicen? ¿Estaré malcriando o sobreprotegiendo en exceso?». Se habla con frecuencia de que estamos criando a una «generación de cristal», niños supuestamente frágiles y sobreprotegidos. Pero la realidad, según la neurociencia, es que acompañar emocionalmente a nuestros hijos no los debilita, sino que fortalece su cerebro, su desarrollo y su salud mental, permitiéndoles desarrollar una mayor resiliencia.

Como ya hemos dicho, el cerebro infantil pasa por un periodo crítico de desarrollo en los primeros años de vida, y hay algunas áreas todavía inmaduras, responsable entre otras muchas cosas de la regulación emocional, el autocontrol y la toma de decisiones. Estas funciones, como estás aprendiendo a lo largo de estas páginas, no están completamente formadas en la infancia, lo que significa que los niños reaccionan de manera más emocional y necesitan tu guía para aprender a gestionar sus emociones y comportamientos. De hecho, los niños que son validados emocionalmente desarrollan una mayor capacidad para la empatía y el manejo del estrés en la vida adulta y tener esas herramientas cuando eres mayor y te desenvuelves en la jungla de la vida, créeme, son un regalazo.

Se habla mucho de validar las emociones, pero como es algo que rara vez han hecho con nosotros en nuestra infancia, nos cuesta mucho aplicarlo en la práctica, porque la crianza autoritaria o basada en el control fue más común en generaciones pasadas, y es comprensible que nos cueste aplicar la validación emocional si no es algo que hemos experimentado de primera mano. Veamos dos situaciones:

Tu hijo se siente triste porque hay que irse del parque y no puede jugar más con sus amigos.

Ejemplo 1 → Lo que más vemos en estas situaciones son reacciones de familias que les dicen a sus peques: «No llores, he dicho que nos teníamos que ir del parque y punto».

En lugar de minimizar sus sentimientos e invalidar sus emociones, puedes decirle:

Ejemplo 2 → «Entiendo que te sientas triste porque nos tenemos que ir del parque y querías seguir jugando. Es difícil cuando no podemos hacer lo que queremos, pero debemos irnos».

Es importante entender que validar las emociones no significa ceder ante las demandas del niño ni evitar los límites. En el ejemplo 2, el límite está establecido y nos estamos yendo del parque, pero estamos reconociendo lo que siente el niño. Esto ayuda a que, con el tiempo, aprenda a gestionar su frustración de manera saludable. Al validar sus emociones, no solo refuerzas su seguridad, sino que también le ayudas a integrar esta experiencia en su proceso de aprendizaje emocional, algo que a largo plazo lo hace más fuerte, no más débil.

Pero si no te ha quedado lo suficientemente claro y tu cabeza está pensando «¿qué hago entonces en esta situación? No te preocupes, que esto lo veremos más a fondo en las siguientes páginas. Y antes de que sigas leyendo, déjame decirte una cosa que me hubiera gustado escuchar cuando me convertí en madre por primera vez: durante la crianza siempre vas a dudar si lo estás haciendo bien. Hagas lo que hagas, siempre vas a pensar que podrías haberlo hecho mejor, pero *keep calm*, guarda el látigo de la culpa y ya a estas alturas tíralo a la basura porque, sobre todo cuando somos primerizos, la autoexigencia, la perfección y la culpa hace su aparición estelar y salen como cabareteras al escenario para ser las protagonistas del show. Si algo he aprendido en estos años de maternidad y de formación y trabajo con otras familias es que debemos dejar de criar bajo las exigencias de este trío: autoexigencia, perfección y culpa. Como dice mi admirada Laura Baena, «No somos perfectos, y no necesitamos serlo». Asume que te vas a equivocar, que otro día lo harás mejor, criarás con más tranquilidad, más sentido común y menos látigo.

Volviendo a la pregunta inicial: ¿será tu hijo parte de la «generación de cristal»? La respuesta, desde la neurociencia y la experiencia de muchas familias que practican una crianza consciente, es un rotundo no. Estás criando a un ser humano emocionalmente inteligente, capaz de respetar sus emociones y las de los demás. Este tipo de crianza no crea niños débiles, sino individuos que entienden sus emociones, saben gestionarlas y pueden establecer relaciones más saludables.

Así que, la próxima vez que te encuentres dudando, respira profundo y recuerda: estás criando desde el amor incondicional, y eso nunca los hará más débiles. Al contrario, les estás dando una de las mejores herramientas para ser adultos plenos y resilientes. El amor incondicional no malcría ni abre heridas, ya que criar desde el amor es más fácil que curar adultos rotos.

5
Acompañamiento emocional respetuoso

Las rabietas son necesarias

Las rabietas son un tema al que, tarde o temprano, todas las familias con niños pequeños se enfrentan. A menudo, son vistas como momentos de caos y frustración tanto para los niños como para los adultos. Sin embargo, desde el punto de vista de la neurociencia, las rabietas no solo son normales, sino que son necesarias para el desarrollo emocional y neurológico de los niños. Esto no significa que debamos dejar que las rabietas se salgan de control o permitamos cualquier comportamiento. Establecer límites es fundamental, pero lo importante es cómo las gestionamos y a poner límites de forma práctica también llegaremos en las próximas páginas.

Después de todo mi bagaje como maestra de educación infantil, tres hijos y acompañando a cientos de familias puedo afirmar con rotundidad que las rabietas son una forma de comunicación que pide y grita desde la tormenta emocional diciendo que una necesidad fisiológica o emocional no está cubierta. Nadie le pediría a un bebé de 2 meses que caminara, porque sabemos que ni sus músculos y huesos están preparados para este hecho, no ha desarrollado una serie de habilidades que le posibilitan el desplazamiento y por tanto también asumimos que su cerebro no está preparado para enviarle esa información al cuerpo y hacer que se mueva. Si alguien nos viera perder los nervios con un bebé de 2 meses porque no camina o no habla, seguramente nos tomarían por loco y nos dirían «Pero ¿no ves que todavía no puede? Es incapaz, tiene que crecer más para adquirir esa habilidad». Pero ¿qué pasa si se trata de una rabieta? Posiblemente las respuestas no sean tan condescendientes y comprensivas con el pequeño. Al contrario, si tu hijo tiene una rabieta en pleno supermercado, te digo yo a ti que poca gente sale a defender al pequeño al que casi todas las miradas juzgan por ser un malcriado. Y es que las rabietas, berrinches, pataletas, llámalo como prefieras, son la expresión de un malestar muy desagradable que siente el peque en su interior y que le hace estallar. Son una explosión de emociones y no es señal de que sean malcriados o nos estén intentando manipular.

Lo que distingue a las rabietas de los enfados son la forma en la que se expresa, ya que en la rabieta el niño o niña tiene un ataque de rabia. Si tu pequeño todavía no está en esta fase o no tienes hijos, seguramente has presenciado una rabieta, ya sea en la calle, en el aula si eres docente, o con algún familiar. Te aseguro que todos tenemos las mejores soluciones para las rabietas antes de tener hijos, pero cuando son los tuyos es otro cantar. Antes de tener hijos estoy segura de que la mayoría piensa al presenciar una rabieta: «la que está montando ese niño, seguro que sus padres no le ponen límites y lo miman demasiado», y cuando te toca a ti como madre o como padre, piensas «¿qué he hecho yo para merecer esto? o ¿qué he hecho mal para que mi hijo se comporte así». A nosotros nos pasó.

Y es que, hablando coloquialmente, cuando un niño está en ese estado es como si estuviera poseído y fuera de sí, por eso me gusta más llamarlo desborde emocional, aunque comúnmente sea conocido como rabieta, pataleta, etc. Las formas más comunes en las que se expresa son:

- Llanto excesivo
- No admite palabras ni gestos
- Cuesta llegar hasta él porque parece desconectado
- Grita
- Patalea
- Da golpes
- Se tira al suelo
- Rompe/tira cosas
- Puede llegar a pegarse a sí mismo
- Brazos cruzados, ceño fruncido, dientes apretados

Cuando sienten una emoción tan fuerte, la corteza prefrontal se pone en marcha, aún no tienen el cerebro suficientemente desarrollado para poder gestionar y autorregular sus emociones. No lo hacen a propósito y realmente lo están pasando mal, no te están manipulando, y esto es algo que nos cuesta comprender a los adultos. Si no sabemos cómo se desarrolla su cerebro, podemos llegar a pensar que lo hacen por capricho, por estar demasiado mimados y creer que pueden parar cuando quieran, pero la realidad es que su cerebro no está preparado para gestionar esta explosión emocional ni está tan avanzado como para urdir un maquiavélico plan de chantaje emocional.

Cuando hago hincapié en que sufren, y mucho, no es para que intentes proteger a tu peque de que no sufra rabietas y no viva sus emociones, cedas a todo o incluso que te sientas culpable si ese día ha tenido un berrinche, lo que pretendo es que seas consciente de este sufrimiento y de esta incapacidad de autorregulación y los puedas acompañar con seis ingredientes: comprensión, reconocimiento, validación, amor, empatía y asertividad. Seguro que estarás pensando «muy bien, pero eso ¿cómo lo llevo a cabo en pleno desborde emocional?» Tranquilidad, no quieras correr cual potrillo desbocado, ahora estamos en la teoría, en la parte práctica podrás solucionar todas tus dudas. Pero te adelanto que la clave para detener las rabietas es comprender por qué están sucediendo. Lo más difícil de todo el proceso para acompañar una rabieta (por lo mismo la clave del éxito para acompañar las emociones) es lograr que conserves la calma y permanezcas centrado para saber qué hacer, qué decir y cómo actuar, y todo eso te lo voy a desvelar.

Las rabietas son el hito del desarrollo que a las familias más les cuesta gestionar y están muy estigmatizadas, aun siendo una parte natural del crecimiento emocional y el desarrollo infantil. Por tanto, comprender lo que sucede en el cerebro durante estos episodios nos da mucha tranquilidad a la hora de acompañar desde la calma. Y te puede ayudar a manejar las rabietas de manera más efectiva, cuidando tu propia salud mental y la de los más pequeños. Durante una rabieta, el cerebro del niño es fuego, y necesita agua para calmarse. Esa agua debe llegar en forma de oxitocina, la hormona del vínculo, el amor y la conexión.

Una mamá que acudía a mis formaciones online me explicó que cuando tenía que gestionar una rabieta con su peque se repetía como un mantra: «Su cerebro no está preparado para hacerlo solo, su cerebro no está preparado para hacerlo solo» y se visualizaba dándole fuerzas y paciencia. Repetir este mantra puede ser muy buen truco.

Uno de los principales errores que se cometen al intentar acompañar una rabieta es recurrir a castigos, chantajes o premios; usar frases como «Si no te calmas, te quedas sin postre» o «Si dejas de llorar, te compro un helado». Puede parecer que a corto plazo funciona, pero no es ni efectivo, ni emocionalmente saludable durante una rabieta ni en ninguna circunstancia, ya que solo generar miedo, desconfianza y un apego no seguro.

Otro error es retirar la atención y decir frases como «Hasta que no te calmes, no te hago caso». El niño necesita comprensión incondicional y apoyo emocional para regular sus emociones. Dejarlo solo y suponer que se calmará solo sin intervención es un error. Los niños necesitan la presencia de un adulto para corregular sus emociones y la ausencia de intervención puede aumentar en ellos la sensación de desamparo y confusión.

Tampoco aconsejo perder la calma o impedir el llanto, ya que invalidar al niño y frenar la expresión de sus emociones no ayuda. El llanto es una forma natural de procesar emociones intensas y también de comunicación, por lo que, en lugar de reprimirlo, es importante permitirle que exprese sus sentimientos de manera saludable y libre.

Existen tres factores fisiológicos que pueden disparar estas explosiones emocionales, y son muy comunes en esta etapa: el hambre, el cansancio y que estén enfermos. Pero también hay otros factores que, directa o indirectamente, pueden desatar rabietas:

- Situaciones extraordinarias (mudanzas, muertes, cambios, divorcios, etc.).
- Cualquier situación que le obligue a hacer algo que no desea o que no puede hacer por sí mismo.
- Estrés materno o paterno.
- Inmadurez emocional o racional del niño para entender procesos.
- Necesidad de ser atendido, de llamar la atención, de reconocimiento.
- Falta de normas, estructura y límites.
- Incomprensión de su forma de entender el mundo, de sus tiempos y necesidades.

Vamos a ponernos en la piel de un niño; seguro que desde su perspectiva es más fácil comprender por qué pueden sentirse desbordados: desde que se levantan hasta que se acuestan, los niños reciben un aluvión de instrucciones como «lávate los dientes, vístete, no toques eso, cómete todo». Aunque esas órdenes sean necesarias, ellos pueden sentir que no tienen control y se abruman. Todo es un no, como no corras, no saltes en el sofá, no grites... Para un niño, escuchar «no» continuamente puede ser abrumador. Su cerebro, que busca explorar y aprender del mundo, choca con límites que no siempre comprende por qué no puede hacerlo.

Imagina que estás charlando con tu mejor amiga o haciendo tu actividad favorita y que de repente te digan que tienes que dejarlo todo porque «hay que irse». Para un niño pequeño, ese cambio brusco puede ser desestabilizador. A todo esto, hay que añadirle que sienten un aluvión de sensaciones y emociones sin nombre y que su cerebro aún no está preparado para identificarlas ni para comunicarlas. También les metemos prisa constantemente porque la vida adulta funciona con horarios, pero para ellos, las prisas son incomprensibles y pueden generar estrés en un cerebro que funciona mejor con calma y previsibilidad.

Otra de las cosas que les abruma es que los mayores esperamos de ellos cosas para las que no están preparados, como vestirse solo, compartir sus juguetes, esperar pacientemente... Muchas de las cosas que les pedimos y exigimos están más allá de sus capacidades en ese momento de desarrollo.

A menudo una rabieta no es más que un grito desesperado de frustración porque no saben cómo expresar lo que sienten.

Otra de las preguntas que más me hacen las familias es «¿Hasta cuándo duran las rabietas?». En el desarrollo emocional, los desbordes suelen aparecer alrededor de los 2 años y en algunos niños, hacia los 18 meses ya comienzan a manifestarse. Y cada niño es diferente. En mi experiencia personal como madre puedo contarte que mi hijo mayor y el pequeño fueron precoces en este sentido y a los 18 meses ya estaban haciendo sus pinitos con las rabietas, sin embargo, el mediano casi no ha tenido. Predecir hasta cuándo durarán los conflictos o desbordes es complicado porque esto depende de muchos factores, como, además del carácter del niño, su madurez o desarrollo para gestionarlas, las herramientas o estrategias que le facilitemos los adultos para ello, etc. Lo más normal es que se inicien con una época de rabietas a tope para comenzar a descender alrededor de los 6 años, o dependiendo del niño incluso antes.

Imagino tu cara; si tu peque está en plena época de rabietas, estarás pensando «Elvira, ¿hasta los 6 años durará esto?». Tranquilidad. Lo que vives ahora es una racha y con el tiempo variará la frecuencia, duración y los motivos. Además, en cada desborde emocional tú también verás que un día lo harás mejor y otro día te equivocarás; en este proceso aprenderás a conocerte mejor y a conocer mejor a tu peque y tú crecerás en este acompañamiento.

Es lógico que los padres se pregunten si es normal agobiarse, por supuesto que sí. Queremos ser los mejores padres y madres para nuestros hijos y cuando pasan estas situaciones nos sentimos en la cuerda floja, juzgados y evaluados, tanto por nosotros mismos, como si tenemos público. Y, personalmente, las rabietas en público son lo que siempre me ha costado más gestionar y acompañar con mi primer hijo.

¿QUÉ PASA EN EL CEREBRO DURANTE UNA RABIETA?

Es curioso que, como padres y madres, nos informemos mucho sobre temas como la lactancia o la alimentación complementaria. Sin embargo, cuando se trata del cerebro de nuestros hijos, especialmente en momentos de crisis, solemos sentirnos perdidos. ¿Qué sabemos realmente sobre lo que sucede en su pequeña mente cuando están en medio de una explosión emocional? Tenemos claras algunas cosas, como que un bebé de 2 meses no nos puede decir «Quiero teta, por favor», o que un bebé de 6 meses no dará una voltereta. Pues eso mismo nos debería pasar con las rabietas, y aunque te cueste verlo *a priori*, tómalas como grandes oportunidades de aprendizaje. Y tatúate mentalmente esta frase: son hitos del desarrollo cerebral y emocional por los que nuestros pequeños deben pasar.

Si no pasa a los 2 años de edad, pasará más tarde. En mayor o menor intensidad, pero habrá rabietas, porque debe haberlas. Cuando empieza una pataleta, el cerebro de nuestro hijo se inunda de sustancias y hormonas como el cortisol, la adrenalina y la noradrenalina, lo que hace que sus sentidos queden fisiológicamente bloqueados. Es decir, que en su máximo apogeo (durante el desborde emocional) los niños no pueden escuchar, entender ni razonar lo que los adultos les decimos o indicamos hacer en ese momento.

La adrenalina, la noradrenalina y el cortisol, conocidos colectivamente como «hormonas del estrés», juegan roles cruciales en nuestra respuesta a situaciones complicadas. Estas hormonas no tienen este nombre por casualidad; su liberación está diseñada para preparar el cuerpo para enfrentar situaciones de emergencia. Una rabieta involucra a muchas partes del cerebro, y aquí me gustaría destacar a dos: ¿recuerdas la amígdala?, la principal responsable de procesar emociones como el miedo o la ira; ¿y el hipotálamo?, que en parte controla funciones inconscientes como la frecuencia cardíaca o la temperatura. Recuerda que la amígdala es como una alarma de incendios que detecta el humo del cerebro ante una situación estresante y el hipotálamo es el que decide si llamar a los bomberos o echarle gasolina en forma de hormonas del estrés. Es importante recordar que la amígdala existe para ayudarnos a sobrevivir y puede tener el control de nuestro comportamiento cuando, por ejemplo, estamos en peligro.

Cuando el niño está frente a una situación que le provoca frustración o estrés, la amígdala detecta una amenaza y el hipotálamo activa el mecanismo. Tu hijo puede experimentar latidos cardíacos acelerados, palmas sudorosas y músculos tensos (algunos niños se autolesionan en estos procesos). Por mucho que quieras razonar con él, no esperes que te escuche, ya que, en ese momento, su respuesta racional es imposible. Cuando la amígdala está activa en modo supervivencia es como si se echara un cerrojo a una puerta, impidiendo el paso a la parte frontal del cerebro, y esto no permite que el niño consiga regularse.

Como ya te he aventurado, la corteza prefrontal no se desarrolla completamente hasta la edad adulta. Esto me recuerda a una de las madres que formaba en mis talleres sobre acompañamiento emocional y rabietas que me dijo con mucha gracia: «Elvira, estoy harta de la corteza prefrontal, su desarrollo dura más que las obras de la Sagrada Familia de Barcelona».

Es habitual y normal que los padres y madres pierdan el control ante la rabieta. El agotamiento físico y emocional reduce la paciencia y aumenta la irritabilidad, y que levante la mano quien no tenga un exceso de cansancio, de carga mental y de estrés. Y en el caso de las mujeres, el ciclo menstrual tiene que ver en cómo respondemos a situaciones críticas. Otra de las razones por las que podemos perder la calma es por desconocimiento, por la falta de información y formación sobre la gestión emocional de forma respetuosa y saludable, pero esto ya no te va a pasar a ti.

También puede suceder que no hayamos trabajado en nuestro propio autoconocimiento y autocuidado. Las heridas emocionales no resueltas de la infancia y los patrones familiares en los que nos han educado influirán en cómo manejamos las rabietas de nuestros hijos, ya que el estilo educativo con el que te criaron influye en el acompañamiento emocional. Por eso, reflexionar sobre la propia historia y sanar esas heridas es fundamental para ofrecer una crianza donde se cuide la salud mental.

LA TEORÍA ME LA SÉ, NECESITO LA PRÁCTICA

La teoría es preciosa y sobre el papel todo parece fácil. Pero no creas que no voy a bajar al barro porque a lo largo de este capítulo te contaré qué sí debes hacer para gestionar no solo las rabietas, sino cualquier conflicto, situación estresante, frustración, enfado, etc.

Y se resumen en una fórmula.

Usa la fórmula CALMA.

- **Conexión y comprensión:** Ofrece alternativas cuando sea posible. A medida que el niño crece, enséñale técnicas de autorregulación, como la respiración profunda o el uso de palabras para expresar sus sentimientos. La música puede ser una herramienta poderosa para calmarle durante una rabieta o crear un rincón de la calma le ayudará a tener habilidades para su conciencia y regulación emocional.
- **Autocontrol:** Mantén la calma y respira. Tu actitud influye en la situación.
- **Límites claros:** Establece normas claras manteniendo la firmeza, esto proporciona seguridad y previsibilidad, reduciendo la frecuencia de las rabietas.
- **Modela desde el ejemplo:** Muestra comportamientos adecuados y valida las emociones del niño.
- **Ama incondicionalmente:** Tu amor no cambia con el comportamiento. Educa, acompaña, alienta y valida los procesos emocionales del niño.

Es crucial no confundir lo que siente el niño (sus emociones) con lo que hace (su comportamiento). Las emociones intensas como la rabia o el miedo pueden llevar a comportamientos que resultan disruptivos o incómodos para nosotros, los adultos, pero esto no define al niño ni su carácter. Además, el amor, la atención y el cariño no deben ser condicionales; premiar o castigar basándose en el comportamiento no es efectivo a largo plazo.

Quiero hacerte un apunte importante para poder aplicar de forma efectiva la fórmula CALMA, porqué usándola no solo estarás modelando el comportamiento apropiado para tu hijo, sino que también estarás mejor equipado para llamar su atención y respeto educando con el ejemplo.

Ante una rabieta, practica la calma y el autocontrol. Es un buen truco contar mentalmente 20-0 hacia atrás o incluso desde 30. ¿Por qué no contar desde 10 hacia atrás? Porque tu cerebro ya lo tiene automatizado y lo que intentamos al contar, es poner el foco en otro sitio y que el fuego se apague solo en tu cabeza.

Fíjate en que tu voz y tu lenguaje corporal transmitan calma: intenta que tu tono de voz transmita amor y comprensión, no enfado y resentimiento. Es necesario que hables despacio y con calma. Podrías decir algo como: «Mamá/papá puede escucharte cuando hablas con voz tranquila y calmada… estoy aquí cuando estés preparado.

Es recomendable que uses un tono de voz bajo, ya que intentará esforzarse para escucharte si hablas bajito, mejor que a gritos.

Valida sus emociones y empatiza, sobre todo cuando la rabieta está empezando o cuando está bajando de intensidad (no en su punto alto). «¿Te sientes triste? Te entiendo. Eso que estás sintiendo se llama rabia. A veces yo también me siento así y como a ti me pasaba cuando era pequeña. ¿Sabes lo que me ayuda cuando estoy enfadada…?».

Distrae y trata de tocar su alma; a través de la música podremos intentar apartar el foco de la rabieta. Conecta a través de una canción especial, intenta que haga contigo alguna canción que implique gestos o movimientos o que le ayuden a calmarse. Pueden ser canciones alegres, de juegos de regazo o canciones con ritmos lentos que acompañados del contacto físico ayudará a que tu peque se vaya relajando y volviendo a su centro. Pero antes de todo esto CONECTA, busca tu propio centro, tu propia serenidad y respira antes de dirigirte al niño.

Recuerda siempre: conexión antes que corrección. Intenta averiguar qué la ha provocado: averigua qué desencadena la rabieta. Comprueba primero si sus necesidades están cubiertas: hambre, sueño, sobreexcitación. ¿Tiene hambre? ¿Exceso de cansancio? ¿Exceso de pantallas?... no nos quedemos en que le he quitado la cáscara al plátano y en ese momento lo quería abrir él solito. Seguramente la rabieta esconde algo mucho más importante detrás, por eso es mejor que nos convirtamos en detectives, saquemos la lupa y veamos qué ha podido pasar.

Ármate de un buen superantídoto, por tanto, cualquiera que sea el motivo, asegúrate de estar armado con un superremedio. Sé previsora/o, por ejemplo, si vas a ir por la noche a cenar con la familia, trata de que duerma la siesta; si vais a hacer un viaje largo en carretera o vais a tener que esperar en la consulta del médico, trata de llevar algo para entretenerle (juegos manipulativos o cuentos).

Es importante que cuando se haya apagado el fuego busques soluciones. Lo ideal es que en un tono sin reproches y sin buscar culpables hables con tu pequeño sobre lo sucedido, sobre los resultados y sobre las maneras adecuadas de pedir o hacer las cosas en una próxima oportunidad.

También es muy enriquecedor ofrecer opciones para canalizar su rabia, enfado o frustración. Cuando la explosión emocional ha pasado su punto más alto y comienza a descender, podemos ofrecer opciones que guíen al niño para recuperar su centro. Por ejemplo, decirle «¿Qué te parece si le ponemos nombre a tu emoción y la pintas en un dibujo?» o «¿Te ayudaría salir afuera y correr muy rápido? ¿Quieres probar ahora?».

También es fundamental darle opciones: «¿Qué te parece si cuando tengas mucha rabia aprietas fuerte este cojín?» o «¿Quieres usar la botella del grito y gritar fuerte dentro de ella y atrapamos el enfado?» o «¿Te ayudaría ir un ratito a tu rincón de la calma?». Esto es muy importante. Con este hecho, estaremos creando independencia y autonomía en tu hijo, porque los niños necesitan tomar decisiones, porque quieren ayudar y ser independientes. Así es como ciertamente aprenden, crecen y triunfan.

Puedes convertir cualquier cosa en una elección, incluso en momentos de rabietas o conflictos. ¿No quieres que se coma una bolsa entera de chocolates o chucherías? Pregúntale si quiere 1 o 2. Elige tus batallas, porque estar constantemente en modo «no a todo» es agotador para ti y para el niño. En cuanto a toma de decisiones, los más pequeños pueden manejar dos opciones y los mayores de 5 años, tal vez tres. Si le damos más opciones, se sentirán abrumados rápidamente y no sabrán qué elegir.

No es fácil, lo sé, pero tampoco imposible. En cada desborde lo irás haciendo mejor hasta que te conviertas en el tao de los conflictos y desbordes emocionales. De hecho, los neurocientíficos han demostrado que cuando perdemos el control, cosa que como ya sabes, nos sucede a todos los adultos en muchas ocasiones, el córtex prefrontal se desconecta y deja que el cerebro solo se rija por las emociones y las sensaciones físicas. ¿Qué sucede entonces? Como todas las personas tenemos «neuronas-espejo», cuando alguien se comporta emocionalmente todo su entorno empieza a actuar del mismo modo.

CÓMO PONER LÍMITES SIN USAR CHANTAJES, CASTIGOS NI PREMIOS

Cuando escribes en Google «¿qué hacer si mi hijo se porta mal?», en muchas ocasiones la búsqueda nos lleva a páginas donde las soluciones son usar el método tradicional: ignorar, dejarlo solo, mandarlo a su cuarto, usar la silla de pensar, un cachete a tiempo…

Seguramente los abuelos digan que todo eso funcionó con nosotros y que no hemos salido tan mal, pero hoy estoy aquí para desterrar lo de toda la vida y ayudarte a saber qué es lo que no debes hacer, porque te aseguro que es más fácil acompañar desde el respeto mutuo que intentar curar adultos rotos.

Y es que poner límites a los niños es una de las tareas más arduas y, al mismo tiempo, más importantes en la crianza. A menudo sentimos que la única forma de que nos obedezcan es recurriendo a chantajes, castigos o premios y tal vez has dicho cosas o te han dicho en tu infancia: «Si no comes las verduras, no hay postre» o «Si te portas bien, te compraré algo».

Lo entiendo perfectamente, porque estas estrategias pueden funcionar en el momento, pero ¿te has preguntado qué efecto tienen a largo plazo? Si usamos el chantaje o el soborno, a largo plazo se intensificará y cada vez pedirán más y más porque los seres humanos somos así. Siempre ponemos a prueba los límites, ya seamos pequeños o adultos. El problema es que el soborno se intensifica, hoy son unas chuches y mañana una tableta o un móvil...

Porque los seres humanos somos así, siempre queremos más y más porque estamos programados para pedir y querer siempre más, y ni tu hijo ni los míos en ese sentido son diferentes al resto.

El soborno también le enseña a tu hijo que te controla a ti y a tus acciones, y por ende que controla tus emociones, por lo que no es una opción muy saludable y no es sostenible en el día a día, de hecho cansa demasiado estar constantemente negociando. Somos madres y padres, no políticos ni diplomáticos.

Además, estoy segura que esas técnicas de chantaje o soborno posiblemente ya las has probado o las hayan probado contigo y seguro que no imaginabas tu crianza cediendo a demandas y caprichos todo el tiempo. Primero, es fundamental entender que los límites no son enemigos de la libertad ni del respeto. Al contrario, los límites dan estructura, seguridad y guía porque los niños necesitan saber qué esperar y qué se espera de ellos, porque eso les ayuda a sentirse seguros en un mundo que todavía están descubriendo. La clave está en establecer límites desde la empatía, el respeto mutuo, el amor incondicional y la conexión emocional.

Cuando pongas un límite, asegúrate de que sea claro, realista, consistente y razonable. A veces, los adultos caemos en la trampa de pedir cosas que no son realistas para la edad o el momento del pequeño. Por ejemplo, pedirle a un niño de 3 años que espere en silencio durante una hora no es justo, viable ni realista. En su lugar, podemos anticiparnos a la situación y decir: «Vamos a estar aquí un rato. Si necesitas moverte, podemos dar una vuelta juntos» o «He traído cuentos para que te diviertas».

Otro aspecto importante es ofrecer alternativas. Cuando decimos «no» a algo, los niños necesitan entender qué pueden hacer en lugar de lo que les negamos. Por ejemplo, si tu hijo está pintando en la pared, en lugar de gritar «¡No pintes ahí!», puedes decir: «Las paredes no son para pintar, pero aquí tienes papel para hacerlo», al igual que si está saltando en el sofá y no quieres que lo haga porque además puede hacerse daño, puedes decirle «No saltes en el sofá. ¿Qué te parece si saltamos juntos en el suelo?».

Aquí vuelvo a recordarte lo que vimos en el capítulo 4, y es que otra forma de poner límites sin estar constantemente dando órdenes es modelando el comportamiento que queremos ver en ellos. ¿Y esto cómo se hace? Siendo ejemplo, porque ya sabes que los niños aprenden más de lo que ven que de lo que escuchan, así que si queremos que respeten los límites, nosotros también debemos respetarlos. Si establecemos una regla como «No se grita en casa», pero nosotros gritamos cuando estamos enfadados, el mensaje se pierde. Cuando te equivoques (porque todos lo hacemos), no tengas miedo de reconocerlo y repararlo. Decir algo como: «Lo siento, grité porque me estaba poniendo nerviosa. Voy a intentar decirlo con más calma la próxima vez» enseña más que cualquier sermón.

Por último, no olvides que poner límites no significa eliminar las emociones de los niños. Es normal que se frustren, se enfaden o se entristezcan cuando no consiguen lo que quieren. Nuestra tarea no es evitar esas emociones, sino acompañarlas. Si tu hijo llora porque le has dicho que no puede quedarse más tiempo en casa de los abuelos, por ejemplo, valida su sentimiento diciendo: «Sé que estás triste porque querías seguir jugando con los abuelos. Es difícil despedirse de algo que te gusta mucho. Estoy aquí contigo». Esto no solo refuerza el límite, sino que también les enseña a gestionar sus emociones de manera saludable.

Poner límites sin chantajes, castigos ni premios requiere paciencia y práctica, pero los beneficios son enormes. En lugar de criar niños que obedecen por miedo o por una recompensa, estamos criando personas que entienden el valor de los límites, que se sienten respetadas y que saben manejar sus emociones. Porque al final, la crianza no se trata solo de conseguir que hagan lo que les pedimos, sino de formar adultos seguros, responsables y empáticos. Y eso, aunque no siempre sea fácil, es la mejor herramienta para la vida que podemos darles.

Y además de todo ello, quiero contarte todo lo que NO deberíamos hacer al intentar establecer límites efectivos. Así te quedará más claro a la hora de ponerlo en práctica y sabrás qué debes hacer y qué no.

- **No te contagies de la explosión emocional.** Recuerda que tú debes ser bombero emocional, calma y amor en forma de oxitocina que quiere derribar a esas «hormonas del estrés».

  Es clave que no pierdas el control. Para ello no uses la comunicación violenta ni física ni a nivel de lenguaje. Por encima de todo, no le pegues ni le grites. Nada es más contagioso que el ejemplo. El niño tomará tu comportamiento como modelo para responder a situaciones difíciles o conflictos. Es complicado exigir a un pequeño que no tenga rabietas cuando tú mismo no puedes controlar tu temperamento. No le educarás. Le humillarás, dañarás su autoestima y será un adulto roto el día de mañana.

- **Controla tus frases o tu lenguaje corporal.** Deberás evitar frases como «ya estamos de nuevo», «mira que eres pesado con los llantitos», «qué exageración», «ya me la estás liando de nuevo». Con estas frases sin querer o que las decimos en alto solo para desahogarnos nosotros mismos, además de minar su autoestima y autoconcepto, estamos invalidando su emoción.

  Por muy intensa que sea la rabieta, golpear o gritar nunca es la solución. El lenguaje violento —ya sea físico o verbal— no educa, humilla. Frases como: «Mira que eres insoportable», «eres un llorón» o «deja de hacer el ridículo» pueden parecer insignificantes en el momento, pero dejan marcas profundas en la autoestima de un niño. Lo que escucha y experimenta repetidamente se convierte en su narrativa interna. Un niño que recibe mensajes hirientes empieza a asociar su identidad con esas palabras: «Soy insoportable», «no soy suficiente». Estas creencias afectan su autoconcepto y pueden llevar a problemas emocionales en la adultez. Por tanto, habla desde la empatía. Intenta validar sus emociones diciendo algo como: «Sé que estás muy enfadado porque querías más tiempo para jugar. Vamos a respirar juntos y luego lo hablamos».

- **No cedas al deseo/capricho del niño para evitar la rabieta.** Tal y como reacciones normalmente a las rabietas, el peque aceptará con total naturalidad que ese es el funcionamiento de las relaciones. El enfado es una emoción y es tan válido como la alegría, pero no debe ser entendido por el niño como el medio para conseguir lo que quiero. Este sería el ciclo: No tengo lo que quiero → Me enfado, grito y pataleo → Mis padres ceden → Obtengo lo que quiero. Mantén los límites de manera amorosa pero firme. Por ejemplo: «Entiendo que querías quedarte más tiempo en el parque, pero ahora tenemos que irnos. Sé que estás enfadado, y está bien sentirse así, pero no vamos a quedarnos más tiempo».

A veces, cuando los niños tienen una rabieta en público, lo primero que sentimos como madres y padres es una mezcla de vergüenza y presión, además de mucho calor en la cara como si todas las miradas estuvieran sobre nosotros evaluando nuestra capacidad como cuidadores. Es ese pensamiento que nos dice: «Si mi hijo se comporta mal aquí, todos pensarán que soy un desastre de padre o madre» y nuestro ego se ve atacado.

Esa sensación de juicio nos puede llevar a ceder rápidamente ante lo que el niño pide, solo para detener la situación y recuperar la tranquilidad. Sin embargo, aunque esa reacción es completamente comprensible, ceder no siempre es lo mejor, ni para nosotros ni para nuestros hijos.

La vergüenza no es la única razón por la que cedemos; a menudo lo hacemos también porque estamos agotados. Criar puede ser agotador, y cuando ya hemos tenido un día complicado, gestionar una rabieta es como el desafío final que simplemente no queremos o no tenemos ganas ni la suficiente fuerza para afrontar. En esos momentos, parece más fácil decir «sí» a lo que nos piden, pensando que eso nos dará un poco de paz. Sin embargo, aunque resolver la situación rápidamente parece un alivio, a largo plazo estamos enseñando al niño que gritar, llorar o patalear es una estrategia eficaz para conseguir lo que quiere.

Otra razón común que nos empuja a ceder es la comodidad. Muchas veces, no es que estemos avergonzados o agotados, simplemente no queremos lidiar con el conflicto. Por ejemplo, si estamos en el supermercado y nuestro hijo empieza con el clásico «quiero eso», es tentador darle lo que pide para evitar una escena. De hecho, con mi primer hijo caí en esto mismo que te cuento. Cuando tenía unos 20 meses siempre lloraba en el supermercado porque quería una botellita de agua de Mickey Mouse, yo estaba embarazada del segundo con una barriga inmensa y por ahorrarme que hiciera «la niña del exorcista» allí , le compraba la botellita, pero un día después de supuestamente haberme ahorrado la rabieta, el desborde prosiguió cuando hubo que dársela a la chica que estaba en la caja para pagarla. Ahí me di cuenta de que no podía seguir haciendo esto, porque ese día era una botellita, pero más adelante sería otra cosa.

El problema de ceder en estas situaciones es que estamos reforzando un ciclo que no es saludable: el niño aprende que, al gritar o llorar, puede modificar nuestro comportamiento y conseguir lo que quiere. Esto no significa que sea manipulador; significa que está aprendiendo que esa estrategia funciona. En lugar de ceder, lo mejor que podemos hacer es mantenernos firmes con empatía. Por ejemplo, podemos decirle: «Entiendo que estés enfadado porque no te compré eso. Es normal sentirse así, pero no voy a cambiar mi decisión». Esta respuesta valida sus emociones, pero refuerza el límite que hemos establecido.

Para evitar llegar a estas situaciones, una buena estrategia es anticiparnos. Si sabemos que una rabieta es probable, como al entrar en una tienda o al terminar el tiempo de juego en el parque, podemos explicar de antemano qué vamos a hacer y qué esperamos de ellos. Por ejemplo, antes de entrar en el supermercado, podemos decir: «Hoy no vamos a comprar juguetes ni dulces, pero puedes ayudarme a elegir las manzanas». Esto reduce las expectativas y prepara al niño para lo que viene.

También es clave mantenernos constantes. Si decimos que «no», debemos mantenerlo hasta el final. Cambiar de opinión a mitad de una rabieta envía un mensaje confuso al niño y refuerza la idea de que con suficiente insistencia puede cambiar los límites.

Otra clave, de la que me di cuenta más adelante porque el patrón de rabieta se repetía, es que normalmente iba con él al supermercado sobre las 19.00. Hora bruja, cuando estaba ya cansado, tenía hambre y necesitaba baño, cena y dormir. Ahí recalculé la ruta, o lo llevaba más temprano conmigo a comprar o simplemente se quedaba con mi marido mientras yo hacía la compra.

Lo que está claro es que nuestra tarea no es evitar las rabietas, sino acompañar al niño mientras aprende a gestionarlas. Aunque puede ser difícil en el momento, cada vez que eliges no ceder y acompañas con calma y firmeza, estás enseñándole a tu hijo habilidades emocionales valiosas que le servirán toda la vida. Créeme que lo fácil es hacer lo de toda la vida y usar el «porque yo lo digo y punto», pero en esos momentos, recuerda que no te están juzgando a ti como padre o madre y que lo que opinen los demás de ti no debe importar. Lo importante en ese momento es que estás ayudando a tu hijo a crecer, y eso siempre vale la pena.

No anules su emoción: el segundo punto nos lleva a este. El enfado y la ira son emociones válidas que toda persona debe experimentar, el hecho de que sea válida no quiere decir que sea socialmente aceptada, porque es desagradable para los que están alrededor. Te pongo algunos ejemplos de frases invalidantes: «Eso no es gran cosa», «Por favor, es solo un palo», «No hay qué enfadarse tanto» o «Eso es una tontería».

Es importante que no nos riamos, que tomemos en serio sus reacciones y experiencias porque esto hace que se sientan invalidados. Cuando un niño tiene una rabieta, lo que debemos intentar modificar es su comportamiento, pero no anular su emoción. ¿Verdad que cuando tienes un mal día o llegas enfadado del trabajo necesitas que te escuchen? Los más pequeños también lo necesitan.

- **No dejes solo al niño.** Nuestro amor hacia ellos debe ser incondicional por lo que son, no porque cómo se comportan. Si los dejamos solos, les hará sentirse confundidos, frustrados por no poder verbalizar lo que sienten, y les estaremos mandando un mensaje erróneo. ¿Qué puedes decirle? «Estaré aquí cerca», «Cuando estés listo puedes avisarme y yo estaré aquí para hablar y darte un abrazo si lo necesitas».
- **No le ignores.** Si buscas en internet consejos para una rabieta, esta es una de las más extendidas, alegando a que los niños lo hacen solo para llamar la atención. Efectivamente, y precisamente por ello no deben ignorarse, están gritando

metafóricamente: «Te necesito, necesito tu ayuda para gestionar lo que me está pasando». Aquí podríamos aplicar la frase de quiéreme cuando menos lo merezca que será cuando más lo necesite. Cuando los niños tienen la oportunidad de que sus padres escuchen y entiendan sus emociones, se sienten aliviados y ya no tienen que demostrar su angustia con gritos o llanto más fuerte. Como adulto cuando pasas por un mal momento, buscas seguramente amparo en tu mejor amigo o amiga o que tu madre o tu pareja te escuche. Si no lo hiciera, ¿recurrirías a él o a ella en otra ocasión?

- **No es el momento de los sermones.** Es el momento de escuchar, y si lo llenas todo de palabras, no podrás detectar qué necesita tu peque. En plena explosión de emociones no es el mejor camino. Una vez que se calme, ya será el momento de hablar sobre lo que ha pasado y de buscar soluciones y no culpables.

- **No atosigues.** Cuando explotamos emocionalmente todos necesitamos tiempo y espacio para volver a reiniciar y recuperar el centro. Ofrece tu presencia y cariño por ejemplo diciéndole: «Cariño, estoy aquí si me necesitas»; tu comprensión y empatía: «Entiendo que estés enfadado, si necesitas un abrazo estoy aquí», o simplemente ofrece espacio y silencio poniéndote a su lado. A veces las mejores palabras son las que se dicen con la mirada.

- **No le digas que su comportamiento te está poniendo triste.** Esto es algo que debe quedarnos claro: los niños no son los responsables de nuestro bienestar emocional, pero los adultos sí somos responsables del suyo. Frases como «hoy me la estás liando», «me estás dando un día...», «si haces eso me voy a poner muy triste» o incluso «si lloras no te quiero», son expresiones que debemos borrar. No debemos intentar modificar el comportamiento de los niños haciéndoles responsables del efecto que causa en nuestros sentimientos.

¿Es importante que mi hijo sepa que su comportamiento afecta a otras personas? Por supuesto que sí. Sin embargo, es inapropiado desde el punto de vista del desarrollo y del acompañamiento emocional pedirle que actúe de una manera determinada para satisfacer nuestros sentimientos.

- **No uses el sarcasmo o la ironía.** Es una forma de comunicación que los niños no entienden, aunque tú notas que te desahogas en cierta manera. Pueden darse cuenta del hecho de que tu tono no coincide con tus palabras (como cuando dices «esto está estupendo» sin una sonrisa), pero no saben, no entienden y suele ser confuso para ellos. Es casi seguro que esa confusión lleve a aumentar su angustia y con ella la explosión de la rabieta sea mayor.

- **No uses la silla o el rincón de pensar.** Hacer que un niño pequeño «piense en lo que ha hecho» es imposible, porque su cerebro no está preparado para procesar el pensamiento abstracto. Los niños entienden la causa y el efecto: consecuencias relacionadas con el hecho. La silla de pensar no elimina las rabietas que surgen de necesidades insatisfechas.

- **No le niegues nunca tu amor y tu cariño.** Cuando explotan a menudo no les decimos en esos momentos que los queremos. Solemos dedicar afecto y decir «te quiero» cuando se portan genial o cuando tenemos un momento feliz. Pero en los otros momentos en que hay tsunamis emocionales, olvidamos decirles que también los queremos a pesar de todo lo que está ocurriendo. Olvidamos transmitirles amor incondicional y hacerlo con palabras.

- **Uno de los grandes errores es tomárselo como algo personal.** Cuando tu hijo está enfadado y no puede controlarse, es probable que diga «¡Fuera!» «¡No te quiero!» «¡Quiero ir con la abuela!» «¡Vete!» «¡Eres malo/mala!». Estas frases se te clavan como puñales y notas que te sube un fueguito por el cuerpo y piensas que tu hijo es un desagradecido. Y es complicado aguantar y no contestarle con una frase de despecho. Sin embargo, todo lo que dice no es personal contra ti, son expresiones asociadas a la ira y al enfado que está invadiendo su cuerpo.

- **No hagas caso a los demás.** Las rabietas y malos comportamientos que sin duda más cuesta gestionar y acompañar son las que se producen en público, ya que nos invade la inseguridad, la vergüenza, el temor a sentirnos juzgados. Dejamos muchas veces de escuchar la necesidad de nuestro hijo y hacemos caso a opiniones no pedidas. Y nos desconectamos de nosotros mismos y de nuestro instinto.
- **Los límites deben ser pocos, claros y firmes.** Te recomiendo que estén formulados en positivo porque sobre todo es importante que sepan lo que sí pueden hacer. Los noes también son necesarios, pero en equilibrio, nunca en exceso.
- **Ser amable y mostrar respeto mutuo no es contrario a ser firmes.** Empatizar con los sentimientos de tu hijo y validar su emoción no quiere decir ceder ante un capricho, ¡ojo! capricho no es lo mismo que necesidad. Por ello es recomendable mantenerse firme y usar frases como: «Entiendo que estás enfadado porque quieres ese juguete, pero en este momento no vamos a comprarlo» o «Entiendo que estés enfadado porque te ha quitado el camión, pero debes tratar bien a los demás, porque si les pegas, haces daño».
- **Respeta su espacio, ya que es posible que no quiera abrazos o contacto físico.** Si no los quiere, déjale claro que estás ahí para cuando los necesite. Ofrécele opciones y muéstrate disponible.

- **Es necesario elegir las batallas que queremos luchar y renunciar un poco a tenerlo todo bajo nuestro mando.** Por ejemplo con el tema de la ropa, ¿realmente importa si quiere usar ropa que a ti no te parece que combine? ¿O si quiere ir disfrazado a la calle? Mi hijo ha ido con botas de agua un día soleado o disfrazado de Spiderman por la calle y no pasa nada. Hay cosas que podemos dejar pasar por alto siempre que su bienestar no dependa de ello. Por ejemplo usar manga corta en pleno invierno o chanclas, sabes que puede poner en riesgo su salud, pues ahí habrá un límite, pero si sus preferencias «no le hacen daño a nadie», suelta el control porque hay cosas que no son cruciales ni te va la vida en ello.
- **No a un niño castigado sin moverse o de brazos cruzados, sino todo lo contrario.** Al cerebro hay que moverlo y es mejor que lo hagáis juntos: invitarlo a correr, saltar o bailar. El movimiento siempre aporta. De hecho, todavía recuerdo cuando yo estaba en infantil y tenía unos 4 años y mi maestra, la señorita Angelita, le decía a uno de mis amigos por aquel entonces que saliera a dar una vueltecita al patio y bebiera agua de la fuente cuando lo notaba muy nervioso. Qué sabia mi maestra que hace más de 30 años ya sabía lo que el movimiento podía aportar a un niño.
- **Cualquier niño antes de controlarse necesita una alfabetización emocional.** Esto quiere decir que necesita saber ponerle atención a lo que le está pasando, a las emociones que está viviendo. Es recomendable tener cuentos donde identifique sus emociones o nosotros le ayudemos a ponerle nombre.

Cuando el fuego del desborde emocional se haya ido es fundamental hacer balance de lo que ha pasado, sin querer buscar culpables. Este paso es crucial para fomentar la educación emocional de tu hijo, así que cuando la tormenta haya pasado tómale en brazos y habla con tu peque de lo que pasó.

Después de todas estas estrategias, creo que hasta a una parte inconsciente de tu mente le habrán entrado ganas de que una rabieta o un enfado de tu peque te ponga a prueba. Mejor no tentar a la suerte, pero te aseguro que ya tienes todos los trucos para poder gestionarlas y acompañarlas desde el respeto mutuo y el amor incondicional.

¿Por qué los niños pegan?

Esta es una de las preguntas que más me han hecho a lo largo de mi vida profesional: «Elvira ¿por qué mi hijo pega si eso no lo ha visto en casa?». Probablemente te has enfrentado a ese momento incómodo en el que tu hijo pega a otro niño en el parque, a un hermano o incluso a ti. Puede ser desconcertante y, en ocasiones, hasta vergonzoso, especialmente si no sabes cómo reaccionar. Pero respira profundo: es importante entender que, aunque no es un comportamiento que queramos alentar, pegar es algo natural en los niños pequeños. Eso sí, lo natural no significa que lo dejemos pasar, sino que lo entendamos y lo usemos como una oportunidad para enseñar.

En los primeros años de vida, pegar puede considerarse un comportamiento instintivo y parte del desarrollo. Los niños pequeños, especialmente entre los 18 meses y los 3 años, aún no tienen las habilidades necesarias para expresar sus emociones con palabras. Si se sienten frustrados, asustados o quieren algo que no pueden conseguir, es posible que recurran a actos físicos, como empujar o pegar. No lo hacen por maldad, sino porque su cerebro aún está aprendiendo a manejar impulsos y regular emociones.

Alrededor de los 4 o 5 años, los niños deberían comenzar a comprender que pegar no es aceptable, les debemos acompañar a usar palabras para expresar lo que sienten y a resolver conflictos de otras maneras. Si un niño mayor de 5 años continúa recurriendo a la violencia física de forma recurrente, es momento de indagar ya que podría estar enfrentando dificultades emocionales, sociales o incluso de regulación que necesitan ser atendidas.

Cuando alcanzan los 7 años o más, el comportamiento agresivo se vuelve menos común y más preocupante si persiste. A esta edad, los niños ya tienen la capacidad cognitiva para entender las reglas sociales y gestionar conflictos con mayor madurez. Si siguen pegando, podría ser una señal de que algo más está ocurriendo, como problemas de autoestima, dificultades en el entorno escolar o incluso necesidades emocionales no cubiertas.

Como ya sabemos el cerebro infantil está en pleno desarrollo y, la inmadurez de la corteza prefrontal provoca que, en muchas situaciones, los niños pequeños reaccionan desde sus reflejos más primitivos, en este caso el sistema límbico se encarga de ello, donde la amígdala es la protagonista. Cuando se sienten frustrados, enfadados o desbordados, su capacidad para detenerse y pensar en una alternativa al golpe simplemente no existe. No es que quieran portarse mal o manipular; simplemente están expresando de la única forma que saben lo que sienten en ese momento.

Pegar también puede ser un reflejo de la falta de habilidades para comunicarse. Si tu hijo aún no tiene las palabras o herramientas para expresar lo que quiere o necesita, recurrirá a lo que le resulta más inmediato: sus manos. Por ejemplo, un niño que quiere un juguete puede pegar para conseguirlo porque no sabe decir: «¿Me lo prestas?». Además, la imitación desempeña un papel crucial en esta etapa. Si los niños han visto que los golpes son una forma de resolver conflictos o de reaccionar ante el estrés, es más probable que repitan ese comportamiento.

Es importante entender que, en la infancia temprana, pegar forma parte del desarrollo normal, pero, como adultos debemos hacerles ver que no es un comportamiento adecuado y enseñarles habilidades para gestionar sus emociones y conflictos de manera respetuosa.

Si tu hijo pega y está en esa edad entre los 18 meses y 3 años, lo primero que debes hacer es no reaccionar con etiquetas como «eres malo» o «qué vergüenza». Estas palabras solo dañan su autoestima y no les enseñan nada. Si reaccionas gritando o castigando de forma impulsiva, le estarás enseñando que esa es la manera de manejar los conflictos. Tómate un momento para respirar y hablarle con calma y puedes decir: «Entiendo que estás enfadado, pero cuando pegas haces daño. Vamos a encontrar otra forma de resolver esto».

Detrás de cada golpe está claro que hay una emoción desbordada. Así que ayudarle a identificarla y a expresarla de otra manera es otro paso. Por ejemplo, si pega porque está frustrado, puedes decir: «Parece que estás muy enfadado porque querías ese juguete. Es normal sentirse así, pero pegar no es la solución. Vamos a pedirlo con palabras».

Le podemos ofrecer alternativas para poder expresar sus emociones. Por ejemplo si está enfadado: «En lugar de pegar, puedes cruzar los brazos fuerte y decir: "Estoy enfadado"». O si quiere algo: «Di: "Me toca a mí" o pide ayuda si no sabes qué hacer».

También es muy positivo decirle lo que sí puede hacer con sus manos para tratar bien a los demás en lugar de pegar. A mi hijo pequeño, el tercero, sobre los 2 años comenzó a pegar a sus hermanos cuando quería algún juguete. En ese momento apliqué todo lo que te estoy contando y además le decía frases como: «No pegamos, cuidamos a los hermanos y le damos besitos». Poco a poco cuando yo les observaba mientras jugaban y veía que el pequeño iba a hacerlo de nuevo yo intervenía y le decía mirándole a los ojos «¿Qué hacemos para cuidar a los demás?» y él ya se calmaba y proseguía el juego. Por tanto, si ves que tu hijo pega, intervén rápido para proteger a los demás, pero evita humillarlo o hacerlo sentir mal y puedes decir: «Veo que has pegado porque querías ese juguete, pero no podemos resolver las cosas así. Vamos a hablar con calma y buscar una solución».

Anticiparse a los conflictos puede marcar la diferencia en este tipo de situaciones, si sabes que compartir juguetes con hermanos o amigos en el parque puede ser una fuente de conflicto, establece reglas claras de antemano: «Vamos a turnarnos cada cinco minutos para jugar con este coche. Yo os aviso cuando pasen los 5 minutos». Busca historias donde los personajes aprendan a manejar sus emociones o resuelvan problemas sin violencia. También puedes usar juegos de rol para practicar situaciones: «Imaginemos que yo quiero tu juguete y tú me dices cómo podemos compartirlo».

Como ya hemos aprendido a lo largo de estas páginas, los niños aprenden más de lo que ven que de lo que les decimos. Si muestras paciencia, empatía y formas adecuadas de resolver conflictos, es más probable que ellos lo imiten. Y no es fácil, porque cuando tu hijo pega se apoderan de ti diferentes emociones y más si pega en público, te pega a ti o a otros niños, no es una situación fácil de gestionar. Por ejemplo, para mostrar cómo gestionas tú mismo el enfado o la frustración puedes decir delante de tu peque verbalizando tu emoción: «Estoy enfadado porque no encuentro las llaves. Voy a respirar profundo para calmarme y voy a intentar buscarlas de nuevo».

Cambiar este comportamiento no sucede de la noche a la mañana. Requiere paciencia y repetición. Los niños necesitan muchas oportunidades para practicar y aprender a gestionar sus emociones. Recuerda que cada vez que eliges responder con calma y empatía, estás reforzando estas habilidades y que además les servirán para toda la vida. Es importante que vean en nosotros un modelo de cómo manejar las emociones y los conflictos de manera respetuosa. Con el tiempo, esas pequeñas manos que ahora golpean aprenderán a tratar con ternura para abrazar, consolar y compartir y este será el resultado de ese aprendizaje si comienza con la forma en que los guiamos hoy.

Y ahora pongámonos en la situación contraria: es a mi hijo al que le pegan.

Muchas veces, como madres y padres, nos sentimos perdidos frente a los conflictos de nuestros hijos. La frase «si te pegan, pega» surge de nuestra propia educación, del miedo y de la necesidad de protegerlos. Pero este enfoque perpetúa un ciclo de violencia y enseña a los niños que la agresión es una respuesta válida para resolver problemas. En lugar de ayudarles, los estamos equipando con una herramienta que les puede generar más conflictos en el futuro.

Marshall Rosenberg, creador de la Comunicación No Violenta, explicaba que la rabia no es causada por lo que otro hace, sino por cómo interpretamos esa acción. Esto nos lleva a un punto crucial: cuando un niño pega, lo hace porque está gestionando una necesidad no satisfecha. Quizá necesita más atención, límites claros o simplemente no sabe cómo expresar lo que siente.

Ese momento en que pegan a tu hijo es desgarrador, por mucho que sepas que es algo natural en los niños, y es que ver que alguien lastima a tu hijo, por pequeño que sea el golpe o el contexto, hace que el fuego inunde todo tu cuerpo. Tu instinto natural puede ser intervenir inmediatamente, protegerlo y, en algunos casos, incluso reaccionar hacia el otro niño o sus cuidadores. Pero aquí es donde la crianza consciente puede ayudarte para hacerlo de forma diferente.

Para mí, estas situaciones siempre han sido muy incómodas, pero también sabía que aunque mi hijo sufriera un golpe era un buen momento para enseñarle también a él habilidades importantes, como la empatía, la resolución de conflictos y el manejo de sus emociones.

Así que antes de actuar y ponerte en modo reactivo, toma un momento para respirar profundamente y calmarte. Cuando vemos que nuestro hijo sufre, es fácil dejarnos llevar por la rabia o la frustración, pero reaccionar desde ese lugar no ayuda ni a tu hijo ni al otro niño. Recuerda que todos los niños, incluso el que pegó, están aprendiendo a manejar sus emociones y comportamientos.

Acércate a tu hijo y asegúrate de que se sienta visto, escuchado y seguro. Esto no significa ignorar la acción del otro niño, sino darle prioridad emocional a tu pequeño en ese momento. Puedes decir algo como: «Veo que te han pegado y eso te ha dolido. Es normal sentirse triste o enfadado cuando alguien nos hace daño. Estoy aquí contigo». Validar lo que siente le enseña a identificar y expresar sus emociones en lugar de reprimirlas o reaccionar de forma impulsiva, además de ofrecerle consuelo y refugio.

Si bien es importante resolver la situación, no es útil ni respetuoso señalar al otro niño de manera negativa o culpar a sus cuidadores. Puedes acercarte al otro niño de manera amable y firme, y decirle algo como: «Veo que has pegado a mi hijo. No está bien pegar. Si estás enfadado, podemos buscar otra forma de resolverlo».

Este tipo de intervención modela una manera respetuosa de abordar los conflictos, sin generar vergüenza ni humillación.

También es importante que tu hijo aprenda a defenderse y establecer límites claros cuando alguien invade su espacio o lo lastima. Puedes practicar con él frases simples que pueda usar en el futuro, como: «No me gusta que me pegues». o «Eso me hace daño, por favor para». Esto le da herramientas para comunicarse y protegerse sin recurrir a la violencia.

Después de la situación, y una vez que ambos niños estén más tranquilos, habla con tu hijo sobre lo que ocurrió de una manera que fomente la empatía hacia el otro niño. Por ejemplo: «Cuando los niños pegan, muchas veces es porque están enfadados o no saben cómo expresar lo que sienten. ¿Qué crees que le pasó al otro niño?».

Esto ayuda a tu hijo a entender que el comportamiento no define a una persona y que todos estamos aprendiendo a manejar lo que nos pasa. En algunos casos, puede que el cuidador del niño que pegó no tome medidas o incluso minimice el comportamiento. Esto puede ser frustrante, pero sigue siendo importante mantener la calma y actuar desde el respeto. Puedes acercarte al cuidador y decir algo como: «Quiero asegurarme de que ambos niños estén bien. Creo que fue un malentendido, pero tal vez podríamos ayudarles a resolverlo juntos». Si el cuidador no muestra interés, concéntrate en tu hijo y en lo que puedes hacer para que se sienta apoyado.

Después de un episodio como este, es útil hablar con tu pequeño en casa sobre lo que pasó y qué pueden hacer la próxima vez. Hazlo de manera sencilla y adaptada a su edad: «Hoy ese niño te pegó y eso no estuvo bien. Quiero que sepas que es normal sentirte enfadado o triste por eso. Pero recuerda que siempre puedes decir: "No me gusta eso" o buscarme si necesitas ayuda».

Es una oportunidad para modelar empatía diciendo algo como: «Los niños que pegan a veces no saben cómo decir lo que sienten. Por eso nosotros siempre vamos a buscar soluciones hablando».

Puede darse el caso de que le hayan pegado en la escuela y tú no lo hayas presenciado. Entonces es fácil pensar que el otro niño es un «malcriado» o «agresivo», pero estas etiquetas no ayudan. En lugar de eso, pregúntate: «¿Qué necesidad no satisfecha tiene este niño para recurrir a la violencia?». Imagino ahora tu cara y probablemente estés pensando: «Elvira ¿a qué viene ahora hablar también de las necesidades no satisfechas del agresor? Yo estoy preocupada por mi hijo».

La razón es sencilla: comprender lo que motiva a un niño a pegar no solo ayuda a resolver el conflicto inmediato, sino que también enseña a tu hijo una lección crucial para la vida: la empatía. Esto no significa quitarle importancia a lo que tu hijo siente ni restar valor a su experiencia, sino darle herramientas para entender el mundo en toda su complejidad. Y te puedo asegurar que en esta jungla que a veces se convierte la vida hace falta, además de mucho más humor y amor, muchísima más empatía, y para regar el mundo de empatía debemos empezar por quienes serán los adultos del mañana.

Cuando nos centramos únicamente en «ese niño es malo», estamos simplificando una situación que, en realidad, suele ser mucho más profunda. Los niños no nacen pegando porque sí; ese comportamiento generalmente es una señal de que hay algo que no saben manejar o expresar. Quizá no han aprendido a regular sus emociones, están sobreestimulados, se sienten inseguros o incluso pueden estar imitando lo que ven en casa o en su entorno.

Al reflexionar sobre las necesidades no satisfechas del agresor, estamos haciendo dos cosas: protegemos a nuestro hijo desde la raíz del problema ya que si entendemos qué lleva al otro niño a actuar de ese modo, podemos intervenir de manera más efectiva para prevenir que vuelva a suceder. Por ejemplo, si ese niño pega porque no sabe cómo jugar de forma adecuada, podemos comunicarlo al centro escolar y los profesionales serán los encargados de trabajar con los profesores y su familia para enseñarle nuevas habilidades.

Y cuando hacemos esto enseñando a nuestro hijo una lección de humanidad, porque le ayudamos a pensar más allá de su propia experiencia —sin minimizar lo que ha sentido—, le estamos mostrando que el comportamiento de los demás no siempre tiene que ver con él. Esto refuerza su autoestima y le da herramientas para manejar conflictos en el futuro desde una posición de fortaleza y compasión.

Vayamos a un ejemplo práctico e imagina que tu hijo te cuenta que un niño le empujó en el recreo. Puedes decir algo como: «Debe haber sido muy incómodo para ti, y es normal que te sintieras enfadado o triste». Lo primero y fundamental es validar las emociones de nuestro hijo y darle consuelo y posteriormente le podemos decir: «Cuéntame más, ¿qué crees que pudo estar sintiendo ese niño para actuar así?».

Tu hijo puede mirarte extrañado al principio, pero es posible que después piense y diga algo como: «Creo que quería el columpio para él solo». Este es el momento de validar lo que ambos niños sintieron y, al mismo tiempo, mostrarle a tu hijo que hay formas mejores de resolver conflictos: «Es cierto, seguramente quería el columpio, pero empujar no es la solución. Quizá no sabe cómo pedirlo. ¿Qué podrías decirle la próxima vez si pasa algo así?».

Con este enfoque, estás ayudando a tu hijo a procesar sus emociones, a resolver conflictos de forma respetuosa y a desarrollar habilidades sociales esenciales para su vida. Analizar *a priori* las necesidades del que ha pegado no quiere decir dejar de lado las emociones de nuestro hijo, por tanto deberemos validarlas y dar espacio para expresar cómo se siente: «¿Te asustaste cuando te pegó? ¿Te enfadaste? Cuéntame más». Esto le ayudará a procesar lo ocurrido y a sentirse comprendido.

Enséñale a responder con firmeza y sin violencia con frases como: «No me gusta que me pegues» o «No voy a permitir que me hagas daño». Anímale a pedir ayuda a un adulto si la situación persiste. Evidentemente si el problema se repite, comunícate con los responsables del cuidado del niño en el momento de la agresión.

También es natural que te preocupes cuando agreden a tus hijos, sobre todo porque existe un temor subyacente: «¿Será mi hijo el blanco fácil, el que todos golpean o del que todos se aprovechan?». Este miedo genera angustia y nos lleva a querer reaccionar de inmediato para evitar que nuestro hijo sufra. Sin embargo, es importante abordar esta preocupación desde una perspectiva no violenta y un punto crucial es enseñarles que defenderse no implica devolver golpes, sino saber cuándo y cómo pedir ayuda, y tener la confianza para establecer límites claros. Es importante desmitificar la idea de que el más fuerte es el que pega más, ya que la verdadera fortaleza está en la capacidad de manejar los conflictos sin recurrir a la violencia. Puedes explicárselo de esta manera: «Cuando alguien te pega, no significa que tú seas débil. Lo que demuestra tu fortaleza es cómo decides responder. Pegar no soluciona el problema, pero decir lo que sientes, pedir ayuda y elegir estar lejos de alguien que no te trata bien, sí te hace fuerte».

Después de entender que pegar puede ser algo natural en ciertas etapas del desarrollo y haber explorado cómo abordar tanto si nuestro hijo pega como si es agredido, hay un punto crucial que no podemos ignorar: ¿cómo distinguir entre un conflicto aislado y una situación de acoso?

El acoso escolar, o *bullying*, va mucho más allá de un encontronazo puntual entre niños. Se caracteriza por ser una conducta repetida, intencionada y desequilibrada en términos de poder, donde un niño o grupo busca dominar o someter a otro. Este desequilibrio no solo puede ser físico, sino también emocional o social, y su impacto en los niños puede ser devastador si no se aborda a tiempo.

Claves para identificar el acoso escolar

Veamos algunos indicios que te ayudarán a saber si el niño está sufriendo acoso.

La frecuencia

Un conflicto puntual puede resolverse con intervención y acompañamiento, pero si las agresiones se repiten una y otra vez y se prolongan en el tiempo, es una señal de alerta.

La intención

En un conflicto aislado, los niños suelen mostrar arrepentimiento o intentan arreglar la situación tras un malentendido. En cambio, el acoso implica una intención clara de dañar, humillar o excluir al otro.

El desequilibrio de poder

En el acoso, uno de los niños tiene más poder, ya sea físico, social o emocional. Puede ser el más fuerte físicamente, el más popular o el que cuenta con un grupo que lo respalda, mientras que el otro se encuentra en una posición de vulnerabilidad.

El impacto emocional

Si notas que tu hijo se muestra triste, ansioso, con miedo de ir al colegio, o incluso con cambios físicos como dolores de cabeza o estómago recurrentes, es importante prestar atención. Estos pueden ser signos de que está sufriendo más de lo que te está contando.

Si sospechas que tu hijo está siendo acosado, lo primero y más importante es escucharle activamente. Crea un espacio seguro donde pueda compartir lo que le ocurre sin miedo a ser juzgado o interrumpido y pregunta con calma: «¿Cómo te sientes cuando estás con ese niño?» o «¿qué pasa cuando estás en el recreo?». La clave es que sienta que puede confiar en ti y que estás dispuesto a entender su perspectiva.

Además, valida sus emociones, ya que es esencial que tu hijo sienta que comprendes su dolor y que le apoyas incondicionalmente. Puedes decirle: «Entiendo que esto te hace sentir muy triste y asustado. Estoy aquí para ayudarte». Este tipo de respuesta no solo refuerza su confianza en ti, sino que le ayuda a procesar sus sentimientos.

A continuación y fundamental, habla con el colegio. Ponte en contacto con los profesores y el equipo de orientación educativa y explícales lo que está ocurriendo. Es importante ser claro y objetivo al describir los hechos, solicitando que se investigue la situación y se tomen medidas. La intervención temprana por parte del colegio es crucial para detener el acoso y garantizar un entorno seguro para tu hijo.

Mientras tanto, trabaja en fortalecer su autoestima e involúcrale en actividades que le apasionen, como deportes, arte o música, donde se sienta competente y valorado. Estas experiencias positivas pueden ser un refugio emocional y una forma de recuperar la confianza en sí mismo.

Si notas que el acoso ha tenido un impacto emocional en tu hijo, considera buscar apoyo profesional, ya que un psicólogo o terapeuta infantil puede ayudar a tu hijo a procesar sus emociones y proporcionarle herramientas para enfrentar la situación. A veces, contar con una perspectiva externa y profesional es clave en su recuperación.

Recuerda que tu papel es ser su guía y apoyo durante este proceso, actuando con sensibilidad y firmeza para garantizar que reciba la ayuda que necesita y recupere su bienestar emocional.

Y es que está claro que como padres y madres no solo estamos aquí para proteger a nuestros hijos, sino para enseñarles a enfrentar el mundo con seguridad y resiliencia. No podemos controlar todo lo que les ocurre, pero sí podemos darles el acompañamiento y las herramientas necesarias para navegar los conflictos y defenderse desde el respeto y la confianza en sí mismos.

Es crucial estar atentos, escucharles sin juzgar y actuar cuando sea necesario. Saber cuándo un problema es solo un roce del día a día y cuándo es una señal de algo más grave, como el acoso. Y si sospechamos que algo no está bien, no tengamos miedo de actuar: nuestra intervención temprana puede ser el salvavidas que necesitan para recuperar su tranquilidad y confianza.

Al final, enseñarles a resolver conflictos sin violencia, entender sus emociones y protegerse de forma saludable no solo les beneficiará ahora, sino que les ayudará a convertirse en adultos más seguros y fuertes. ¿Y qué mayor propósito puede tener la crianza que construir esa base sólida para que puedan enfrentar el mundo?

Mi hijo se ríe cuando me enfado

Seguro que te ha pasado: estás intentando hablar con tu hijo, probablemente con una mezcla de frustración y seriedad porque no ha tenido un comportamiento adecuado, y de repente, se ríe. Esa risa, en un momento donde sientes que no es apropiada, puede hacerte sentir ignorado, cuestionar tu autoridad o incluso intensificar tu enfado. Pero antes de pensar que tu hijo se está «burlando» de ti, respira y recuerda algo muy importante: no lo hace para desafiarte, lo hace porque su cerebro todavía está aprendiendo a gestionar situaciones emocionalmente intensas.

El cerebro infantil está en pleno desarrollo, y una de las áreas que aún está inmadura en los primeros años de vida es la corteza prefrontal, encargada del control de impulsos, la regulación emocional y el juicio sobre lo que es socialmente adecuado. Esto significa que los niños pequeños no tienen la misma capacidad que los adultos para interpretar las emociones de los demás o para manejar la intensidad de un conflicto. Por eso reírse puede ser su manera de lidiar con la ansiedad o la tensión que sienten en ese momento. Es como si su cerebro buscara un «botón de escape» para equilibrarse.

La risa, en este caso, no es una burla, sino una reacción automática frente a una situación que no saben cómo manejar. Puede ser su manera de liberar tensión, calmarse o incluso intentar «desactivar» el conflicto y aunque parezca contradictorio, puede ser una forma natural de liberar el estrés. Su risa no es burla, sino una respuesta involuntaria que les ayuda a aliviar los nervios. Es similar a cuando los adultos nos reímos en situaciones incómodas sin querer.

También puede ser un prueba para medir los límites, porque a medida que los niños crecen, necesitan comprobar la consistencia de los mismos. La risa puede ser una forma de explorar hasta dónde pueden llegar. No lo hacen con malicia, sino porque están aprendiendo cómo funciona el mundo y cuál es tu reacción ante ciertas conductas.

A veces, la risa no es más que una señal de que tu hijo aún no comprende del todo el impacto de sus acciones ni el contexto emocional de la situación. Puede que no entienda que estás molesto o preocupado, y su risa simplemente refleja esa inmadurez. A veces lo hacen para evitar la confrontación porque a nadie le gusta sentirse culpable o avergonzado, y la risa puede ser una manera de esquivar esos sentimientos incómodos. Es una estrategia emocional inconsciente para desviar la atención de lo que está sucediendo. Y en otros casos, reírse puede ser una manera de captar tu atención. Si siente que está recibiendo más atención al reírse durante el regaño, es posible que esté reforzando ese comportamiento sin darse cuenta.

Primero, evita interpretar la risa como un desafío personal, ya que es fácil pensar: «Se está riendo porque no me respeta o porque no me toma en serio», pero esto rara vez es el caso. Tampoco aumentes la intensidad de tu enfado. Responder con mayor irritación o gritos solo intensifica la tensión y refuerza el estrés en tu hijo, lo que puede llevarlo a reírse aún más como un mecanismo de defensa, o incluso a bloquearse emocionalmente. Mantener la calma es clave para abordar la situación de manera efectiva.

Además, evita etiquetar su comportamiento. Frases como «Eres un irrespetuoso» o «Siempre te ríes cuando hablo en serio» no solo porque daña su autoestima, sino que también desvían el enfoque del verdadero problema. En lugar de ayudarle a entender lo que hizo mal o cómo podría mejorar, estas etiquetas pueden hacer que tu hijo se sienta atacado personalmente, cerrando la puerta a una comunicación constructiva. Y no es que te esté diciendo con esto que no sea normal que te lleven los demonios si tu hijo se parte de risa en tu cara, porque a mí también me ha pasado y es normal sentirse frustrado, pero recuerda que tu respuesta es un modelo para tu hijo. Si te muestras más calmado, le enseñas cómo gestionar situaciones difíciles, así que tómate un momento para respirar antes de reaccionar.

Repite para tus adentros: «No se está burlando, está intentando procesar lo que está ocurriendo».

En lugar de enfadarte más, valida lo que está sintiendo. Por ejemplo: «Veo que te estás riendo, quizá te sientes incómodo porque estamos hablando de algo importante». Este enfoque desactiva el conflicto y ayuda a tu hijo a entender sus propias emociones.

Una vez que ambos estéis más tranquilos, reafirma el mensaje que querías transmitir. Por ejemplo: «Quiero que entiendas que lo que hiciste no está bien, y necesito que me escuches porque esto es importante».

Usa un tono firme pero respetuoso para que el mensaje no se pierda en la risa. También puedes decir algo como: «A veces, cuando nos sentimos nerviosos o no sabemos qué hacer o nos reímos. Es normal, pero quiero que sepas que necesitamos hablar de esto».

Si notas que tu hijo está especialmente reactivo o risueño en situaciones de tensión, te está diciendo que necesita sentir más conexión antes de recibir correcciones. Puedes acercarte físicamente, ponerte a su nivel, mirarle a los ojos y tocar suavemente su hombro mientras hablas.

6

La música y su impacto en el neurodesarrollo

Cómo la música estimula el cerebro

La música tiene un poder fascinante sobre el cerebro humano, y cuando se trata del cerebro de los niños, este poder se multiplica. No es solo una cuestión de escuchar melodías que nos gusten o nos resulten agradables, sino que la música además activa y conecta diferentes regiones cerebrales, creando una sinfonía interna que transforma cómo aprendemos, sentimos y nos relacionamos con el mundo. Es como si cada nota musical fuese una chispa que ilumina el mapa de nuestro sistema nervioso.

Todos sabemos que la música es buena y nos gusta, pero que no todo el mundo conoce el impacto que puede tener a nivel de neurodesarrollo.

La música siempre ha estado presente en mi infancia a pesar de que ninguno de mis padres era músico, pero sí amaban cantar. Recuerdo a mi madre limpiando mientras sonaban los discos de vinilo con las folclóricas españolas de la época y cantando copla, sevillanas... El flamenco ha estado muy presente en mi infancia. Además, me llevo 15 y 13 años con mis hermanos mayores, por lo que también la música ochentera estaba siempre a toda pastilla en casa. Hay veces que cuando escucho ciertas canciones, me pregunto por qué me las sé. Pues porque estaban almacenadas en mis recuerdos y la música es como si se fosilizara en nuestra mente esperando a ser desempolvada en algún momento. Y está claro que la música no solo acompaña la infancia, sino que forma parte de nuestra identidad. Robert Zatorre, un destacado investigador en neurociencia, explica que la música que escuchamos y compartimos durante la infancia se almacena en nuestra memoria de forma indeleble. Es como si estuviéramos construyendo la banda sonora de la vida de nuestros hijos, una que los acompañará siempre.

De hecho, la musicoterapia se usa como tratamiento no farmacológico para personas que sufren alzhéimer. El alzhéimer es una enfermedad neurodegenerativa que afecta principalmente a la memoria, el lenguaje, las funciones ejecutivas y la regulación emocional. Dado que la música activa múltiples áreas del cerebro, incluidas aquellas que permanecen funcionales en las primeras etapas de la enfermedad, se ha identificado como una vía prometedora para mejorar la calidad de vida de los pacientes. Aunque estos no puedan recordar qué comieron hace una hora, pueden cantar las letras completas de canciones que aprendieron décadas atrás porque la memoria musical está preservada.

Porque desde el momento en que las ondas sonoras llegan a nuestro oído interno, comienza una aventura neuronal. La cóclea, una pequeña estructura en espiral dentro del oído, convierte esas vibraciones en señales eléctricas que viajan hacia el cerebro. Estas señales pasan primero por el tronco cerebral y el tálamo, actuando como estaciones de procesamiento inicial, antes de llegar al giro de Heschl, en la corteza auditiva primaria. Esta área descifra los elementos básicos del sonido, como el tono, el ritmo y el timbre.

Sin embargo, esto es solo el comienzo. La corteza auditiva secundaria toma esos sonidos y les da un significado, mientras que áreas como la corteza prefrontal y la amígdala los conectan con nuestras emociones. Por esto ciertas canciones nos hacen reír, llorar o sentir nostalgia. La música no solo se escucha, sino que se vive en cada rincón del cerebro.

Dependiendo de la actividad musical que hagamos, ya sea cantar, bailar o escuchar música, el cerebro se activa de una forma u otra. Cuando cantamos, por ejemplo, el cerebro se activa de una manera extraordinaria y la corteza motora organiza los movimientos necesarios para emitir sonidos, el cerebelo asegura que esos movimientos sean precisos, y el sistema límbico, que incluye estructuras como la amígdala, regula las emociones asociadas. Por si fuera poco, el hipocampo entra en acción para recordar las letras y las melodías, y la corteza prefrontal se encarga de la creatividad necesaria para improvisar o interpretar la música de una manera única.

Un descubrimiento reciente nos muestra que incluso hay «neuronas cantarinas» en la corteza motora que se activan específicamente durante el canto, pero no ante el habla o al escuchar música instrumental (Treviño *et al.*, 2022). Cuando conocí este dato, me resultó fascinante, ya que esto indica que el canto tiene un circuito cerebral propio, algo que refuerza su singularidad y poder y sobre el que todavía queda mucho por descubrir.

¿Sabías que cantar canciones con tus hijos pequeños puede mejorar su vocabulario y su capacidad para recordar palabras? Un estudio descubrió que los niños que participan en actividades musicales tienen una memoria verbal más sólida, lo que les ayuda a aprender y retener nuevo vocabulario. Así que la próxima vez que estés recogiendo juguetes, prueba a cantar una canción sobre ello. No solo harás que la tarea sea más divertida, sino que estarás fortaleciendo su memoria de trabajo, una de las funciones ejecutivas de las que te hablaré casi al final del libro.

Otro de los datos que más curiosidad despertó en mí es que el impacto de la música en el cerebro no solo se limita a las emociones, sino también mejora habilidades cognitivas esenciales. Porque estudios recientes afirman que cuando los niños participan en actividades musicales, como tocar un instrumento o aprender una canción, están ejercitando la memoria de trabajo, la atención y la flexibilidad cognitiva. Estas habilidades, conocidas como funciones ejecutivas, son fundamentales para el aprendizaje y la vida académica.

Tocar un instrumento o hacer percusión corporal (que no es otra cosa que usar tu cuerpo como instrumento) lleva la actividad cerebral a otro nivel. Aquí entran en juego áreas adicionales como los ganglios basales y el cerebelo, que se aseguran de que los movimientos de las manos y los pies estén perfectamente sincronizados con el ritmo. Tocar un instrumento también fomenta la comunicación entre los hemisferios cerebrales, ya que muchas veces implica el uso de ambas manos de forma independiente. Esto no solo mejora las habilidades musicales, sino también capacidades cognitivas como la atención y la memoria. Además, te dejo un dato relevante: se ha comprobado que los niños que participan en programas de ritmo y movimiento en edad preescolar tienen un mejor control inhibitorio y una mayor capacidad de autorregulación. Así que la próxima vez que pongas música en casa, anima a tu hijo a seguir el ritmo con palmas o a experimentar con instrumentos caseros para empezar por ahí.

Asimismo, la música impulsa la plasticidad cerebral, esa capacidad del cerebro para adaptarse y reorganizarse. Esto es especialmente importante en los niños, cuyo cerebro está en constante evolución y hay estudios que han demostrado que los niños expuestos a la música tienen una mayor densidad de materia gris en áreas relacionadas con el control motor, la percepción auditiva y la coordinación visomotora, lo que se traduce en un mejor desempeño educativo y social.

Beneficios de la música en el desarrollo infantil

¿Por qué debo cantarle a mi bebé?

En muchas ocasiones pensamos que nuestros hijos son demasiado pequeños para que experimenten con la música, para que jueguen con instrumentos, para que jueguen con los sonidos…

Pero la realidad es que cuanto antes acerquemos a los más pequeños al poderoso lenguaje de la música, más beneficios obtendremos en su desarrollo.

Yo siempre digo que nunca es demasiado pronto ni demasiado tarde para jugar con la música.

De hecho, recuerdo cuando tuve a mi primer hijo y nadie me había hablado del posparto. Yo estaba feliz pero literalmente agotada y llena de dudas. Mi bebé había pasado cinco días en la unidad de neonatos alejado de mí y desde que me lo llevé conmigo a casa era imposible separarnos. Yo me sentía como una loba y hasta me molestaba que lo cogieran en brazos otras personas que no fueran mi marido o mi madre.

Un día, después de haberme pasado el día entero en pijama y sin tiempo ni siquiera para ducharme, estaba intentando darle el pecho y cantándole «Qué no daría yo» de Rocío Jurado y seguí con «Un ramito de violetas» con la versión de Manzanita y «Todo es de color» de Lole y Manuel. Y posiblemente dirás «Elvira, qué canciones más poco adecuadas para un bebé». Descubrí que no solo le cantaba a él, realmente me cantaba a mí misma y lo curioso de esto es que estas canciones no se encuentran en mi top 10 de canciones favoritas. Era algo inusual, porque yo estaba feliz por tener a mi bebé conmigo, pero no podía evitar llorar a borbotones y casi sin querer le cantaba a mi infancia y también sin querer mi mente divagaba por la canción de mi abuela que había fallecido tres meses antes de que me convirtiera en madre. De esas cosas inexplicables que pasan en la cuarentena. Lo cierto es que cuando soltaba y me desahogaba cantando, yo sentía que mi bebé también se quedaba tranquilo y lo recostaba sobre mi pecho mientras tarareaba. Eso le hacía sentirse tranquilo y a mí también.

Le cantábamos para todo y nuestra casa parecía y aún sigue padeciendo un musical de Broadway (salvando las distancias porque yo no soy cantante profesional). Juanfe, mi marido, es el que ponía el toque más profesional a la rutina, ya que además de maestro es músico y compositor, y tocaba el piano o la guitarra para jugar con él o intentar calmarle. Ahí en 2017 fue cuando mi pareja y yo comenzamos a formarnos activamente en la estimulación musical temprana y muchas certificaciones y maestrías.

Por tanto, si lo analizamos, podemos decir que fue culpa de nuestro primer hijo que yo hoy esté escribiendo estás líneas y tú las estés leyendo, aunque en vez de culpa, como el lenguaje que usamos importa, mejor digamos que gracias a él estamos tú y yo hoy compartiendo este conocimiento.

¿Cuándo puedo empezar?

¿Te has preguntado alguna vez si tu bebé puede escucharte mientras está en tu barriga? La respuesta es sí, y mucho antes de lo que imaginas. Desde la semana 16 de embarazo, el oído del bebé comienza a desarrollarse, aunque las estructuras del oído todavía no están totalmente maduras, y unas semanas más tarde ya puede percibir sonidos del mundo exterior. Esto incluye los latidos de tu corazón, el flujo de tu sangre, y lo más especial: tu voz. Es a partir de la semana 24-25 de gestación aproximadamente, cuando el órgano auditivo ya es funcional, y gracias a la pelvis y el esqueleto de la madre que forman una cámara de resonancia, se amplifica la transmisión de sonidos.

Por eso, cantarle a tu bebé durante el embarazo no solo es una experiencia maravillosa para ti, sino también un regalo lleno de beneficios para tu pequeño. Pero antes de que sigas leyendo, por favor si estás embarazada evita ponerte cascos directamente en la barriga o usar altavoces vaginales (sí, eso existe). Por tanto, la estimulación musical en las embarazadas debe hacerse preferentemente a través del canto. Además, un estudio demostró que los recién nacidos prefieren la voz de su madre cantada a cualquier otra voz, incluida la voz hablada de la madre. Esto muestra el poder del canto prenatal para crear un vínculo temprano, pero esto no quiere decir que solo le cante mamá, involucrar a la pareja o los hermanos si los hay, también es importante.

El canto prenatal, lejos de ser una moda, está respaldado por la ciencia. Estudios como el de Wulff y colaboradores que se publicó en 2021 han demostrado que cantar durante el embarazo mejora el bienestar de las madres, ya que reduce significativamente el estrés y la ansiedad, mucho más que solo escuchando música, y fortalece el vínculo emocional con el bebé incluso antes de nacer, lo que se traduce en ventajas para el desarrollo emocional y cerebral del bebé. Pero más allá de los datos, el canto prenatal es una forma sencilla, accesible y profundamente humana de conectar con tu bebé.

Si una madre sufre estrés durante su embarazo o incluso depresión, también repercutirá en su futuro hijo, teniendo más posibilidades de nacer bajo de peso y antes de tiempo. Así, la música es una gran alternativa no farmacológica que ayuda a manejar adecuadamente estas emociones y favorecerá que el bebé se desarrolle física y emocionalmente sano.

¿Cómo puedes hacerlo desde casa? Canta lo que amas porque no necesitas elegir canciones especiales o ser cantante profesional. Tu bebé no te juzga. Puedes cantar desde canciones infantiles hasta tu música favorita. Lo importante es que disfrutes el momento. Establecer una hora del día para cantar puede ayudarte a conectar con tu bebé. Yo por ejemplo cuando estaba embarazada solía cantarle cuando me tumbaba un ratito en el sofá. De hecho, recuerdo que siempre que le cambiaba el pañal a mi sobrina, que es unos meses más mayor que mi primer hijo, también le cantaba en el momento del cambiador y mi peque en la barriga daba unas patadas increíbles y se movía mucho cuando yo empezaba a cantar.

El canto, como te he explicado antes, no es solo para el bebé, también es para ti. Aprovecha el momento para concentrarte en tu respiración y dejar ir cualquier tensión acumulada. Puedes alargar las notas de las canciones para sincronizar tu canto con respiraciones profundas. Después del nacimiento, estas mismas canciones pueden convertirse en una herramienta poderosa para tranquilizar a tu bebé, ya que posiblemente las recordará del tiempo en el vientre.

Cuando estaba embarazada de mi tercer hijo también mis hijos participaban en cantarle al hermanito en la barriga de mamá. De hecho, mis hijos le cantaban canciones que componemos mi marido y yo para los cuentos cantados, y ya por aquel entonces le cantaba la canción de nuestro cuento «Lupita quiere ser mariachi».

Aunque creas que no cantas bien, eso no importa. La calidad vocal no influye en los beneficios del canto. Tu bebé percibe la intención y el amor detrás de tu voz, no tus habilidades técnicas.

Puede ser que en algún momento no te apetezca cantar y eso está bien también y puedes escuchar música, ya que cuando escuchamos canciones que nos relajan y nos gustan se activa el sistema nervioso parasimpático, que es responsable de reducir el estrés y promover la relajación. Esta combinación ayuda a disminuir los niveles de cortisol, la hormona del estrés, creando un ambiente más saludable tanto para la madre como para el bebé.

Por eso una vez que el bebé ha nacido, podemos recostarle sobre nuestro pecho y tararear una canción y si puedes, en el posparto yo te recomendaría acudir con tu bebé a talleres de estimulación musical temprana, porque escuchar o participar en actividades musicales reduce los síntomas de ansiedad y depresión al regular las emociones y proporcionar una sensación de calma. De hecho, se calcula que entre el 10 % y el 15 % de las mujeres sufren síntomas de depresión posparto. Por ello, es importante señalar que numerosos y recientes estudios han demostrado que cantar al bebé, regula el estrés materno, ayudando a prevenir la depresión posparto y siendo una intervención que no requiere de fármacos y por tanto es segura para la mamá y el bebé.

Igualmente, se han demostrado mejoras en los síntomas del llamado «*baby blues*» con la intervención musical. El *baby blues*, se usa para referirse a los cambios leves en el estado de ánimo de la madre, así como sentimientos de preocupación, infelicidad y agotamiento que muchas mujeres experimentan durante las primeras semanas después de dar a luz.

Además, cantar o tararear canciones mientras se cuida al bebé no solo beneficia a la madre, sino que también promueve el apego seguro. Las canciones de cuna, en particular, tienen un efecto dual: calman al bebé y ayudan a la madre a regular su propia respiración y emociones.

El estudio de Sanfilippo *et al.* (2021) también destaca que la música grupal, como cantar en un coro de madres, fomenta el apoyo social, un factor crucial para el bienestar posnatal, porque ¿quién no se ha sentido solo mientras criaba? Participar en estas actividades no solo reduce el aislamiento, sino que también crea una red de apoyo emocional que es vital en la crianza. Se suele decir: mamá feliz, bebé feliz.

Pero la música va más allá. ¿Sabías que estimula la lactancia materna? Gracias a investigaciones como las de Düzgün y Özer (2020) y Eidelman (2021), ahora sabemos que la música puede influir significativamente en la producción de leche y en la experiencia general de la lactancia. Cantar o escuchar música hace que la mamá y el bebé se relajen y al disminuir la ansiedad en las madres su frecuencia cardiaca desciende, lo cual ayuda al bebé a adormecerse y a «contagiarse» de ese estado. Esto facilita que la madre pueda mejorar en las técnicas de amamantamiento en el caso de que haya dificultades, ya que cuando el bebé está inquieto tú también te pones nerviosa y cuando ambos están en ese estado es casi imposible atinar para que el bebé se «enganche». Otro hallazgo interesante es que los beneficios de la música no dependen únicamente de un tipo de música en concreto, sino que el factor clave es que la música sea agradable para la madre. Además, escuchar música que nos gusta y en concreto cantarla activa el cuarteto de la felicidad, produciendo dopamina, serotonina, endorfinas y oxitocina según estudios de Chanda y Levitin.

De hecho, todo esto lo he puesto en práctica desde 2017, no te lo digo solo desde la teoría de lo que he aprendido al estudiar, leer e investigar estudios científicos.

Por tanto, te puedo asegurar que si las canciones están presentes durante la crianza y forman parte de la rutina, estimulará el desarrollo del bebé conforme va creciendo, potenciando su desarrollo emocional, cognitivo, social y físico. Y no solo eso, sino que la música activa diferentes regiones del cerebro, como te he comentado anteriormente, que intervienen en dichos procesos de desarrollo, por lo que los beneficios no solo serán puramente musicales, sino que favorecerá un desarrollo integral y completo.

Y antes de que digas: «Sí claro, esto está genial, pero yo canto fatal», cantar es como todo, cuestión de práctica, porque realmente los humanos somos seres musicales por naturaleza y todos nacemos con la capacidad extraordinaria para detectar patrones auditivos.

Las nanas por ejemplo, son canciones universales que comparten una serie de características comunes, independientemente del lugar del mundo de donde provenga, por eso se dice que las nanas son internacionales. Así que, cantar nanas y canciones de arrullo al bebé es un lenguaje común a todas las madres y padres, que ayuda también a transmitir calma, presencia y amor incondicional, independientemente del idioma que hablemos o de nuestra cultura e incluso de cómo cantemos.

Teniendo en cuenta todo esto, a la vez que escribía este libro estaba finalizando mi máster universitario por la rama de investigación y como podrás intuir mi tesina está basada en la música. Le di muchas vueltas porque quería que fuera una aportación para aplicar no solo en casa, sino también en las aulas y poder ayudar a muchos más niños. De hecho, la investigación propuesta es sobre cómo influye mi metodología de estimulación musical temprana en el desarrollo de la conciencia fonológica. Esa metodología la he impartido junto a mi pareja en muchos talleres con familias, bebés y niños, y he formado a muchos docentes y me gustaría seguir haciéndolo. ¿Y sabes de dónde nació la idea de la investigación además de mi experiencia profesional? De mi casa, de mis hijos. Porque no creo que sea casualidad ni tampoco tengo todavía los resultados para afirmar que sea causalidad, de que mis hijos mayores aprendieran a leer por sí mismos con solo 4 años. Prometo y dejo por aquí escrito que ni su padre ni yo nos hemos puesto nunca a «enseñarles a leer», por eso mi investigación se dirige a cómo ayudar desde la música al desarrollo de habilidades superiores. De hecho, quiero ayudarte a ponerlo en práctica en las páginas siguientes, no creas que me lo guardo.

La música, tu aliada en la crianza

Después de lo que te he contado creo que si antes no lo pensabas ya te he convencido de que la música tiene un poder especial, ¿no crees? Es capaz de conectarnos, emocionarnos y transportarnos a recuerdos que pensábamos olvidados. Pero ¿alguna vez has pensado en cómo puede transformar tu crianza? De hecho conozco a muchas profesionales de la crianza respetuosa y consciente, pero te puedo asegurar que pocas aprovechan los dones de la música para incorporarlo en su día a día. La música, por tanto, no es solo entretenimiento y disfrute, sino que es una herramienta que, cuando la incorporas en la vida diaria, puede repercutir de forma inmensa en su desarrollo emocional, social y cognitivo. Déjame contarte por qué.

¿Sabías que los bebés recién nacidos prefieren la voz cantada a la hablada? Esto no es casualidad. Según un estudio realizado por Mehr y colaboradores en 2021, las melodías cantadas tienen un efecto calmante y capturan la atención de los bebés de manera más eficaz que las palabras. Es como si estuvieran sintonizados, desde el principio, con este lenguaje universal que es la música.

Para mí la música y en concreto cantar canciones siempre ha sido vital para establecer con mi alumnado y con mis hijos las rutinas porque los bebés y los niños pequeños no entienden de relojes ni horarios, pero la música puede ser una excelente guía que hace que de alguna forma sepan que es la «hora de hacer x». Si le cantas siempre la misma canción para lavarse los dientes, bañarse o dormir, tu hijo asociará esa melodía con la actividad correspondiente, y además, como veremos en próximos capítulos, las rutinas le hacen sentir más seguro y preparado. Porque las rutinas musicales no solo organizan el día, sino que también fortalecen la conexión emocional entre mayores y pequeños.

En mis años como docente en aulas de infantil, descubrí este poder casi por accidente. Tenía 28 niños de 3 años en clase, imagina por un momento pedirles que recogieran mientras jugaban, se reían y gritaban. Intentaba sin éxito que me escucharan mientras yo repetía «Vamos a recoger los juguetes, por favor». Sin embargo empecé a cantar una canción muy bajito, concretamente la de «La lechuza» y de repente, contagiándose unos a otros empezaron a cantar. Esta canción termina con un «sssh» final y cuando la canción terminó, ya estaban preparados para escucharme. Así que comencé a hacer los cambios de rutina siempre cantando a mis 21 años. Cuando cantaba una instrucción sencilla, como recoger los juguetes o sentarnos en círculo, los niños respondían inmediatamente, como si mi voz cantada les ayudara a conectar mejor con lo que estaba pidiendo. Y esto tiene una explicación: el ritmo y la repetición de las canciones no solo son atractivos, sino que facilitan que los niños procesen y comprendan las instrucciones.

Incluso antes de que los niños empiecen a hablar, ya están explorando el lenguaje a través del balbuceo y, sí, ¡también del canto! Según un estudio, las vocalizaciones de los bebés que imitan los sonidos musicales son una forma de comunicación espontánea que promueve la conciencia fonológica, una habilidad clave para aprender a leer más adelante y del que te hablaré en el capítulo sobre cómo estimular el lenguaje.

Además, ¿quién no ha recurrido a una canción de cuna en esas noches difíciles? Si no lo has hecho ya, deberías probarlo, porque investigaciones recientes han demostrado que cantar a un bebé antes de dormir reduce significativamente los episodios de llanto, los cólicos y los despertares nocturnos.

¿Has tenido uno de esos días en los que todo parece un caos y tu pequeño tiene una rabieta? Yo siempre promuevo en mis formaciones sobre acompañamiento emocional respetuoso usar la música como tu mejor aliada. Escuchar una canción tranquila o incluso cantar juntos puede redirigir su atención y ayudar a ambos a encontrar la calma. Esto no es magia, es neurociencia. Y es que la música es un lenguaje en sí misma y, como cualquier idioma, cuanto más la usamos, más beneficios aporta. Cuando exponemos a nuestros hijos a diferentes ritmos y estilos, no solo estamos enriqueciendo su bagaje sonoro, sino que estamos fortaleciendo áreas de su cerebro relacionadas con la creatividad, el lenguaje y la memoria, porque el arte también es una necesidad de nuestro cerebro humano.

Quiero contarte un dato curioso: ¿sabías que escuchar y bailar música puede mejorar el equilibrio y la coordinación de tu hijo? Esto ocurre porque la música estimula el sistema vestibular, que es esencial para la percepción del movimiento y el equilibrio. Además, actividades musicales como bailar o tocar instrumentos favorecen el desarrollo de la motricidad fina y gruesa, con lo cual estarías beneficiando otras áreas. Pero no se trata solo de escuchar música, sino que la interacción activa con la música, es decir la música en todas sus formas como bailar, cantar o tocar un instrumento, es lo que marca la diferencia. De hecho, los bebés que participan activamente en actividades musicales muestran un mejor desarrollo cognitivo y social que aquellos que solo escuchan música de forma pasiva.

Porque cuando cantas con tu hijo no solo estás compartiendo un momento divertido, estás construyendo un vínculo de apego seguro. Las canciones familiares crean un ambiente predecible y reconfortante, esencial para que los niños se sientan protegidos porque el acto de cantar juntos fortalece la comunicación, el respeto mutuo y el amor incondicional.

Además, que los niños participen en actividades musicales grupales, como coros o clases de música, fomenta habilidades sociales como la cooperación, la empatía y la comunicación. Por eso es algo que siempre recomiendo, ya que al compartir experiencias musicales, los niños aprenden a trabajar en equipo y a expresar sus emociones de manera saludable.

Entonces ¿qué tal si empezamos hoy? Pon una canción, canta con tu hijo mientras recogéis los juguetes o bailad juntos en el salón. Recuerda, no necesitas ser un experto en música; tu voz, aunque creas que desafine, es la voz que más le importa a tu pequeño, porque la música no solo nutre el cerebro, sino también el corazón.

Incorporando la música en la vida diaria

Todo el mundo tiene claro que a los bebés se les canta para dormir, pero podemos hacer mucho más en una crianza musical, que no solo sea usar las melodías como parte de la rutina de sueño. Por eso quiero enseñarte cómo comenzar a usar la música para promover una estimulación musical temprana en familia.

Por eso te daré siete claves para hacerlo desde casa:

1. **Crea un hábito.** Si hacemos que estos pasos formen parte de nuestro día a día, a nuestros peques les reportará un beneficio. Si realizamos estas claves muy de vez en cuan-

do, no interiorizarán estos aprendizajes. Y si no forman parte de su rutina, como ya sabes, «se los llevará la poda». Así que, uno de los pasos imprescindibles, es crear una «rutina musical». Cuando son más pequeñitos, aprovecha los momentos previos al sueño, para cantarle una nana, o cántale mientras le cambias el pañal. También hay peques que lloran en el baño o cuando van en el coche. Usa esas circunstancias para ofrecerle tu voz como vínculo y la música como abrigo.

Elige un momento del día para pasarlo con tu peque, dejando lejos móviles u otras distracciones.

Las rutinas aportan grandes beneficios al bienestar emocional y psicológico, por lo que es importante mantenerlas incluso en situaciones como las vacaciones. De esta manera contribuiremos a su desarrollo neurológico; a través de los hábitos conseguiremos una buena reorganización neuronal y un modelado más efectivo de sus aprendizajes por medio de las experiencias vividas.

2. **Usa canciones y juegos de regazo.** Podréis usarlos desde el primer momento. Coloca a tu peque sobre tus piernas o mantenlo en tus brazos, mírale a los ojos y sonríe.

   Las canciones de regazo son juegos tradicionales de la cultura popular que se trasmiten oralmente de generación en generación. Seguro que las abuelas conocen un montón.

   Estas canciones de regazo se caracterizan por tener un texto sencillo o retahíla, una cancioncilla melódica y van acompañados de gestos corporales.

   Nos servirán para entretener, divertir o calmar al pequeño, y pueden aprovecharse en cualquier momento del día. Hay juegos de balanceo, de manos, de cosquillas, de esconder, etc.

   Comienza eligiendo un pequeño repertorio y pasad un rato entre risas y arrumacos.

Además de fortalecer vuestra unión, es una estrategia muy efectiva para el desarrollo del lenguaje y del sistema vestibular, que no es otra cosa que el encargado de recibir la información sensorial relacionada con el control del equilibrio y el movimiento ocular, competencias importantes en el proceso de maduración motriz de un niño.

3. **Moveos juntos.** El movimiento suele ir acompañado de la música. Es algo que siempre va de la mano, así que... ¡Adelante!

   Elegid vuestras canciones favoritas y desplazaos marcando el ritmo o tocando las palmas. Será una iniciación a la danza que ayudará a tu hijo a interiorizar conceptos musicales, a la vez que desarrollará sus habilidades motoras y propioceptivas.

   Distinguiremos el movimiento en dos etapas evolutivas: si el peque aún no puede caminar, les llevaremos en nuestros brazos y podemos jugar marcando el ritmo, cambiando de dirección, subiendo y bajando, pequeños saltitos, balanceos, mecidas...

   Con esto lo que hacemos es interiorizar la música y el ritmo. Si ya se mueven con autonomía, déjales que se expresen, pero también proponles movimientos divertidos y variados.

4. **Usa cuentos cantados.** Es uno de nuestros recursos favoritos. Una herramienta primordial para aprender jugando. Los cuentos cantados son cuentos donde se narra la historia a través de una canción. Y ¿por qué apostamos por ellos? Por los múltiples beneficios que aporta a los más pequeños, tales como: aumenta el vocabulario y promueve el desarrollo del lenguaje, potencia la conciencia fonológica, ayudando a conocer las normas del idioma, fomenta la concentración y atención, ayuda a desarrollar la creatividad, memoria e imaginación. También genera

bienestar y permite expresar sentimientos. Y nos ayuda a integrar la musicalidad, el ritmo y la riqueza tímbrica, entre otros muchos beneficios.

5. **Experimenta con objetos e instrumentos.** Los principales instrumentos musicales son la voz y el cuerpo, los más baratos, los llevamos siempre «puestos» y nos pueden dar mayor satisfacción de experimentación.

   También podemos probar las posibilidades sonoras de los objetos que tengamos por casa. No sonará igual al golpear un juguete de madera, que uno de metal o de plástico. Se debe dejar al niño libertad para improvisar: puede descubrir nuevas sonoridades, experimentar y crear, incluso, con todas las cosas que están a su alcance. Hay que darle libertad, aunque haga un poco de ruido, además de prestarle atención y valorar sus descubrimientos.

   Pero quizá estés esperando a saber cuándo tocar instrumentos de música.

   Empezaremos por instrumentos de pequeña percusión, que sean seguros y de calidad, es fundamental, evitando los que son de juguete, ya que se pierde calidad sonora en la experimentación. Podéis hacerlo desde que tienen pocos meses. Como por ejemplo con los huevos shakers o las sonajas.

   Desarrollaremos la prensión, la discriminación tímbrica, motricidad fina, gruesa… experimentando con la voz, el cuerpo, objetos cotidianos e instrumentos de pequeña percusión.

   Cuanto más mayores se van haciendo, mayor podrá ser la variedad, pudiendo pasar a metalófonos, instrumentos de viento como una armónica o alguna flauta de émbolo o dulce.

   ¿Y los instrumentos tipo violín, piano, guitarra, clarinete…?

Aunque hay metodologías donde se comienza desde los 3 años, sería recomendable exponerlos cuando madurativamente estén preparados. Suele aconsejarse entre los 6 y 7 años, ya que, entre otros aspectos, no tienen las manos lo suficientemente desarrolladas para ello.

Una vez que veamos que están preparados, ofreceremos diferentes instrumentos de distintas familias para que descubran por ellos mismos cuál es su instrumento favorito, dejando que experimenten.

6. **Enriquece su mundo.** Lo que somos es el resultado de las experiencias que hemos vivido. Por eso es tan importante que, en términos musicales, ofrezcamos mucha variedad de estilos musicales, diferentes ritmos, métricas, instrumentos musicales, voces, etc. En este caso, cuanta más variedad haya, mejor.

   Lo que estamos haciendo es definir los gustos, conocer las posibilidades de la música disfrutando y jugando con ella, desarrollando el oído, trabajando las habilidades psicomotoras, las habilidades matemáticas... Hay motivos de sobra para enriquecer su mundo.

   Favorece su «vocabulario musical», su riqueza tímbrica, buscando por ejemplo canciones de ritmos ternarios. Al igual que no solo le hablas usando una palabra de tu vocabulario, no le ofrezcas solo canciones infantiles, dótale de toda la variedad que conozcas, e incluso ponle lo que a ti te gusta y disfrutarla juntos.

   Cada estilo musical aportará nuevas visiones sobre la música. Así que no hay motivo para no decir... ¡Que suene la música!

7. **Invita a jugar con la música.** Estos momentos de música y juegos vividos en familia les proporcionará recuerdos placenteros imborrables.

   No buscaremos el virtuosismo ni modelar niños con altas dotaciones, sino que buscaremos su disfrute y felicidad. Por eso, es fundamental ofrecer e invitar, y en ningún momento forzar. Si no le apetece «jugar con la música» lo dejaremos para cuando esté preparado, respetando sus tiempos.

El mejor recuerdo que un niño puede tener de su infancia es que jugó y fue feliz. Con la música los niños pueden buscar sonidos nuevos, encontrar objetos que producen sonidos, diferenciarlos, manipular objetos sonoros o construirlos...

Hay que acostumbrarlos a escuchar, a jugar con los sonidos, a percibir sus parámetros, a elegir entre sonidos agradables y desagradables, sonidos de nuestro cuerpo o del exterior, a escuchar el silencio... en definitiva, afirmamos que la música favorece la creación de juegos libres y espontáneos, necesitando muy poco para hacerlos felices y despertar sus sentidos.

¿Cuándo es el mejor momento?

Para llevar a cabo todos los puntos mencionados anteriormente, busca momentos en el día donde tu bebé esté activo. Que no tenga ni sueño ni hambre es importante (a no ser que simplemente quieras cantarle una nana para dormir, entonces sí debe haber sueño), pero si hay *hambreño* (hambre+sueño) es un momento desaconsejable para jugar con la música y realizar una estimulación adecuada.

Las mejores canciones son aquellas que disfrutamos cantándolas, que nos hacen conectar con nosotros mismos, con nuestra infancia y que nos evocan recuerdos positivos. Está muy extendida la creencia de que las mejores canciones para estimular o calmar a los menores deben ser infantiles o pertenecientes al género de música clásica, pero no es así.

Esas canciones que debemos cantar a nuestros hijos son las que hacen que se nos erice la piel o que en nuestros ojos brote alguna lagrimilla y eso es oxitocina a borbotones, lo que creará por ende una situación mágica entre la mamá/cuidador y el bebé.

Igualmente recomiendo canciones de cuna y de arrullo, donde se transmite el amor incondicional, ser refugio y seguridad para ese bebé al que se mece. Por eso aconsejo modificar las letras que tienen que ver con el miedo como «y viene el coco y te comerá», sustituyéndolas por mensajes más alentadores y positivos.

¿Podemos entonces afirmar que un niño que ha escuchado mucha música desde bebé es más inteligente?

Es importante diferenciar entre correlación y causación. Si bien existe una correlación entre la exposición a la música y ciertos aspectos del desarrollo cognitivo, esto no implica necesariamente que la música sea la causa directa de una mayor inteligencia.

Otros factores, como el ambiente familiar, la estimulación educativa y las características individuales del niño, también desempeñan roles significativos en el desarrollo intelectual.

Si nos referimos a que la música aumenta el cociente intelectual, la respuesta hasta ahora es no. No es una negativa rotunda, ya que todavía hacen falta conclusiones científicas que respalden y maticen esta afirmación, pero sí puedo afirmar rotundamente que la música es una experiencia multisensorial que involucra múltiples funciones cognitivas y redes neuronales subyacentes.

El mito sobre que la música o en concreto la música de Mozart aumenta el cociente intelectual no es más que un neuromito. A inicios de la década de los noventa el otorrino e investigador Alfred A. Tomatis publicó su libro *Pourquoi Mozart*. En él afirmaba que la música del compositor ayudaba en las terapias que seguía con sus pacientes y que incluso podía llegar a curar la depresión.

Hacia 1993 se realizó un estudio que el físico Gordon Shaun, la psicóloga Francesc Rauscher y Catherine Ky, de la Universidad de California Irvin, publicaron en la revista *Nature*. Analizaron la incidencia de la música de Mozart, más concretamente los 15 primeros minutos de la Sonata para dos pianos en re mayor, K.448, en 39 estudiantes universitarios.

El estudio no habla en ningún momento del cociente intelectual, no se afirma que este tipo de música incrementa la inteligencia, ya que solo se comprueba una mejora en las capacidades de razonamiento espacio-temporal donde además los efectos o beneficios solo duran 15 minutos aproximadamente.

Pero ¿qué pasó entonces? Medios de comunicación y personas referentes en el campo de la musicología divulgaron de forma errónea las bondades de la música de Mozart. Por ejemplo, *The New York Times* publicó un artículo firmado por el reputado musicólogo Alex Ross en el que se afirmaba que «los científicos han determinado que escuchar a Mozart te hace más inteligente».

Por otro lado, en 1997 el músico Don Campbell publicó un libro titulado *El efecto Mozart: el poder de la música para sanar el cuerpo, fortalecer la mente y desbloquear el espíritu creativo*. Sin respaldo científico, se apoyaba en el estudio mencionado para sacar conclusiones propias como que la escucha de los conciertos para piano del músico austriaco incrementa temporalmente el cociente intelectual y produce otros muchos beneficios en la salud mental de los individuos.

Pero ningún científico había dicho tal cosa ni tampoco en el estudio de 1993. Pero la validez científica en ese momento importaba poco, ya que vieron un filón importante y se usó como estrategia de marketing y en la siguiente década se vendieron alrededor de dos millones de álbumes de música de Mozart para niños.

A pesar de que el estudio se había realizado en universitarios, empezó a extenderse la falsa creencia de que la música de Wolfgang Amadeus Mozart era la mejor música que los bebés y niños podían escuchar, atribuyéndole beneficios como un mayor desarrollo de la inteligencia.

Este neuromito también llegó a las mujeres embarazadas a quienes recomendaban escuchar a Mozart durante los 9 meses de gestación para estimular la inteligencia del bebé. Llegó a tal punto la divulgación de este estudio que hasta gobernadores de algunos estados de Norteamérica regalaban CD con música de Mozart a los recién nacidos con el objetivo de que fueran más inteligentes.

Baby Einstein, fundada en 1997, fue una de las primeras compañías que entraron en el mercado de los vídeos televisivos para bebés, a los que ofrecían vídeos sencillos con música, marionetas, formas, colores y unas cuantas palabras. El éxito de la empresa fue rápido, y en 2001 fue adquirida por Disney, que añadió a la colección libros, juguetes, cartas y nuevos vídeos, bajo las marcas Baby Mozart, Baby Shakespeare y Baby Galileo.

La multinacional The Walt Disney Company ofreció a los padres la posibilidad de reembolsarles el dinero por la compra de los vídeos de Baby Einstein, ante las quejas de que no son educativos ni incrementan el intelecto de los bebés.

Según informó *The New York Times*, la decisión de la empresa respondió a las presiones de un grupo conocido como Campaña para una Infancia sin Anuncios, que en 2006 acudió ante el órgano competente para denunciar que estos vídeos no son educativos.

Actualmente hay varios estudios científicos que desmienten este tipo de beneficios, sobre todo en lo relativo al incremento de la inteligencia. Incluso el gobierno alemán reunió en 2007 un equipo de neurocientíficos, psicólogos, educadores y filósofos, todos ellos expertos en música, y en 2010 un equipo de psicólogos de la Universidad de Viena, y ninguno de ellos probaba la existencia de un efecto Mozart.

Uno de los últimos fue publicado en 2013 por el biólogo Nicholas Spitzer de la Universidad de California. Las conclusiones fueron similares a las citadas anteriormente, donde no se demuestra ningún aumento de la inteligencia por escuchar la música del compositor austriaco.

Pero con todo esto no quiero decir que la música de Mozart no sirva. Las características que hacen que esta tenga un efecto positivo es que hay pocos saltos de volumen, que se produce en un tempo lento, que esté compuesta en modo mayor, por lo que invita al positivismo, y que lleva un ritmo constante, predecible y bien marcado. Y no por no aumentar la inteligencia deja de tener efectos beneficiosos en otras habilidades y capacidades, e incluso se ha investigado el efecto de la música de Mozart en personas que tienen epilepsia y aún a día de hoy se realizan estudios con respaldo científico para seguir ahondando en ello.

Por tanto, es crucial reconocer que la música es una herramienta poderosa que puede enriquecer significativamente la experiencia cognitiva y emocional de los niños.

Sin embargo, la construcción de la inteligencia es compleja y multifacética, así que no podemos simplificar la influencia de la música como un factor único determinante en la inteligencia de un niño, sino que depende de una variedad de factores interrelacionados.

Más bien se puede afirmar que la música complementa un entorno enriquecedor que promueve un desarrollo integral y saludable desde la infancia.

Música y literatura: cuentos cantados

El cuento cantado es una herramienta para muchos todavía desconocida y para mí es el nuevo arte de contar y cantar.

Las ventajas que ofrecen la música y la literatura por separado, son mundialmente conocidas por todos, pero si caminan juntos, sus beneficios se tornan infinitos.

El cuento cantado es fruto de la unión de estos dos lenguajes, resultando un recurso potencial de estimulación temprana y una forma original de acercar a bebés y niños a la cultura y al arte. Si todavía no sabes lo que es o no lo has probado, el cuento cantado es cantar una historia en vez de contarla, es decir, es contarla en forma de canción.

Es una alternativa novedosa que complementa al ingenio de narrar cuentos que creo que debería estar mucho más presente en las casas e indudablemente en las aulas, ya que es una herramienta en apariencia simple, pero potente por las bondades que brinda, y puede usarse desde el nacimiento e incluso desde el embarazo hasta las aulas de Primaria. Nunca es demasiado pronto para leerles y cantarles a los más pequeños.

El uso habitual de cuentos cantados aporta no solo beneficios musicales a los niños y niñas, sino que además promueve el desarrollo del lenguaje, de modo que es una estrategia astuta para fomentar la concentración y captar la atención de los niños, tan demandada y costosa hoy en día.

De forma paralela, potencia la capacidad de escucha y permite conectar con el mundo emocional de la primera infancia, generando bienestar, porque te puedo asegurar que cuando imparto talleres de estimulación musical y canto cuentos, los niños y niñas se quedan absolutamente absortos, y la música y las historias les permiten expresar sus sentimientos y reforzar el vínculo afectivo con los adultos que les acompañan durante esta experiencia.

Cuando mi marido y yo hacemos talleres de estimulación musical o impartimos conciertos de cuentos cantados, los adultos se sorprenden por el tiempo que han estado los bebés y niños absortos en las historias, y suelo recibir los mismos comentarios: «Elvira, nunca había estado mi bebé tanto tiempo atento a algo».

Los cuentos cantados siempre han estado presentes en la crianza de mis hijos y es algo que a través de mis formaciones a profesionales del sector educativo y a familias intento enseñarles porque esta herramienta permite acompañar el proceso de maduración interna de los más pequeños y la música muchas veces llega donde el lenguaje verbal no alcanza.

Cuando he trabajado con familias con hijos con neurodiversidad y que estos no hablaban debido a sus condiciones neurobiológicas, la música y en concreto los cuentos cantados les han ayudado en la expresión y comunicación en otros ámbitos.

Para crear un cuento cantado se debe, en primer lugar, elegir una buena historia, rimar su contenido y acompañarlo con una melodía original.

Mi marido y yo llevamos componiendo cuentos cantados desde 2018, un proceso creativo y de composición, con gran peso en la estimulación musical temprana.

Hemos compuesto canciones para cuentos y álbumes ilustrados de muchos autores infantiles.

La mayoría de las ocasiones, las familias buscan cuentos para ayudar a dormir a sus hijos, para dejar el chupete, para ir a la escuela, pero los cuentos son principalmente para divertirse, para despertar y también aprender. Para avivar en los más pequeños el interés, la curiosidad y la actitud crítica, entre otras habilidades y capacidades. Son sin duda una ventana al mundo.

Por ejemplo, cuando le hablas a tu bebé, ¿a qué no solo usas tres palabras de tu vocabulario?, sino que usas toda tu amplitud de léxico? Pues lo mismo sucede en la música, debemos ofrecerle toda la riqueza, y como lenguaje que es, debemos usar todas las variaciones y estilos musicales para sumergirse en toda su extensión. Por ello, cuando componemos cuentos cantados, mi pareja y yo centramos los esfuerzos en componer con ritmos variables, estilos musicales desde el blues a los tanguillos de Cádiz o modos musicales que aportan una riqueza que escapan a los ritmos binarios y modos mayores que contienen la inmensa mayoría de las canciones actuales.

Además cuando se trata de cuentos cantados, no importa la metodología o filosofía que apliques con los más pequeños. La fuerza de la unión del lenguaje literario y el musical origina aprendizajes casi de modo inmediato, y es un recurso educativo eficaz, multidisciplinar e inclusivo que nos da la posibilidad tanto a familias como a educadores de trabajarlo desde diferentes metodologías activas, tales como: Waldorf, Montessori, Reggio Emilia, etc.

Es una manera de envolver de forma inigualable cualquier concepto educativo y de llegar con astucia al corazón de los niños. Esta emoción que se despierta en ellos conduce a la motivación, y es la gasolina del motor de cualquier aprendizaje y que, como también afirman desde la perspectiva de la neuroeducación, conducirá a la adquisición de cualquier conocimiento, ya que se aprende lo que se ama.

Muchos padres y madres también se preguntan qué pueden hacer para que sus hijos lean y fomentar en casa ese hábito. Este punto lo veremos en capítulos posteriores, pero lo primordial es saber que los niños aprenden por imitación, a través de lo que se conoce como las neuronas espejo. Por tanto, el hecho fundamental para promover la lectura en los niños y niñas, es predicar con el ejemplo.

Además, desde mi perspectiva profesional y personal, esta herramienta es una de las mejores maneras de ofrecer tiempo de calidad a los más pequeños, y es la forma óptima para comunicarles disponibilidad, amor incondicional y escucha activa.

Es necesario apuntar que, para comenzar a cantar cuentos, es clave hacerse con una buena selección de títulos. Los mejores cuentos para empezar deben ser de pequeño tamaño y en formato cartoné para poder adaptarse a la exploración de pequeñas manitas y a partir de los 2 años podremos pasar a los álbumes ilustrados.

De hecho, hemos creado una colección titulada «Cantando por el mundo», que se ha estrenado con el primer título «Lupita quiere ser mariachi», y al que le siguen otros títulos que reúnen toda la variedad musical para amplificar el bagaje sonoro y la sensibilización musical, además de cultural y folclórica en los más pequeños.

En esta inmersión en el mundo de las palabras, es primordial dar a los más pequeños la oportunidad de elegir ellos mismos sus propios títulos. Ir juntos a una librería o a una biblioteca es una experiencia enriquecedora que debería figurar en la lista de cosas para «hacer en familia».

Es básico partir de sus gustos y necesidades, además de su madurez psicológica, más que de la edad. Todo ello, los ayudará a elegir el libro adecuado y a seguir el camino de baldosas amarillas, donde unos libros los lleven a otros.

No es necesario ser cantante o músico profesional para cantar cuentos a tus hijos, de hecho yo no lo soy. Así que, deshacerte de inseguridades y vergüenza es primordial, ya que si no, te estarías perdiendo una alternativa maravillosa que está al alcance de cualquiera y que favorecerá una prelectura emergente.

Para que esos beneficios sean palpables en los más pequeños, es esencial que formen parte de nuestra rutina diaria. A continuación, encontrarás las ocho ventajas que la utilización de esta particular banda sonora de los cuentos nos regala:

1. **Aumenta el vocabulario y promueve el desarrollo del lenguaje.** Favorece la ampliación del vocabulario, ya que se usan palabras diferentes a las utilizadas habitualmente en cualquier conversación. Además, al emplear letras rimadas, ayudarán a concienciar sobre el ritmo, la sonoridad y la musicalidad del lenguaje y su expresión verbal se verá influenciada positivamente. Otro detalle que quiero destacar es que al mejorar el grosor cortical en áreas auditivas gracias a la música, también el rendimiento académico se ve beneficiado, puesto que mejora la capacidad de entender y producir el habla, así como la fluidez verbal y la capacidad de memoria auditiva.

   También se ha demostrado que repercutirá en una mejor adquisición de la lectoescritura y de la comprensión lectora, ya que el procesamiento rítmico en la música se relaciona con la habilidad para discriminar los sonidos del habla, lo cual es crucial para la conciencia fonológica, la lectura y la adquisición del lenguaje, porque la música y el lenguaje comparten muchas estructuras neuronales. Investigaciones como la de Gordon han encontrado que los niños que participan en actividades musicales tienden a tener un vocabulario más amplio y mejores habilidades de lectura. Este estudio mostró que los niños con formación musical tuvieron mejores puntuaciones en pruebas de lectura y habilidades lingüísticas comparados con sus pares no músicos.

Este hecho es crucial para las familias y profesionales, puesto que unos buenos anclajes en el desarrollo de la lectoescritura facilitará a los niños y niñas su vida escolar y el acceso a habilidades superiores.

De esta manera, a través de la música podemos contrarrestar en cuanto al desarrollo del lenguaje el impacto negativo del exceso de pantallas en menores y como esta ha influido también en el desarrollo del lenguaje en la primera infancia.

Por ello es de vital importancia usar la música y la interacción adulta con nuestros niños y niñas para promover un adecuado desarrollo del lenguaje.

2. **Fomenta la concentración y atención.** Según los últimos estudios en el campo de la neurociencia, la motivación es esa mecha que se enciende en nuestro cerebro cuando algo es atractivo produciendo bienestar. Es considerado el escalón que precede a la atención y a la concentración. Por eso, el cuento cantado es una herramienta mágica para desarrollar la escucha atenta, a través de las ilustraciones y la melodía. Cuando hay emoción, el siguiente peldaño al que llegamos es al aprendizaje y la memoria, porque lo que emociona se queda grabado en los recuerdos.

3. **Potencia el desarrollo de las funciones ejecutivas cerebrales.** Es la terminología de moda en educación. Este conjunto de capacidades cognitivas y actividades mentales complejas, son necesarias para planificar, organizar y

evaluar el comportamiento para adaptarse con éxito al entorno y para alcanzar metas.

Así, el cuento cantado ayuda a favorecer, por ejemplo, la resolución de problemas o la flexibilidad cognitiva, que consiste en analizar las situaciones desde nuevas perspectivas que nos dan las historias, facilita la modificación del propio punto de vista y amplía horizontes para buscar alternativas ante situaciones no esperadas y, además, posee una estrecha relación con el pensamiento creativo.

Con la ayuda de los estribillos repetitivos también se favorece la memoria de trabajo y operativa. Según un estudio publicado por la Dra. Nadine Gabb, que trabaja en el laboratorio de Neurociencias del Hospital infantil de Boston, concluye que el cerebro de los niños expuesto a una estimulación musical temprana presentará mayor creación de interconexiones neuronales que facilitarán sus funciones ejecutivas en el futuro.

Además, recientemente se ha demostrado que la lectura compartida en familia mejora el rendimiento y promueve el éxito académico respecto a los que no la practican.

4. **Ayuda a desarrollar creatividad e imaginación.** Con los cuentos cantados, se crean nuevos escenarios y situaciones, les ayudan a imaginar personajes fantásticos y a ahondar en su pensamiento divergente.

   Con ellos, se les da la posibilidad de que busquen una palabra diferente y que rime también con la letra de la canción. Se les da la llave para hacer sus creaciones propias, inventar un final diferente, o ponerse en el lugar del protagonista.

5. **Impulsa sus habilidades sociales y refuerza el vínculo emocional.** Compartir momentos únicos siempre está entre las prioridades de las familias y el cuento cantado facilita esos instantes. Permite conectar con el mundo emo-

cional de la primera infancia y esto es esencial, ya que cuando sean adolescentes, si no hemos establecido esta comunicación abierta, respeto mutuo y confianza, difícilmente podremos acceder a su mundo interior.

Participar del momento de música o lectura ayuda a comunicar la presencia, amor incondicional y disponibilidad. Esto hace que se refuerce el vínculo emocional entre mayores y pequeños, aportando bienestar, seguridad y confianza y favoreciendo el desarrollo de una autoestima positiva.

6. **Potencia el desarrollo del ritmo, el equilibrio y la coordinación.** Las canciones que narran estas historias invitan a bailar o a marcar el ritmo de su melodía. Esto genera un buen desarrollo de la psicomotricidad y ayuda a controlar el equilibrio y la coordinación motora, generando conciencia del propio cuerpo en el espacio, ayudando a promover el desarrollo del oído interno, muy importante también para desarrollar otras habilidades como la orientación espacio-temporal.

   Un estudio (Hyde *et al.* 2009) encontró que los niños que recibieron entrenamiento musical mostraron cambios significativos en la estructura cerebral, incluyendo un aumento en el grosor cortical en áreas motoras y auditivas. Este hecho supone una mejor coordinación y precisión en habilidades como la manipulación de objetos pequeños, la escritura y otras tareas que requieren movimientos finos y gruesos.

7. **Amplía su riqueza musical.** El uso de esta herramienta aporta un gran bagaje sonoro, que repercutirá de forma efectiva en su aprendizaje musical. Los niños estarán expuestos a diferentes estilos musicales, ritmos variables, modos y métricas.

8. **Acompaña el proceso de maduración interna promoviendo el gusto por los libros y la lectura.**

Como ya has podido comprobar a lo largo de estas páginas, los beneficios de la música y la literatura se vuelven infinitos cuando pasean de la mano, ya que todas las ventajas que ofrecen juntos, ayudarán en el desarrollo madurativo y psicológico de los más pequeños.

Ya está en tu mano decidir si quieres llenar tu crianza de música y cuentos.

Hipersexualización musical

Después de todo lo leído anteriormente quizá estés preguntando: ¿es útil todo tipo de música o debe ser, por ejemplo, música clásica? ¿Cuál sería el papel de las canciones infantiles al respecto?

Lo más beneficioso es ofrecer a nuestros hijos una gran variedad de estilos musicales, modos y métricas, enriqueciendo su bagaje sonoro y su vocabulario musical como te he comentado en el apartado anterior. Así que con los más pequeños podemos ir más allá de la música infantil o de la música clásica, porque si no, es como si solo le habláramos con solo dos palabras de nuestro vocabulario. Esta recomendación es importante, ya que exponer a nuestros hijos a diferentes estilos musicales no solo favorece el desarrollo de aptitudes musicales como el ritmo, desarrollo y percepción auditiva, sino que la música es un gran medio para proporcionar al niño las mejores oportunidades para desarrollar sus capacidades cognitivas, físicas, emocionales y sociales desde el nacimiento.

En los diferentes estilos que ofrezcamos debemos prestar especial atención a las letras de las canciones y evitar aquellas que no estén alineadas con los valores educativos que queremos transmitir a los más pequeños. Por tanto se recomienda evitar aquellas letras de canciones que promuevan la hipersexualización de la infancia o contengan contenido homófobo, violento, machista, etc.

Y en este capítulo es donde abro melón de este tema tan preocupante.

La hipersexualización en la música y los vídeos musicales ha ganado una preocupante prominencia en la cultura popular, afectando a los niños y adolescentes que están en proceso de formar su identidad y comprender el mundo.

Los mensajes sobre el cuerpo, la sexualidad y las relaciones que los niños absorben a través de la música pueden influir en sus valores, autoestima y desarrollo emocional, a menudo de forma negativa. Algo que me resulta muy preocupante es que cuando los niños están expuestos a contenidos musicales hipersexualizados desde edades tempranas reciben mensajes que asocian el valor personal y la autoestima con la apariencia física o el atractivo sexual.

En muchos casos, las letras y los vídeos musicales de la industria actual muestran imágenes sexualizadas de mujeres y hombres, lo que refuerza la idea de que la apariencia es más importante que otras cualidades personales. Esto, sin duda, puede tener un impacto directo en la autoimagen de los niños, especialmente en las niñas, que pueden sentir la presión de cumplir con estándares de belleza imposibles o desarrollar una baja autoestima si no logran cumplir con esas expectativas.

La American Psychological Association (APA) advirtió que la hipersexualización en los medios puede llevar a una cosificación temprana de las niñas, lo que tiene consecuencias negativas en su bienestar psicológico, como la aparición de trastornos alimentarios, depresión y ansiedad. Además, la exposición a estos contenidos puede influir en la forma en que los niños y adolescentes entienden las relaciones románticas y sexuales, asociando la sexualidad con el poder, la dominación y la sumisión, en lugar de con el respeto y la reciprocidad.

Otro de los problemas a los que nos puede conducir la hipersexualización en la música es llevar a confusión sobre los roles de género y relaciones. La hipersexualización musical refuerza sin duda estereotipos de género perjudiciales, donde los hombres se representan como dominantes y las mujeres como objetos sexuales. Esto fortalece actitudes tóxicas sobre el género y el poder, afectando la forma en que los niños ven sus propias identidades de género y las relaciones interpersonales y estoy segura de que si ya llevas varios capítulos leyendo este libro, no es un manual para familias que quieren educar bajo estereotipos de género.

Algunos estudios han mostrado que los adolescentes expuestos a la hipersexualización en los medios son más propensos a adoptar actitudes sexistas y a normalizar conductas de violencia de género, como el acoso sexual y la cosificación. Por tanto, los roles de género rígidos presentados en estos contenidos pueden limitar la forma en que los niños entienden su propia identidad y cómo esperan interactuar en sus relaciones en el futuro.

Muchas veces cuando voy con mis hijos en el coche, solo elijo emisoras de radio seguras, porque más de una vez me he visto quitando la radio en medio de la canción o bajando el volumen de forma drástica.

De hecho también se han constatado efectos sobre el comportamiento y la conducta sexual derivadas de la hipersexualización musical, ya que los niños que consumen música con alto contenido sexualizado tienden a normalizar el comportamiento sexual a edades más tempranas. Esto no solo puede afectar sus decisiones sobre las relaciones, sino que también puede llevar a conductas sexuales de riesgo. La música que glorifica la promiscuidad, las relaciones sin compromiso emocional o la cosificación del cuerpo puede fomentar actitudes que aumentan el riesgo de conductas sexuales inapropiadas o peligrosas.

Por eso, yo soy la típica madre que en los cumpleaños que se celebran en los conocidos parques de bolas, más de una vez me he acercado al mostrador y he preguntado por el encargado de la música y he pedido que lo cambien o que simplemente la quiten. Y no creas que no recibo críticas por este hecho, claro que las recibo, pero la educación y la protección de la infancia va por delante de mi ego.

Y con el estudio que te cuento a continuación me reafirmo. Fue publicado en el *Journal of Adolescent Health* y encontró que la exposición frecuente a letras de canciones con alto contenido sexual está correlacionada con una mayor probabilidad de tener comportamientos sexuales de riesgo en la adolescencia, como el inicio temprano de la actividad sexual y el uso inconsistente de métodos anticonceptivos.

Créeme, por tanto, que cuidar el contenido musical importa de verdad. Porque en un mundo donde los niños y adolescentes consumen música y vídeos a través de plataformas como YouTube, TikTok y Spotify, es esencial reconocer el poder que tienen estas imágenes en la formación de su identidad sexual. Los modelos de conducta que ven en los vídeos influyen en cómo se perciben a sí mismos, su propio cuerpo, sus expectativas, cómo creen que deben comportarse y cómo interactúan con los demás.

Por otro lado, podemos encontrar estrategias para mitigar el impacto y reducir los efectos negativos de la hipersexualización en la música; las madres, padres, educadores y cuidadores debemos estar atentos al contenido que consumen los niños y promover una conversación abierta sobre lo que ven y escuchan. Por eso podemos llevar a cabo algunas estrategias útiles como:

- Fomentar el pensamiento crítico y hablar con los niños sobre el contenido musical y ayudarlos a cuestionar los mensajes que reciben.
- Controlar el consumo, supervisando las listas de reproducción y los vídeos musicales que los menores ven, guiándolos hacia contenidos más adecuados para su edad.
- Promover modelos positivos buscando música y artistas que promuevan mensajes saludables sobre el cuerpo, la autoestima y las relaciones.

- Educar sobre la diversidad ayuda a los niños a entender que los cuerpos y las relaciones son diversos y que no deben ajustarse a un solo estándar. Es importante enseñarles que lo que ven en los vídeos musicales es una construcción que no refleja la realidad de la mayoría de las personas.
- Si estás en un lugar infantil donde la música no sea apta, alza la voz y pide que la cambien o que la quiten.

Y posiblemente pensarás «Elvira, qué trabajera hacer eso». Como dice uno de mis referentes «*Up to you*», tú decides si quieres hacerlo o no.

7
El lenguaje

El desarrollo del lenguaje es uno de los hitos más fascinantes y fundamentales en la infancia. Desde los balbuceos hasta las primeras palabras, cada etapa representa un avance en la manera en que los más pequeños se comunican, expresan sus emociones y comienzan a explorar el mundo que les rodea. Este capítulo está diseñado para guiarte a través de las etapas del desarrollo del lenguaje, ayudándote a identificar señales importantes y a comprender cómo este proceso impacta en otras áreas del desarrollo infantil.

El lenguaje 0-12 meses

¿Debo hablarle a mi bebé?

Por supuesto que debes hablarle a tu bebé, y hacerlo desde el primer día, ¡incluso desde antes de nacer! Aunque te parezca que no entiende o no responde, estás sentando las bases para uno de los aspectos más importantes de su desarrollo: el lenguaje y la comunicación.

El desarrollo del lenguaje no ocurre de la noche a la mañana. Es un proceso fascinante y también gradual, y cada etapa cuenta con hitos que, aunque parezcan pequeños avances, son fundamentales para que tu hijo se comunique, aprenda y conecte con el mundo. Y es que hablarle desde el minuto uno, no solo fomenta su desarrollo lingüístico, sino que también fortalece vuestro vínculo afectivo y su sentido de seguridad y pertenencia. Piensa que tu voz es su primera guía en el mundo porque el lenguaje es un viaje que comienza desde el útero.

Ya sabes que los bebés desde que nacen son como esponjas que absorben los sonidos, los gestos y las expresiones de quienes los rodean y aunque todavía no pueden hablar, su cerebro está en plena actividad, procesando y almacenando la información que reciben de su entorno más cercano.

El llanto, ese primer sonido que escuchamos al nacer, es su primera forma de comunicación. Con el tiempo, ese llanto se vuelve más intencional: lloran para expresar que tienen hambre, incomodidad o necesidad de contacto, porque si tú bebé necesita brazos, y ya sabes que no es capricho, es necesidad y recuerda que los brazos no malcrían. Tómalo en tus brazos o portea a tu bebé siempre que puedas.

A medida que crecen, aparecen los balbuceos, esas sílabas repetitivas como «ba-ba» o «da-da», que no solo son adorables, sino que representan sus primeros intentos de experimentar con los sonidos del lenguaje.

Incluso desde muy pequeños, los bebés tienen una habilidad sorprendente para captar patrones sonoros. Por ejemplo, entre los 6 y los 9 meses, ya pueden distinguir los sonidos específicos de su idioma nativo y algunas investigaciones dicen que ya lo hacen con 3 meses. Así que cuando hablas con tu bebé, estás ayudándole a identificar y organizar esos sonidos en su cerebro y estás desarrollando los prerrequisitos del lenguaje de los que te hablaré a continuación

Y seguramente te estés preguntando: ¿qué pasa en el cerebro cuando le hablo a mi bebé?

Hablarle a tu bebé estimula conexiones cerebrales en áreas clave del lenguaje, como el área de Broca y el área de Wernicke, ubicadas en el hemisferio izquierdo del cerebro. Cada palabra que escuchan contribuye a formar y fortalecer estas conexiones, creando las bases para la comprensión y la producción del lenguaje.

Además, el cerebro de los bebés, como ya sabes, tiene una plasticidad impresionante, creando millones de nuevas conexiones neuronales cada segundo. Estas conexiones, conocidas como sinapsis, son fundamentales para aprender a hablar. Cuanto más interactúas con tu bebé, más oportunidades tiene su cerebro de fortalecer estas conexiones, creando una red neuronal sólida que le ayudará a comunicarse de forma efectiva.

El lenguaje en los niños sigue una secuencia que podemos dividir en dos grandes etapas: la etapa prelingüística y la etapa lingüística.

1. **Etapa prelingüística (0-12 meses):** Aquí, los bebés no producen palabras, pero comunican de muchas otras formas y el lenguaje no verbal tiene mucho peso, es decir todos los gestos o expresiones faciales. Esta etapa es la antesala del lenguaje hablado

    - 0-3 meses: El llanto es su principal medio de comunicación. A medida que crecen, empiezan a emitir sonidos guturales y a reaccionar a voces familiares.
    - 3-6 meses: Comienzan los balbuceos, que son sonidos repetitivos como «ma-ma» o «ba-ba». Estos no tienen significado aún, pero son el ensayo general para las primeras palabras.
    - 6-9 meses: Empiezan a imitar tonos y ritmos de la voz. Esta es una fase primordial en esta etapa, ya que se produce el llamado balbuceo reduplicativo o canónico y será una de las señales que más pistas nos da sobre la evolución del lenguaje de nuestro bebé. Si les hablas de forma pausada y clara, es más probable que intenten replicar esos sonidos.

- 9-12 meses: A esta edad suelen aparecer las primeras palabras reales, como «mamá» o «agua», que generalmente están relacionadas con objetos o personas de su entorno cercano. Es la fase anterior a la aparición de las primeras palabras. En esta fase suelen aparecer actos comunicativos prelingüísticos como señalar algo que quieren o llevarnos hacia el objeto que quieren para que se lo demos.

2. **Etapa lingüística (12 meses en adelante):** Una vez que los niños comienzan a producir palabras con significado, su desarrollo lingüístico se acelera.

    - 12-18 meses: Ampliación del vocabulario con palabras sueltas que expresan necesidades o emociones. Por ejemplo, pueden decir «pan» para pedir comida o «no» para mostrar rechazo.
    - 18-24 meses: Comienza la «explosión del lenguaje». Pueden aprender varias palabras nuevas al día y empezar a combinarlas en frases simples como «más leche» o «quiero agua».
    - 2-3 años: Las frases se vuelven más complejas. Comienzan a utilizar pronombres, verbos en pasado y palabras descriptivas como «grande» o «rápido».

Más adelante veremos esta etapa en profundidad para que también puedas aprender a estimular y llevarlo a la práctica.

¿Por qué es tan importante hablarles desde pequeños?

Hablar con tu bebé no solo le ayuda a aprender palabras, sino que también fomenta el desarrollo de su inteligencia emocional y social. Cuando le hablas, le enseñas a interpretar emociones, ya que tus tonos de voz y expresiones faciales le ayudan a comprender lo que sientes y va aprendiendo por ende a saber cómo debe responder. Al hablarle le enseñas a conectar con los demás y que la comunicación sirve como herramienta para expresar necesidades, deseos y sentimientos. Además, los pequeños deben aprender a explorar el mundo, y a través de tus palabras tu bebé puede descubrir su entorno y asociar sonidos con objetos, personas y experiencias.

A continuación te doy algunos consejos prácticos para fomentar el desarrollo del lenguaje desde el nacimiento.

- **Habla y canta.** Describe lo que haces durante el día, canta canciones infantiles, narra y canta cuentos. Por ejemplo, al vestirlo, dile: «Vamos a ponerte la camiseta azul. Ahora un brazo, y luego el otro». Los cuentos cantados y las canciones de manos son fundamentales para ello.
- **Imita sus sonidos.** Si dice «ba-ba», responde con entusiasmo, imitando ese sonido. Esto le anima a seguir practicando. Es como si le dieras una respuesta a esa conversación.
- **Usa gestos y expresiones.** Señala objetos y acompaña tus palabras con gestos. Por ejemplo, si dices «mira la pelota», apunta hacia ella. Si a los 9 meses tu peque no señala, puedes tomar su manita e invitarlo a señalar.
- **Lee cuentos desde el principio.** Aunque parezca que no entienden, mirar juntos un libro con imágenes estimula su interés por las palabras. Comenta las ilustraciones y di frases señalando el dibujo y puedes decir por ejemplo: «Mira, la vaca hace muuu».
- **Evita las pantallas.** La interacción real contigo es insustituible. Las pantallas no proporcionan el contacto humano que necesitan para desarrollar el lenguaje y es esencial el contacto cara a cara.

De hecho los trastornos del lenguaje en niños han aumentado significativamente, exacerbados por el exceso de pantallas y la falta de interacciones cara a cara (Radesky *et al.*, 2020). Además, Hutton y colaboradores (2019) demostraron que niños de 3 a 5 años sobreexpuestos a pantallas presentaban menor integridad de materia blanca en áreas cerebrales relacionadas con el lenguaje, mientras que otros autores como Kõver y Kärbla (2024) encontraron que aquellos con menor uso de pantallas obtienen mejores resultados en gramática y vocabulario.

¿Qué son los prerrequisitos del lenguaje?

Como ya has aprendido, el desarrollo del lenguaje no comienza con la emisión de las primeras palabras de tu bebé, sino que antes de llegar a esa etapa, los niños necesitan adquirir unos cimientos fundamentales. Estos son los prerrequisitos del lenguaje, que son habilidades que los bebés desarrollan antes de hablar y que les permiten relacionarse con su entorno, prestar atención a los sonidos y establecer conexiones con las personas que los rodean. No solo son las bases para que el lenguaje emerja, sino que están profundamente ligados al desarrollo social, cognitivo y emocional del bebé. Conocerlos y usarlos de forma práctica marcará una gran diferencia en el desarrollo lingüístico de tu peque.

Los prerrequisitos son:

- **Atención conjunta:** Es la capacidad del bebé para compartir su atención con otra persona hacia un objeto o situación.
- **Contacto visual:** El bebé utiliza la mirada para interactuar y comunicarse.
- **Imitación:** Comienzan a imitar gestos, sonidos y expresiones faciales de los adultos.
- **Toma de turnos:** Es la base de una conversación, donde el bebé aprende que la comunicación implica una ida y vuelta entre las partes.

- **Intención comunicativa:** Empiezan a utilizar gestos, sonidos o miradas para expresar deseos o necesidades.
- **Percepción auditiva:** La capacidad de identificar y discriminar sonidos del entorno, incluyendo los fonemas del lenguaje.

Una vez que ya conoces esta parte teórica, quiero contarte diferentes formas sencillas y prácticas para trabajar cada prerrequisito durante la etapa prelingüística:

1. **Atención conjunta:**
   - Señala objetos de interés y di su nombre en voz alta, por ejemplo: «Mira, un coche rojo».
   - Utiliza juguetes llamativos, como pelotas de colores brillantes o muñecos que hagan ruido. Juega con ellos frente al bebé para captar su atención.
   - Lee cuentos con imágenes grandes y coloridas. Señala las imágenes y háblale sobre ellas: «¿Ves el pato amarillo? Hace cuac-cuac».
2. **Contacto visual:**
   - Durante el cambio de pañal o la alimentación, acércate al bebé y háblale mientras lo miras a los ojos.
   - Juega a juegos como el «¿Dónde está mamá/papá?» o «Cucú tras» poniendo las manos tapando tu cara, diciendo «cucu» y cuando digas «tras» abres tus manos para que vuelva a ver tu cara. También puedes hacerlo usando un pañuelo semitransparente de colores (también conocidos como pañuelos de baile) o escondiéndote tras un cojín o similar. Estas actividades fomentan la atención visual y el interés por el rostro además de trabajar el sentido de la permanencia del objeto. Ya que los bebés piensan

que cuando no ven algo es porque ha desaparecido, pero deben desarrollar la habilidad de saber que aunque no esté dentro de su campo visual, no significa que ese objeto no esté.

- Usa canciones infantiles con movimientos simples, como mover las manos o aplaudir frente a él, para captar su mirada. Aquí son esenciales las canciones de regazo y los juegos de mano como por ejemplo «5 lobitos».

3. **Imitación:**
   - Haz caras divertidas como sacar la lengua o abrir la boca exageradamente. Aplaude o sonríe cuando el bebé intente imitarte.
   - Emite sonidos simples como «aaa» u «ooo» y espera su respuesta. Refuerza cualquier intento de imitación con palabras de ánimo.
   - Dale juguetes como sonajas o tambores pequeños y muéstrale cómo hacer ruido con ellos. Anímale a repetirlo. Es importante que en la elección de objetos siempre optes por juguetes o instrumentos musicales de calidad. Ten en cuenta que tu bebé está en plena fase oral y se lo lleva todo a la boca para explorar y reconocer esos objetos. Es parte de su desarrollo sensorial.

4. **Toma de turnos:**
   - Cuando el bebé balbucee, haz una pausa y responde como si estuvieras teniendo una conversación: «¿Ah, sí? ¡Cuéntame más!».
   - Usa juguetes que permitan interacción, como pelotas que puedas rodar hacia él y esperar que te las devuelva.

- En los juegos como «cucú tras», espera unos segundos antes de aparecer para que él «responda» con risas o balbuceos.

5. **Intención comunicativa:**
   - Anima al bebé a señalar objetos de interés, como su biberón o un juguete favorito, y refuérzalo diciendo: «¡Quieres tu biberón!».
   - Introduce gestos simples como «adiós» o «hola» y úsalos frecuentemente para que los asocie con la interacción social.
   - Coloca juguetes a su alcance pero no directamente en sus manos, para que tenga que señalar o emitir sonidos para pedirlos.

6. **Percepción auditiva:**
   - Habla con tu bebé usando un tono cálido y melódico. Los bebés prefieren tonos agudos y entonaciones expresivas.
   - Usa cuentos sonoros donde se pulsa un botón y se emite un sonido de animal o de los transportes o instrumentos musicales de pequeña percusión como huevo shaker o maracas.
   - Usa tu voz y canta canciones. Tan importante es la emisión de sonidos como hacer pausa y espacios de silencio en algunos momentos para que el bebé pueda responder o anticipe el siguiente sonido o acción.

Lo bueno de los prerrequisitos del lenguaje es que trabajarlos no requiere de herramientas costosas ni técnicas complicadas. Basta con dedicar tiempo de calidad, establecer contacto directo y fomentar el juego interactivo. Y aquí las familias tienen un papel fundamental, ya que la interacción con personas reales es insustituible. De esta forma estás ayudando a que tu bebé tenga un desarrollo comunicativo sólido, además de fortalecer el vínculo emocional entre vosotros.

Recuerda: cada palabra, mirada y gesto que compartes con tu bebé cuenta y marca la diferencia.

La etapa lingüística

La fase holofrásica: el inicio del lenguaje con sentido

La etapa lingüística se puede dividir en dos etapas: la fase holofrásica, que abarca aproximadamente desde los 12 hasta los 24 meses y la fase sintáctica, desde los 24 meses a los 36 meses.

Hasta ahora tu bebé ha utilizado balbuceos, gestos y sonidos para comunicarse, y ahora en esta etapa comenzamos a escuchar sus primeras palabras con significado, ya que la etapa holofrásica se le conoce como el inicio del lenguaje con sentido. Es un momento fascinante para las familias, porque el lenguaje se convierte en una herramienta para expresar deseos, necesidades y emociones, y para explorar el mundo que los rodea.

¿Y por qué se llama así esta fase? El término «holofrásica» se refiere al uso de una sola palabra para transmitir el significado de una frase completa. Por ejemplo, cuando el pequeño dice «agua» (o incluso «aba»), no solo está identificando el líquido, sino que puede estar diciendo «quiero agua», «dame agua» o «vamos al baño». En esta etapa, las palabras empiezan a cargarse de intención y se convierten en un medio para conectar con los demás y con el entorno. Esas palabras pueden ser nombres simples como «mamá» o «papá», o también onomatopeyas como «brum-brum» para un coche, o palabras funcionales como «más» o «no». No perdamos de vista que las onomatopeyas para esta etapa son también muy importantes.

Estas primeras palabras no serán perfectamente articuladas, y es normal que un niño diga «aba» en lugar de «agua» o «tato» en lugar de «gato». Lo importante no es la perfección en la pronunciación, ya que en ello nos fijaremos más adelante, sino que la clave está en la consistencia: si usa siempre el mismo sonido para referirse al mismo objeto o acción, podemos considerarlo una palabra. Es decir si dice «aba» para referirse al agua, a la pelota, al coche, no es una palabra, porque lo está usando para todo. Pero si dice «aba» para referirse al agua o al momento del baño, o dice «ma» para referirse siempre a mamá, si lo consideramos una palabra.

Este avance no sucede de manera uniforme para todos los pequeños. Aunque muchos empiezan a emitir sus primeras palabras alrededor del primer cumpleaños, hay otros que se toman un poco más de tiempo, alcanzando este hito hacia los 16 o incluso 18 meses. Esto es completamente normal y parte de la variedad de ritmos en el desarrollo infantil, aunque siempre debemos estar atentos.

El vocabulario inicial puede parecer limitado, con apenas unas pocas palabras a los 12 meses, pero hacia los 24 meses se produce una gran explosión de vocabulario. Además, al final de esta etapa comienzan a combinar palabras, dando lugar a las primeras frases simples como «mamá ven» o «más leche».

Y aunque el desarrollo expresivo suele ser lo más visible, el desarrollo comprensivo (es decir, la capacidad de entender lo que se le dice) avanza a pasos agigantados en esta etapa. Desde los primeros meses de esta fase, el bebé comienza a reconocer palabras familiares y a relacionarlas con objetos o acciones. Por ejemplo, si le dices «dame la pelota», puede señalarla o intentar alcanzarla.

Hacia los 18 meses, su comprensión se expande notablemente, y es capaz de seguir órdenes sencillas como «pon el osito en la cama» o «vamos al agua» para indicarle que es la hora del baño. También son capaces de identificar partes de su cuerpo cuando le preguntas: «¿Dónde está tu nariz?» y empieza a comprender conceptos básicos como dentro-fuera o grande-pequeño. Esta comprensión es clave para su desarrollo general.

Consejos prácticos para estimular el lenguaje en casa

A continuación te dejo algunas recomendaciones:

- **Hablarle despacio y con claridad:** Usa frases cortas y directas, como «mira el perro» o «ven aquí». Esto le ayudará a asociar las palabras con acciones u objetos concretos.
- **Aprovechar el contacto visual:** Agáchate a su altura o tómalo en brazos, míralo a los ojos y asegúrate de que sienta que tu atención está totalmente en él. Esto no solo fortalece el vínculo, sino que también fomenta su motivación para comunicarse.
- **Usar apoyos visuales y objetos concretos:** Fotos, juguetes y libros con imágenes grandes y coloridas son herramientas excelentes para enriquecer su vocabulario. Por ejemplo, al mostrarle un libro de animales, puedes decir: «Este es un perro. El perro hace guau-guau».
- **Crear curiosidad:** Utiliza el factor sorpresa para captar su atención. Por ejemplo, presenta una caja misteriosa y di con entusiasmo: «¡Uau! ¿Qué habrá aquí dentro?». Esto estimulará su interés y lo motivará a participar.
- **Cantar y jugar con canciones:** Las canciones acompañadas de gestos son excelentes para reforzar la relación entre palabras y acciones. Además, favorecen el ritmo y la estructura del lenguaje. Las canciones y los cuentos cantados son herramientas inigualables para estimular el desarrollo lingüístico. Sus melodías repetitivas, rimas y ritmos ayudan a los niños a anticipar sonidos y palabras, favoreciendo la memoria audi-

tiva. Y combinan elementos visuales, auditivos y motores, lo que enriquece la experiencia de aprendizaje. Por ejemplo, usa canciones como «La rana cantaba debajo del agua» y cuentos cantados como «Lupita quiere ser mariachi».

- **Respetar los silencios:** Dale tiempo para responder o imitar. Si constantemente llenamos los espacios con palabras, será más difícil procesar y emitir sonidos por sí mismo.
- **Evitar el uso de diminutivos:** Aunque decir «agüita» o «osito» puede sonar tierno, esto puede dificultar su aprendizaje de las palabras completas más adelante.
- **Adaptar las palabras a sus intereses:** Identifica lo que más le gusta, como coches, animales o comida, y utiliza esas palabras para motivar esos términos referenciales y enriquecer su vocabulario.
- **Jugar con preguntas y descripciones: realiza preguntas abiertas:** «¿Qué crees que pasará después?» mientras lees un cuento o describe objetos en detalle para ampliar su vocabulario: «Esta manzana es roja, redonda y crujiente».
- **Juegos de imitación y turnos:** Juega a «¿Cómo hace el gato?» para que imite sonidos. Puedes enseñarle una foto con una imagen real para apoyar la pregunta. Practica turnos al hablar, como en una conversación: tú haces un sonido, y esperas que lo repita antes de continuar.
- **Introducir objetos interactivos:** Ofrece juguetes como animales de plástico o coches, y crea historias mientras los usáis juntos. Por ejemplo: «El perro va a entrar en la casa. ¡Guau, guau! ¿Qué hace ahora?».
- **Como ya sabes, di no a las pantallas.**

Lo más importante es acompañarlo con paciencia y respeto por su ritmo, sin presionarlo ni forzarlo. Recuerda que el lenguaje es una habilidad que se desarrolla a través de la interacción y el juego, y que tu papel como modelo lingüístico es fundamental.

Si en algún momento tienes dudas sobre su desarrollo, no dudes en consultar con un profesional que pueda orientarte y darte estrategias personalizadas.

La fase sintáctica: primeras combinaciones de palabras (24-36 meses)

Cuando los niños alcanzan los 2 años, nos adentramos en una etapa fascinante del desarrollo lingüístico conocida como fase sintáctica. Los pequeños hacen grandes avances en el uso del lenguaje, y comienzan a combinar palabras y a estructurar pequeñas frases. Aunque cada uno tiene su propio ritmo, este periodo suele estar marcado por una gran expansión del vocabulario y por la aparición de las primeras oraciones simples.

Hasta los 24 meses, el lenguaje de nuestro pequeño se había basado en la imitación, los gestos y las primeras palabras aisladas. Ahora, con un vocabulario que ronda las 50 palabras al inicio de esta fase, comienzan a combinar palabras para expresar lo que desean, necesitan o simplemente para compartir sus experiencias. Es como si de pronto descubrieran que, al juntar palabras, pueden ser aún más específicos, claros y eficientes para conseguir lo que quieren.

Utilizarán frases como primeras combinaciones como «mamá ven», «quiero agua» o «coche grande». Durante esta etapa, el habla de los niños se asemeja a un telegrama, ya que utilizan principalmente palabras de contenido como sustantivos, verbos (a menudo en infinitivo y erróneamente conjugados) y adjetivos. Por ejemplo, pueden decir «pájaro vola» o «zapato rojo». Aunque todavía omiten palabras funcionales como preposiciones o artículos, su intención comunicativa es clara y efectiva.

Hacia el final de esta etapa, alrededor de los 36 meses, empiezan a incluir elementos gramaticales más complejos, como conjugaciones verbales simples, y forman oraciones de tres o más palabras, como «mamá quiero galleta».

Uno de los aspectos más emocionantes de esta fase es la explosión del vocabulario. Alrededor de los 30 meses, el niño cuenta con unas 300 palabras en su repertorio, y al final de la etapa, este número puede superar las 1.000 palabras. Este crecimiento no ocurre de manera aislada, sino que es resultado de la interacción constante con su entorno. Tener conversaciones con tu peque, leer cuentos en voz alta, cantar y jugar es fundamental para alimentar este desarrollo.

La comprensión del lenguaje sigue avanzando y, como es habitual, se encuentra más desarrollada que la expresión. Los niños en esta etapa son capaces de entender instrucciones más complejas, como «pon el libro en la mesa y ven aquí». También empiezan a captar conceptos básicos opuestos, como «grande-pequeño», «arriba-abajo» o «dentro-fuera». Además, pueden responder a preguntas simples con partículas como «qué», «quién» o «dónde», aunque preguntas más abstractas como «cómo» y «por qué» las entenderán más adelante.

En esta etapa, la claridad en la pronunciación sigue sin ser el objetivo principal. Aunque algunos sonidos se adquieren durante estos años, la mayoría de los niños aún están desarrollando las habilidades necesarias para articular correctamente todas las palabras y pronunciar de forma adecuada, aunque debemos estar pendientes. Por lo tanto, el enfoque debe estar en ampliar su vocabulario y en fomentar la combinación de palabras, dejando los aspectos fonológicos para un poquito más adelante.

Como cuidadores, podemos desempeñar un papel crucial en el desarrollo del lenguaje de nuestros hijos. Aquí te dejo algunas estrategias prácticas para apoyar esta etapa:

- **Sé un modelo constante.** Habla con tu hijo de manera clara, cuidando la pronunciación y estructurando bien las frases. Evita usar diminutivos y ofrece un lenguaje rico y variado. Por ejemplo, en lugar de decir «mira el perrito», puedes decir «mira, el perro marrón, qué rápido corre».
- **Aprovecha las rutinas diarias.** Las actividades cotidianas son una oportunidad perfecta para estimular el lenguaje. Clasificar ropa por colores mientras se pone la lavadora, hablar sobre los ingredientes mientras se prepara la comida o describir las acciones al recoger los juguetes son momentos ideales que no se deben desaprovechar.
- **Fomenta el juego simbólico y sensorial.** Crea bandejas sensoriales con materiales como arroz, arena, espuma o agua coloreada, y esconde pequeños juguetes en ellas. Al buscar los objetos, los niños pueden practicar palabras como «encima», «debajo» o los nombres de los juguetes encontrados.
- **Refuerza las combinaciones de palabras.** Utiliza objetos, imágenes o pictogramas para representar combinaciones de dos o tres palabras. Por ejemplo, muestra una imagen de un coche rojo y puedes decir «mira, un coche rojo». Esto ayudará a tu hijo a relacionar conceptos y a estructurar frases.
- **Lee cuentos interactivos.** Elige libros rimados o cantados, con solapas, ventanas o imágenes llamativas y frases repetitivas. Mientras lees, haz preguntas como «¿Qué crees que pasará ahora?» o «¿Dónde está el gato?». Esto fomenta tanto la comprensión como la expresión.
- **Amplía y refuerza sus frases.** Si tu hijo dice «agua», puedes ampliar su frase diciendo «¿quieres agua de la botella?» para ofrecerle un modelo más completo y rico.

- **Incorpora canciones y rimas.** Las canciones infantiles, juegos de regazo y con gestos, como «A mi burro» o «Incy Wincy, araña», no solo son divertidas, sino que también refuerzan el ritmo y la estructura del lenguaje.
- **Explora conceptos opuestos.** Juega con bloques o juguetes que permitan contrastes, como «grande y pequeño», «largo y corto». Usa frases descriptivas para ayudarle a entender estos conceptos.

Como ya te he contado, cada niño tiene su propio ritmo, pero es importante estar atentos a ciertas señales de alerta. Si al final de esta etapa tu peque no combina palabras, tiene un repertorio muy limitado de sonidos o resulta muy difícil entenderlo, es necesario consultar a un especialista para evaluar su desarrollo del lenguaje.

Señales de alerta en el desarrollo del lenguaje

Una vez que hemos visto cómo se desarrolla el lenguaje, quiero contarte a qué señales debes estar pendiente para saber si todo va bien respecto a su desarrollo en esta área y esto también te ayudará a identificar posibles dificultades que tu pequeño pueda tener.

En la teoría existen ciertos hitos clave en cada etapa que nos sirven de referencia para detectar posibles señales de alerta. Y el objetivo no es asustar o preocuparnos de más, sino que estos hitos nos ayudan a identificar a tiempo un posible retraso en el desarrollo del lenguaje, y esto es fundamental para ofrecer a nuestros hijos la atención y el apoyo necesarios. En el caso de que haya algún bache en el camino cuanto antes se intervenga mejor que mejor. Ocuparnos y no preocuparnos es la clave.

Por ello aquí te dejo una pequeña guía sobre las señales que podrían indicar que algo no va bien y qué aspectos observar en cada etapa del desarrollo.

De 0 a 6 meses: primeras vocalizaciones y reacciones

En los primeros meses de vida, el lenguaje aún no ha surgido como tal, pero el bebé ya muestra señales que indican que su desarrollo comunicativo avanza de forma adecuada. Es importante prestar atención a los siguientes aspectos:

- **Vocalizaciones y balbuceo:** El bebé debería emitir sonidos guturales y empezar a experimentar con el balbuceo hacia los 4 meses.
- **Respuesta a sonidos:** Debería reaccionar ante ruidos o voces, girando la cabeza o mostrando atención e incluso asustándose ante un ruido fuerte.
- **Conexión social:** Si no sonríe al escuchar la voz de mamá, papá u otras personas cercanas, puede ser un signo de alerta.

Si a los 6 meses el bebé no balbucea, no emite sonidos o no reacciona ante estímulos auditivos como su nombre o la voz de sus cuidadores, es importante consultar con un profesional.

De 6 a 12 meses: primeros intentos comunicativos

En este periodo, el bebé empieza a interactuar más activamente con su entorno. Presta atención a:

- **Respuestas al entorno:** Debería mostrar interés por las palabras familiares, como su nombre o expresiones como «hola».

- **Intención comunicativa:** Aunque no haya palabras, el bebé debería usar gestos, sonidos o miradas para comunicar lo que quiere.
- **Primeras palabras:** Hacia los 12 meses, es común que empiece a emitir palabras simples como «mamá» o «papá».

Si al cumplir un año el bebé no responde a su nombre, no utiliza sonidos con intención comunicativa o no dirige la mirada hacia las personas que le hablan, es una señal de alerta que no debemos ignorar.

De 12 a 24 meses: primeras palabras y comprensión básica

Entre el primer y segundo año de vida, el lenguaje da un gran salto. A los 18 meses, el vocabulario referencial debería empezar a aparecer con palabras como «agua», «pan» o «perro». A los 24 meses, ya debería manejar unas 50 palabras. Observa:

- **Comprensión:** ¿Sigue instrucciones simples como «dame la pelota» o «ven aquí»?
- **Expresión verbal:** ¿Ha comenzado a combinar palabras, aunque sea de forma sencilla, como «mamá ven»?
- **Claridad en la comunicación:** ¿Entiendes al menos una parte de lo que intenta decir tu bebé?

Si a los 2 años tu hijo no tiene un vocabulario mínimo de 20 palabras, no combina dos palabras para formar frases o no comprende instrucciones básicas, es recomendable buscar ayuda profesional.

De 24 a 36 meses: combinaciones de palabras y aumento del vocabulario

En esta etapa, el desarrollo del lenguaje se acelera notablemente. Entre los 2 y 3 años, el niño debería experimentar lo que se conoce como una «explosión de vocabulario», pasando de unas 50 palabras a más de 1.000 hacia el final de esta fase. También empieza a formar oraciones más complejas con tres o más palabras. Fíjate en:

- **Estructura del lenguaje:** ¿Empieza a usar adjetivos, verbos simples y palabras como «yo», «mío» o «más»?
- **Comprensión:** Responde preguntas sencillas como «¿qué es eso?» o «¿dónde está?».
- **Claridad:** Aunque no pronuncie todos los sonidos perfectamente, debería ser comprensible para las personas de su entorno.

Si al cumplir 3 años el niño no construye frases de más de dos palabras, su vocabulario no ha crecido significativamente o las personas fuera de su núcleo cercano no pueden entenderlo, es importante buscar orientación.

De 3 a 5 años: lenguaje más fluido y estructurado

Entre los 3 y 5 años, el lenguaje del niño se asemeja cada vez más al de los adultos. A los 4 años, debería ser capaz de construir oraciones con cinco o más palabras, entender instrucciones más complejas y utilizar el lenguaje para expresar necesidades, emociones y experiencias. Señales de alerta incluyen:

- **Comprensión limitada:** ¿Tiene dificultades para seguir instrucciones de más de un paso, como «ve a tu habitación, trae tus zapatos y ponlos aquí»?
- **Producción limitada:** ¿No puede construir oraciones completas o tiene un vocabulario muy limitado?
- **Dificultad para socializar:** ¿No utiliza el lenguaje para relacionarse con otros niños o expresar sus ideas?

Si a los 5 años el niño no es capaz de mantener una conversación fluida, narrar una experiencia o contar una historia de forma organizada, es fundamental buscar ayuda.

Y esto es muy importante porque cada etapa del desarrollo del lenguaje es fundamental para el crecimiento cognitivo, emocional y social de los niños. Detectar cualquier retraso de forma temprana permite abordar las dificultades con las estrategias adecuadas, evitando que se conviertan en problemas mayores en el futuro, ya que esto es como un castillo de naipes, si la base tiene alguna carta que no está bien anclada, todo lo de arriba tiene más probabilidades de tambalearse. Así que si observas alguna de estas señales en tu hijo, no dudes en buscar la opinión de un profesional, como un logopeda, pediatra o especialista en desarrollo infantil. Recuerda que, cuanto antes se identifique un posible retraso, más efectiva será la intervención. El lenguaje es la herramienta que conecta a nuestros hijos con el mundo, y apoyar su desarrollo es una de las mejores inversiones que podemos hacer en su futuro.

El lenguaje: la llave a nuevos aprendizajes

El lenguaje no es solo un medio para comunicarnos, es una herramienta esencial que abre puertas hacia el aprendizaje, el desarrollo emocional, las relaciones sociales y, sobre todo, hacia habilidades más complejas como la lectura y la escritura. ¿Recuerdas el castillo de naipes? Pues el lenguaje es la base para la lectura y la escritura, además de otras muchas habilidades.

Sin embargo, a diferencia del lenguaje hablado, que emerge de manera natural en un entorno enriquecido, la lectura y la escritura no son habilidades ontogenéticas. ¿Qué quiere decir esto? Significa que el aprendizaje de la lectura y la escritura no surgen de manera automática y natural en los niños, sino que requieren una enseñanza estructurada y repetida para desarrollarse. Esta es una diferencia crucial que a menudo no se comprende del todo o no se tiene en cuenta.

Para ello es clave que sepamos un poquito acerca de los componentes del lenguaje y en concreto sobre la conciencia fonológica de la que te hablaba en el capítulo de la música.

La conciencia fonológica es la habilidad de identificar y manipular los sonidos del habla, y es una de las piedras angulares para aprender a leer y escribir. Para explicarlo de forma sencilla, imagina que tu hijo tiene la capacidad de «desmenuzar» una palabra en pequeños sonidos y volver a ensamblarla. Por ejemplo, saber que «sol» empieza con el sonido /s/ o que «pan» se forma con los sonidos /p/, /a/ y /n/. Esta habilidad no solo es importante, es imprescindible porque la conciencia fonológica permite que los niños entiendan cómo los sonidos se conectan con las letras y cómo formar palabras a partir de estas conexiones.

Un estudio de Gordon *et al.* (2021) mostró que los niños que tienen una buena conciencia fonológica en la etapa preescolar tienen muchas más probabilidades de aprender a leer con éxito en los primeros años escolares. Es más, este estudio también reveló que actividades que fomentan la rima, el ritmo y la segmentación de palabras ayudan significativamente a desarrollar esta habilidad. Por eso los juegos de palabras, cuentos cantados o rimados, canciones infantiles y poesías no son solo entretenidos, sino que también son herramientas poderosas para estimular el cerebro de los pequeños.

Cuando los niños desarrollan una buena conciencia fonológica, tienen una base sólida para entender la relación entre los sonidos y las letras (lo que llamamos correspondencia grafema-fonema). Esto es fundamental para decodificar palabras al leer y para escribir correctamente. En contraste, los niños que no tienen una conciencia fonológica desarrollada pueden tener problemas para aprender a leer y escribir y este retraso puede generar frustración, afectar su confianza y dificultar su aprendizaje en otras áreas, teniendo influencia por ende en su rendimiento académico y en su vida escolar.

Y es que a menudo damos por sentado que leer y escribir son habilidades que los niños simplemente adquirirán con el tiempo, pero esto no es cierto. El cerebro humano no está diseñado de manera innata para leer o escribir. A diferencia del lenguaje hablado, que ha estado presente durante miles de años en la evolución humana, la lectura y la escritura son habilidades relativamente recientes en términos evolutivos y requieren la reorganización de áreas cerebrales para su adquisición.

La lectura, por ejemplo, implica una compleja interacción entre la corteza visual, para identificar las letras; el área de Broca, para la producción del habla; y el área de Wernicke, para la comprensión. Estas áreas deben trabajar en conjunto para que el niño pueda reconocer palabras, asociarlas con sonidos y comprender su significado. Sin una enseñanza explícita que guíe este proceso, es difícil que el cerebro establezca las conexiones necesarias para leer con fluidez. Y aquí te he resumido demasiado el proceso porque hay muchas más áreas implicadas, pero solo hablar de lectoescritura y cómo se adquiere este proceso necesitaría otro libro.

La escritura es aún más compleja, ya que no solo requiere habilidades lingüísticas, sino también motricidad fina para formar las letras, un buen control de la gramática para estructurar frases y un vocabulario rico para expresar ideas de manera efectiva. Aquí, el desarrollo del lenguaje desempeña un papel crucial:

un niño con un vocabulario amplio y una sólida comprensión gramatical tendrá muchas más herramientas para escribir con claridad y coherencia. De ahí la importancia de estimular el lenguaje desde el inicio de la vida de nuestro bebé, porque también tiene un impacto directo en el éxito académico, las funciones ejecutivas cerebrales y las relaciones sociales. Por ejemplo, un niño con un buen desarrollo del lenguaje podrá comprender conceptos abstractos en ciencias y matemáticas, resolver problemas de manera efectiva y colaborar con otros en actividades grupales. Por el contrario, un niño con retrasos en el lenguaje puede tener dificultades para seguir instrucciones, expresar sus pensamientos y relacionarse con sus compañeros.

Además, el lenguaje está estrechamente relacionado con las funciones ejecutivas cerebrales, que son las habilidades que nos permiten planificar, organizar, tomar decisiones y controlar nuestros impulsos, las cuales te enseñaré también a entrenarlas en casa en los últimos capítulos. Un niño que puede verbalizar sus emociones y pensamientos tiene más herramientas para regular su comportamiento y adaptarse a nuevas situaciones. Por ejemplo, si un niño puede decir «Estoy enfadado porque no me dejan jugar», es más probable que resuelva el conflicto de manera pacífica que si simplemente llora, grita o le pega a los demás.

¿Cómo enseñar a leer?

Respecto a todo lo que te estoy contando sobre el lenguaje como llave para acceder a procesos superiores, la lectura es de las habilidades que a los padres y madres más les preocupa. De hecho, en mis años como tutora de Educación Infantil lo que a muchas familias les preocupaba antes de finalizar el último curso cuando sus hijos tenían entre 5 o 6 años es que sus hijos terminaran la etapa preescolar sin saber leer. En primer lugar resaltar que leer no es un objetivo propio de la etapa de Educación Infantil, pero aun así, entre profesionales, muchos compañeros de Educación Primaria exigen de alguna forma a los de Educación Infantil que sus alumnos pasen a esta etapa leyendo y escribiendo.

Pero ¿debemos enseñar a leer a los más pequeños?

Antes de acompañar el proceso de lectoescritura de nuestros hijos, debemos saber cuándo deben empezar a leer y de qué experiencias podemos proveer en el hogar para facilitar este aprendizaje.

La lectura, como ya te he comentado, no es un proceso natural, es decir, nuestro cerebro no fue diseñado para aprender a leer por sí solo, sino que la lectura es un invento humano y cultural de hace unos 6.000 años, con lo cual es necesario que se den una serie de ingredientes para que los más pequeños aprendan a leer.

Así, el proceso de la lectoescritura se traduce en modificaciones en el cerebro, ya que es un proceso complejo que requiere de la intervención de múltiples estructuras cerebrales que permiten que los sistemas cognitivos, motores, visuales, auditivos y de lenguaje se coordinen para dar como resultado el aprendizaje de la lectura.

Si bien hay muchos pequeños que muestran una asombrosa habilidad para el aprendizaje de la lectura, la mayoría no sería capaz de desarrollar tal aprendizaje sin enseñarlo de forma estructurada y con una instrucción reglada.

Está muy normalizado enseñar a leer o aprender el nombre de las letras en la etapa de Educación Infantil, es decir, antes de los 6 años, pero lo cierto es que aunque hay niños y niñas que consiguen leer antes de esa edad, el cerebro está preparado para leer aproximadamente a partir de los 6-7 años, aunque hay niños que empiezan antes.

Entonces ¿no debemos enseñarle nada relacionado con la lectura previamente? Sí se puede, pero siempre desde el juego, la experimentación y nunca desde la obligación o por conseguir objetivos o cumplir expectativas de los adultos o de los educadores a cargo.

Por ello quiero mostrarte cinco consejos para acompañar a tu hijo en el proceso de la lectura desde casa, sin presiones y de forma natural.

Juega con el lenguaje desde el nacimiento

Podemos comenzar desde el nacimiento, ya que es muy importante trabajar los prerrequisitos del lenguaje y favorecer la conciencia fonológica, que es una habilidad oral.

Además, desde que tienen apenas unos meses podemos trabajar la percepción visual, la atención, el desarrollo auditivo o la toma de turnos, entre otros, jugando con canciones y juegos de regazo, retahílas, rimas, onomatopeyas y poesías. Y si todo esto va acompañado de gestos y movimientos le damos un plus de calidad.

Usa cuentos rimados y cantados

Los cuentos rimados y acumulativos son una potente herramienta para fomentar la memoria, la atención y seguir desarrollando habilidades metalingüísticas necesarias para el proceso de lectura. Pero debes usarlo desde el primer momento en el que sujetas a tu bebé en brazos, ya que nunca es demasiado pronto para leerle a un niño.

Además, leerle a tu hijo en voz alta, y que crezca en un ambiente rodeado de libros influirá en su aprendizaje. Se ha demostrado que cuanto mayor sea la exposición a estímulos de lectura, mayor será la motivación por leer y aprender.

Si a eso le sumamos el poder de la música y optamos por usar cuentos cantados estaremos estimulando diferentes prerrequisitos claves en el proceso de la lectoescritura.

Es recomendable tener los libros al alcance y con las portadas hacia afuera para que puedan identificarlos y elegirlos.

La lectura compartida con el adulto debe formar parte de una rutina, y debemos pensar que los cuentos no son solo para irse a la cama, sino que son adecuados para disfrutarlos en cualquier momento del día.

Y por supuesto, no olvidar que es absolutamente necesario que tu hijo o hija te vea leer. Los niños aprenden más de lo que ven que de lo que les decimos, recuérdalo.

No enseñes el nombre de las letras

Evita hacer lo que has escuchado toda la vida «La M con la A: MA».

Para acompañar el proceso lectoescritor de tu peque, vamos a enseñar el sonido de las letras y no el nombre de las letras. De esta manera, facilitaremos la correspondencia fonema-grafema, es decir, cómo suena la letra que estoy viendo. Ya que se ha demostrado que el método fonológico es el más efectivo.

También es recomendable empezar por las letras escritas en mayúsculas, ya que para los pequeños son más fáciles de decodificar e identificar el sonido con la representación gráfica de la letra.

Usa juegos de mesa

El juego es la principal herramienta de aprendizaje y en la lectura los juegos de mesa pueden ser también tus mejores aliados porque cuando hay motivación intrínseca, el aprendizaje es muy potente.

No solo sirven los que contienen letras y juegos con palabras, sino todos aquellos que nos ayudan a trabajar los prerrequisitos del lenguaje y también los prerrequisitos lectores. Además, los juegos de mesa se pueden introducir a partir de los 2 años, los hay en solitario para compartir en familia, cooperativos o competitivos.

Por ejemplo, hay juegos de mesa para trabajar la percepción visual, la motricidad, la atención, la memoria, para favorecer la conciencia fonológica, funciones ejecutivas cerebrales o incluso para ampliar el vocabulario. Y así estarás favoreciendo todas las habilidades que tu hijo o hija necesita para aprender a leer o para desarrollar habilidades relacionadas con el proceso de lectoescritura.

Los juegos de mesa nos ofrecen también la ventaja de crear vínculos y desarrollar habilidades socioemocionales, respetando los diferentes ritmos de aprendizaje, nos dan la posibilidad de hacer adaptaciones, e incluso es un recurso muy potente para llevarlo al aula. Junto con los cuentos y la música, los juegos de mesa son de mis recursos favoritos de potenciación y estimulación.

Evita pantallas y promueve el juego al aire libre

Para que el cerebro de un niño se desarrolle de forma plena y saludable necesita pasar al menos 3 horas al día al aire libre según los últimos estudios, y no solo influirá en su desarrollo integral, sino que para la lectura es necesario que nuestros pequeños vean y escuchen de forma óptima. De hecho, los casos de miopía en la infancia han aumentado en los últimos años.

Y es que los niños y niñas necesitan desarrollar la coordinación visomotriz o la orientación espacial, que también tomará partido en el proceso de habilidades lectoras. Para ello es necesario estimular sus sentidos.

Incluso los ojos tienen que aprender a ver, y para leer es necesario que nuestros ojos realicen unos movimientos concretos llamados movimientos sacádicos. Si un pequeño pasa más tiempo del debido expuesto a pantallas con la mirada fija, aparte de que tendrá consecuencias a corto y largo plazo en muchos aspectos de su progreso, también influirá en su atención y desarrollo de funciones ejecutivas cerebrales, necesarias no solo para la evolución del proceso lectoescritor, sino para saber desenvolverse en la vida.

Por tanto, aprovecha cuando estéis en la calle o en cualquier sitio para decir «pppppelota», exagerando mucho la inicial de esa palabra y puedes preguntarle: «¿Qué otras cosas suenan así /p/?». De esta forma crearás conversaciones y sentarás las bases para una comunicación abierta y de confianza.

Recordemos que la lectura no es solo decodificar letras y palabras, sino una puerta que nos lleva a mundos imaginarios, nos permite conocer nuevas realidades y nos da la entrada al conocimiento y al desarrollo de habilidades más complejas, por tanto, acompañar el proceso desde casa es básico.

Al seguir estos consejos y ofrecer a nuestros hijos un entorno rico en estímulos lingüísticos y literarios, estamos sentando las bases para un futuro lleno de posibilidades. Pero es importante no olvidar que cada niño tiene su ritmo de aprendizaje, y lo más importante es fomentar su amor por la lectura y acompañarlos con paciencia, afecto y ejemplo en este emocionante viaje.

En los primeros años de vida, el cerebro necesita interacciones reales, conversaciones bidireccionales y experiencias sensoriales para desarrollar el lenguaje. Las pantallas, aunque puedan parecer inofensivas, no ofrecen estas oportunidades. De hecho, su uso excesivo puede desplazar actividades esenciales como la lectura en voz alta, el juego simbólico y las conversaciones familiares. Además, los cambios rápidos en las imágenes de las pantallas sobreestimulan el cerebro, dificultando que los niños procesen la información de manera natural. Esto puede llevar a problemas de atención y, en última instancia, afectar la capacidad de los niños para aprender a leer y escribir.

Estudios recientes han demostrado que los niños expuestos a pantallas durante más de una hora diaria en edades tempranas tienen menos vocabulario y más dificultades en la comprensión lectora, pero de ello hablaremos en profundidad más adelante en un capítulo solo dedicado a ello, no sin antes recordar que, como familias, tenemos el poder de enriquecer su entorno y de garantizar que tengan las mejores oportunidades para desarrollar todo su potencial.

8
El poder del juego

Cuando tienes un bebé o uno se prepara para ser madre o padre, pocas personas se informan sobre la importancia de conocer cómo jugar con su pequeño para desarrollar todo su potencial. De hecho, la mayoría destina a jugar el tiempo que sobra, pero esto es un gran error. Y es que hablar del juego es hablar del corazón de la infancia, es el camino que los pequeños eligen para saber cómo funciona la vida y es la esencia pura del desarrollo infantil.

El juego es un lenguaje universal que todos los niños del mundo utilizan para descubrir el entorno que les rodea, conectar con las personas y también consigo mismos. De hecho, sabiamente decía Francesco Tonucci que los aprendizajes más importantes de la vida se hacen jugando, porque es una herramienta clave para la infancia que debemos conservar, mimar y proteger.

El juego es tan importante que ni siquiera los adultos deberíamos olvidarnos de dedicar un ratito también nosotros a jugar y a divertirnos; la vida nos atropella a la mayoría, pero si realmente conociéramos los beneficios que tiene para nuestro bienestar, configuraríamos mejor nuestros horarios cotidianos.

A los mayores se nos olvida que para los más pequeños jugar no es un lujo, no es algo que se debe hacer si sobra tiempo ni es un simple entretenimiento: es una necesidad biológica y cerebral que construye los cimientos sobre los que se desarrolla su inteligencia, su creatividad, sus emociones y sus habilidades sociales.

Por tanto quiero que tengas claro, que cuando tu hijo juega, no está perdiendo el tiempo, ojo, jugar a videojuegos ya es otro cantar del que hablaremos más adelante.

En este capítulo quiero contarte cómo a través del juego, el cerebro infantil fortalece sus conexiones neuronales, esas «autopistas de la información» que le permitirán aprender, resolver problemas y regular sus emociones. Es decir, la operación es: niño + juego = desarrollo. Porque no hay otra actividad que beneficie más a tu hijo que el juego libre y también el estructurado, especialmente si se fomenta en familia, en contacto con la naturaleza o con actividades que despierten su curiosidad.

Esta necesidad básica de respetar y entender el juego de los pequeños está firmemente respaldada por el artículo 31 de la Convención de los Derechos del Niño. Y desde 1959, la Organización de las Naciones Unidas (ONU) ha reconocido que el acto de jugar constituye un derecho fundamental en esta etapa. Además, numerosas investigaciones en los campos de la pediatría y la psicología confirman la importancia del juego para un desarrollo infantil adecuado.

Esto es debido a que los primeros aprendizajes son los que marcan el mapa de ruta del futuro de la vida adulta como ya te he comentado en anteriores páginas, porque desde los primeros años de vida, el juego, al igual que el lenguaje, se manifiesta como una parte integral del desarrollo infantil. Sin embargo, su potencial se favorece cuando los adultos interactúan con el niño cara a cara. Desde juegos simples como el «cucú-tras» cuando son bebés hasta el simbólico de jugar a ser médicos o disfrazarse y los estructurados como los juegos de mesa, está más que claro que la actividad lúdica desempeña un papel crucial en el crecimiento y maduración de los más pequeños.

Nuestro papel como adultos en el juego es también importante y debemos aprender cuál debe ser nuestro lugar según las edades de los más pequeños o según las habilidades que queramos potenciar.

Cuando dejamos de lado los quehaceres de la vida diaria, dejamos el móvil en otra habitación y nos entregamos a participar en juegos con los más pequeños, libres de distracciones externas, les estamos dando un profundo sentido de pertenencia, construyendo una autoestima y autoconcepto positivo. El simple acto de sentarse alrededor de una mesa o en la alfombra con un propósito compartido de aprender y disfrutar juntos es algo a lo que no se le puede poner precio.

En una sociedad que siempre parece estar corriendo, sin tiempo para los más pequeños, jugar juntos suma y une mucho más de lo que podemos imaginar.

Muchas veces hay familias que me preguntan: «Elvira, recomiéndame un cuento para la autoestima y la confianza». Yo les suelo responder que los cuentos son herramientas de apoyo geniales para esa misión, pero si no van acompañadas de un tiempo de calidad y un acompañamiento emocional respetuoso, de nada servirán, y en esa configuración del solucionario para dones emocionales, el juego es una de las estrategias también más efectivas. La infancia requiere atención y dedicación, y este tiempo de calidad es imprescindible para el desarrollo emocional de nuestros niños y niñas.

Lo bueno del juego es que sin darnos cuenta a los niños les sirve como preparación para la vida adulta, ya que, por ejemplo, jugando a las familias o la cocinita practican roles y actividades que imitan la vida real, lo que les ayuda a comprender mejor el mundo que les rodea y a prepararse para los desafíos futuros a los que tendrán que enfrentarse. Es como si la infancia fueran las pistas de entrenamiento antes de salir a debutar a la vida de mayores.

Por eso, la selección del juego es muy importante: juegos que fomenten la creatividad, la interacción con otros, desafíos, rapidez, estimulación... juegos que cultiven habilidades tan cruciales como la empatía, el trabajo en equipo, la gestión emocional (alegría, tristeza, frustración), atención, resiliencia, resolución de problemas, cooperación, curiosidad, comunicación, planificación.

De nuevo, si están pensando en videojuegos, ya te digo yo que no, porque estas habilidades se construyen y se afianzan mejor alejados de las pantallas, porque jugando y experimentando con la realidad, es como el ser humano aprende. Y es que jugando, los niños integran comportamientos y aprenden normas sociales, y jugando se forjan nuevas conexiones neuronales. Del tema de las pantallas hablaremos en el capítulo siguiente, pero cuando aquí hablo de juego para los primeros años de vida en ningún momento me refiero a juegos en dispositivos digitales.

En cuanto a los tipos de juego que tenemos en la actualidad, se han propuesto diversas clasificaciones. Generalmente, los juegos se categorizan según variables como el espacio, el papel del adulto, el número de participantes y su función en el desarrollo infantil.

Uno de los trucos para que el juego sea potente es ofrecer a los niños un entorno seguro y libre de riesgos para experimentar y aprender, de esta forma a los adultos nos es más fácil dejarles libertad para jugar desde bebés si preparamos el espacio adecuadamente.

A través de la repetición en el juego, los niños aprenden el valor de la perseverancia y la dedicación en la consecución de objetivos, aparte de darles abrigo y seguridad, esta repetición y constancia también aporta beneficios en su vida académica, ya que el juego les enseña que el esfuerzo y la persistencia pueden llevar al éxito, lo que contribuye a fortalecer su autoestima y confianza en sí mismos.

Porque el juego les proporciona la oportunidad de enfrentarse a desafíos y resolver problemas de manera activa y creativa. Ya sea jugando con rompecabezas, juegos de mesa o simplemente inventando juegos nuevos, están constantemente buscando soluciones y adaptándose a nuevas situaciones. A través de este proceso, desarrollan habilidades de pensamiento crítico, toma de decisiones y resolución de problemas que serán fundamentales para su éxito futuro. Por eso en estas páginas te iré guiando para recomendarte qué juegos son más fructíferos por edades y por su desarrollo.

El juego como necesidad cerebral

Desde una perspectiva neurobiológica, las experiencias proporcionadas por el juego contribuyen al desarrollo de habilidades de atención, interpretación y aprendizaje de las experiencias. Y es que el cerebro también debe aprender a prestar atención, no es algo que ya venga de serie, y en la sociedad actual en la que vivimos la atención ya sabes que prácticamente hay que secuestrarla.

Jugar es primordial, pero hacerlo durante los primeros años es vital como respirar, y es porque aproximadamente el 90 % de las estructuras cerebrales se conforman en los primeros 6 años de vida.

En primer lugar, es importante recordar y saber que nuestro cerebro se desarrolla de abajo hacia arriba, donde están las partes del cerebro responsables de las funciones básicas, tales como el ritmo cardíaco, la respiración y el control de la temperatura; se desarrollan temprano y de atrás hacia delante. Esto quiere decir que primero se activan las zonas sensitivas, es decir, todo lo relacionado con los sentidos y la información que nos llega a través de ellos. Después se desarrollan las zonas motoras, es decir, la parte del cerebro encargada de gestionar todas las acciones que tienen que ver con el control de los movimientos.

¿Qué significa esto? Que los más pequeños necesitan moverse, sentir y experimentar, y muchas veces en la sociedad adultocentrista que tenemos buscamos que los niños y niñas estén quietos y que no molesten, y eso va contra natura.

Durante el juego, las experiencias sensoriales, motoras y cognitivas activan diversas áreas del cerebro, lo que conduce a la formación y fortalecimiento de conexiones neuronales. Esta plasticidad cerebral permite que el cerebro se adapte y se desarrolle de manera óptima en respuesta a nuevas experiencias y aprendizajes.

Cuando un niño juega, su cerebro está en plena efervescencia y se activan áreas sensoriales y motoras que mejoran la percepción del mundo y la coordinación física. Los niños necesitan tocar, moverse y explorar y deben desarrollar su sistema somatosensorial experimentando, es decir, un niño que está siempre sentado en su carrito sin moverse o que no se mueve del sofá tendrá una pobre experiencia para desarrollar todas las habilidades que se desarrollan en movimiento y neurológicamente sus conexiones serán más pobres o débiles en comparación con el pequeño que sí está familiarizado con experiencias de juego en movimiento.

Cuanto más variadas y enriquecedoras sean las experiencias de juego, mayor será la diversidad y complejidad de las conexiones neuronales que se formen, lo que promueve un desarrollo cerebral integral y flexible.

El juego activa la liberación de neurotransmisores, como la dopamina, la serotonina y la oxitocina, que están asociados con el placer, la felicidad y el bienestar emocional. Estos neurotransmisores no solo refuerzan las conexiones neuronales relacionadas con las experiencias positivas, sino que también ayudan a regular las emociones y a reducir el estrés. Durante el juego, los niños experimentan una amplia gama de emociones, desde la alegría y la excitación hasta la frustración y la ansiedad. Aprender a reconocer y manejar estas emociones en el contexto del juego les proporciona habilidades emocionales cruciales que los ayudarán a enfrentar los desafíos emocionales en la vida cotidiana.

El juego de 0-3 años: cómo hacerlo

El juego evoluciona conforme lo hacen los niños. Cada etapa de desarrollo está acompañada de una forma distinta de jugar, y todas ellas son esenciales porque responden a necesidades específicas. Los tres primeros años de vida son contemplados como el periodo vital más importante de nuestra vida o también llamados los primeros 1.000 días.

Durante estos primeros años (y hasta los 7 aproximadamente) estamos construyendo nuestra personalidad, nuestras creencias, nuestra autoestima, sentaremos las bases de la autonomía, la iniciativa, la conciencia corporal, el pensamiento deductivo, el lenguaje, la cooperación y la socialización y, en definitiva, en este periodo se forman las lentes con las que veremos el mundo. De ahí que sean tan relevantes las experiencias vividas desde la gestación y el acompañamiento que recibimos hasta los 3 años de edad.

En la etapa de 0-3 años los bebés pasan de ser recién nacidos que no pueden sujetar su cabecita a ser niños que hablan y que corren; es un momento de gran desarrollo a nivel sensorial y motor. Y puede ser que te preguntes: «¿Cuál debería ser el papel de los adultos en el juego?». Dar tiempo y espacio, no dirigir demasiado, acompañar y estar presente de cuerpo y alma, nada de móviles en la mano mientras tu peque juega.

Durante los primeros meses los bebés no necesitan demasiado material para jugar, y en el capítulo anterior sobre el lenguaje y también en los anteriores respecto al desarrollo motor ya has podido apuntar muchísimas ideas que espero y deseo que ya estés poniendo en práctica o puedas hacerlo muy pronto.

En los 3 primeros meses de vida, un bebé lo que necesita básicamente es el contacto de sus referente de apego, ya sea mamá, papá o el cuidador principal, y en el primer año el juego sensorial es predominante. El bebé explora el mundo que lo rodea a través de sus sentidos, y encuentra entretenimiento y aprendizaje mediante la visión, la audición, el tacto, el gusto y el olfato. En esta etapa, jugar implica repetir acciones una y otra vez por el simple placer de experimentar las sensaciones que cada una produce. El objetivo principal es la adaptación al entorno, por lo tanto, observamos cómo los bebés comienzan entreteniéndose con su propio cuerpo y con el tiempo avanzarán hacia los juguetes.

Es importante elegir el momento de juego, preparar el espacio y los objetos que usaremos en el caso de que se usen, porque los más pequeños no necesitan demasiados objetos para jugar.

Por tanto elegiremos juguetes preferentemente desestructurados y que no emitan sonidos por sí mismos, sino que se pueda actuar sobre ellos de múltiples formas para promover el desarrollo de la creatividad. Es importante apuntar que si tenemos juguetes con luz o sonidos no es que sean malos o contraproducente para su desarrollo, ni mucho menos, pero sí es cierto que es mejor elegir juguetes que no lo hagan todo por sí mismos.

Cuando hablo de juguetes desestructurados me refiero a objetos como bloques de madera, pelotas, telas, figuras sencillas o incluso una caja vacía que permiten que los más pequeños los usen de diversas maneras. Estos juguetes fomentan la creatividad, ya que los niños pueden inventar sus propias formas de juego e imaginar. Por ejemplo, con un bloque de madera, sobre los 2 años en adelante, pueden simular una casa, un coche, una torre o cualquier objeto que su mente imagine, lo que les da libertad para explorar. Un simple pañuelo o tela puede transformarse en una capa de superhéroe, una tienda de campaña o una alfombra voladora, mientras que un círculo de cartón se puede convertir en un volante de coche o en una máscara. Estos juegos no serían posibles con juguetes que solo emiten sonidos o luces preprogramadas, ya que suelen ser más pasivos, porque el niño simplemente reacciona a los estímulos sin tener la opción de experimentar o desarrollar habilidades cognitivas complejas.

La oportunidad que dan los juguetes desestructurados es que fomentan el juego autónomo y la resolución de problemas, lo que fortalece la independencia y la autoconfianza y ¿quién no querría esos regalos para su hijo en forma de habilidades para su cerebro adulto?

Por ejemplo, cuando un niño juega con bloques o piezas de encaje, está comprendiendo cómo funcionan y cómo puede combinarlas de diferentes maneras para crear algo nuevo, como una torre o una figura específica. Le permite tomar decisiones por sí mismo y resolver problemas de manera activa, lo que refuerza su capacidad de pensamiento crítico. Todo esto que hacen desde que son bebés, se traduce en habilidades que pueden extrapolar a su vida escolar y beneficiar a su rendimiento académico. El desarrollo del lenguaje del que hemos hablado anteriormente también se ve beneficiado con los juguetes desestructurados. Mientras juegan, los niños inventan historias, crean diálogos y describen lo que están haciendo. La reducción de la sobreestimulación sensorial es otro beneficio clave de los juguetes más sencillos y de materiales naturales.

A la hora de jugar con nuestro bebé debemos tener en cuenta sus intereses y habilidades, por eso debemos conocer en qué etapa de desarrollo se encuentra para saber qué esperar de ellos y cómo podemos ayudarle.

Te recomiendo que el espacio donde juguéis sea lo más diáfano posible con el objetivo principal de desarrollarse a nivel motriz en esta primera etapa de forma libre, por eso usar un tapete o alfombra para promover el juego libre y el juego en el suelo es fundamental. En el capítulo 2 vimos cómo potenciar el movimiento de nuestro bebé y ahora quiero enseñarte a cómo beneficiar a través del juego sus necesidades a nivel cognitivo.

Para ello asegúrate de que los objetos que uses sean seguros en cuanto al tamaño, material y calidad, del objeto porque en estos primeros años de vida los más pequeños se encuentran en plena fase oral, que quiere decir que se lo llevan todo a la boca, por tanto debemos elegir juguetes que eviten asfixia o atragantamiento y otros posibles accidentes. Los objetos deben ser fáciles de manipular y de llevar a la boca, y que los más chiquitines puedan pasar de una mano a otra y arrojar.

Preferentemente que sean de materiales nobles como la tela, lana, madera, esparto, mimbre... ya que explorar diversas texturas y materiales con las manos y los pies es un excelente ejercicio para estimular el sentido del tacto del bebé, fomentar la coordinación motora y ayudarlo a desarrollar su percepción sensorial. Unas pobres habilidades de integración sensorial pueden contribuir a problemas del desarrollo, o a la aparición de conductas inadecuadas que interfieren en el aprendizaje. Un buen ejemplo para favorecer la integración sensorial en el bebé es hacer un panel sensorial. Para ello, prepara varios paneles de cartulina y adhiere objetos o materiales variados que encuentres en casa. Por ejemplo, retazos de tela de diferentes texturas (loneta, terciopelo, algodón...), tiras de velcro de doble cara, pompones de algodón, papel de lija, entre otros. También puedes crear bandejas sensoriales con arena, arroz, lentejas, agua, etc. Luego, coloca los paneles y bandejas en el suelo y permite que tu bebé gatee sobre ellos o explore libremente las distintas texturas con las manos o los pies. Esta actividad la puedes hacer a partir de los 6 meses.

Cuando se acercan al año o al año y medio este panel puede evolucionar hacia un tablón con diferentes objetos. Los paneles sensoriales tienen el objetivo de que los pequeños aprendan mediante el descubrimiento y la experimentación con objetos reales para desarrollar habilidades cognitivas. Estos objetos pueden ser bisagras, cerraduras y pestillos, botones de diferentes tamaños, interruptores de la luz, cremalleras, espejos pequeños, tapas de tarros y botellas, pompones de colores; puedes colocar incluso un mando de televisión o una calculadora que no uses, o una correa que no te pongas y así aprenderá a abrir y cerrar.

El baño es también clave para el desarrollo físico y emocional del bebé, y uno de los momentos del día más disfrutados. Si tu hijo no disfruta con el baño revisa la temperatura, el horario en que lo bañas, si tiene hambre o sueño, porque por lo general es una experiencia que no debe ser un suplicio. Además de la higiene, podemos hacer del baño una rutina de juego estimulante para los sentidos del bebé y su desarrollo motor.

Para jugar, llena la bañera con agua tibia y coloca varios juguetes flotantes de diversos tipos, tamaños, colores y texturas. Deja que el bebé toque, chapotee y experimente con el agua. También es posible jugar fuera de la hora del baño, llenando un pequeño barreño con agua y colocando al bebé al lado para que juegue. Esta actividad se puede extender hasta cuando son más mayores e incluiremos recipientes para hacer trasvases de agua. También en el baño podemos usar lápices especiales para pintar en la bañera o circuitos de agua, o un simple táper de la comida o vasos de plástico para jugar a estos trasvases. Esto se puede hacer desde que el bebé sea capaz de mantenerse sentado sin ayuda.

Otra de las sugerencias de juego libre para los más pequeños es el cesto de los tesoros. Entre otros aspectos positivos destaca la mejora en la percepción táctil, la atención y la curiosidad, y el desarrollo del juego imaginativo.

¿Cómo puedes hacer tu propio cesto? Prepara un cesto o una caja y mete dentro objetos que tengas por casa de diferentes texturas, tamaños y formas. Elige siempre objetos seguros para el bebé, que no contengan piezas pequeñas y sean fácilmente manipulables. Por ejemplo, puedes guardar una esponja, un cepillo de cerdas suaves, un ovillo de lana, piñas, una piedra pómez, una lima, una cuchara de madera. El juego es tan sencillo como permitir al bebé que explore libremente cada uno de los objetos.

A medida que el niño vaya creciendo, podemos guardar los objetos en una caja cerrada con una pequeña abertura para meter la mano; simplemente con el tacto, el niño tendrá que averiguar de qué objeto se trata.

Si estamos en la cocina y nuestro peque ya se sienta por sí mismo le podemos dar cucharas, ollas y botes con los que experimentar percutiendo con el sonido de los diferentes materiales.

Pintar con los dedos es una de las actividades artísticas y sensoriales más divertidas para los niños. Tiene grandes beneficios para el desarrollo psicomotor del bebé y también para su visión, pues estimula el sentido de la vista y el tacto, así como la coordinación óculo-manual.

Para ello, coloca en el suelo botes de pintura no tóxica e hipoalergénica, especialmente formulada para niños, y extiende un rollo de papel blanco. También podemos crearla con yogur y colorante alimenticio. Permite que tu bebé experimente con los colores utilizando sus dedos. Si te preocupa que se manche la ropa, colócale un delantal plástico para protegerlo de las manchas o que pinte simplemente con el pañal puesto.

Aunque esta actividad es perfecta para ponerla en práctica con niños de todas las edades, si se trata de bebés es recomendable esperar a partir de los 12 meses.

Las pompas de jabón es algo mágico y que a todos los niños les encanta y entretiene, y aporta muchos beneficios para el desarrollo. Por ejemplo, estimula su visión y el seguimiento visual, favorece el desarrollo psicomotor y su coordinación óculo-manual.

También son recomendables los juegos de construcción, y quien dice grandes construcciones, dice torres sencillitas... De hecho, al principio de la etapa (más cerca del año que de los 2), es posible que su diversión esté más relacionada con la destrucción de la torre que con la construcción.

Son estupendos los juegos de encaje donde debe ensamblar las piezas o asociar diferentes formas o colores. Los niños entre 1 y 3 años ya son capaces de resolver problemas sencillos, y empiezan a comprender el concepto de «causa-efecto». Pueden también memorizar series sencillas. Por ello, pueden empezar a realizar pequeños puzles. Hay de muchos tipos, incluso de imágenes reales que personalmente son los que más me gustan. Debes tener en cuenta de que dependiendo de la edad deben tener más o menos piezas. Comenzaremos primero por 2-3 piezas y luego iremos ascendiendo en nivel de dificultad. Para empezar son geniales los encajables o de asociación de formas y los que tienen un mango o pomito para que los peques lo puedan manipular.

A estas edades les encanta meter y sacar cosas de bolsos, bolsas, cajas... Podemos aprovecharlo y hacer bolas de papel y meterlas en una caja, tirarlas a distancia, jugar a encestar... y usar otros objetos como pelotas.

También podemos emplear juguetes sensoriomotores como instrumentos musicales de pequeña percusión (mejor que sean reales a que sean de juguete por la calidad sonora, del material y la seguridad para los más pequeños).

Lo importante es que coloques objetos atrayentes a su disposición, favorecer oportunidades para que pueda subir escaleras, bajar rampas, tener agarres seguros para ponerse de pie y permitir que dé sus primeros pasos libremente. Asegúrate de que tiene tiempo de juego libre en el exterior y estar en contacto con la naturaleza Por ejemplo, podemos pasear por entornos naturales y pararnos de vez en cuando a observar de cerca las flores o los insectos, a escuchar el canto de los pájaros o sentir cómo crujen los palos o las hojas bajo nuestros pies. También podemos animar al niño a recoger elementos de la naturaleza respetando el entorno, como por ejemplo hojas, palos, flores, piedras, piñas, frutos silvestres... A mis hijos les encanta crear mandalas de elementos naturales cuando caminamos por el pinar o por la playa.

Crear una caja de los sentidos puede ser muy interesante; les propondremos a través de ella oler frutas o flores, tocar diferentes materiales como arena, agua, plastilina, arroz (o saquitos de arroz), velcro, telas... Para ello, una «caja de sentidos» puede ser un buen recurso, agrupando material que podemos tener por casa o encontrar en la naturaleza.

Una bicicleta de equilibrio sin pedales también es una opción genial entre los 18 meses y los 2 años.

De los 2 a los 3 años la imaginación cobra un papel destacado en el juego. Los niños comienzan a participar en el juego simbólico, donde simulan situaciones, objetos y personajes que no están presentes, demostrando así su comprensión del entorno y su creciente conocimiento de las convenciones sociales y culturales.

Esta etapa marca el inicio de su inmersión en el mundo imaginario, donde utilizan su creatividad sin límites.

Aquí les encantará jugar a la cocinita, usar el carrito de paseo y cuidar al bebé, disfrazarse de médicos o jugar a que son mecánicos o venden comida en una tienda.

En cuanto al desarrollo motor, los niños de 2 a 3 años experimentan un gran avance como ya has podido aprender en capítulos anteriores. Disfrutan corriendo, bailando, saltando y manipulando una variedad de objetos. Por lo tanto, aprender a usar los cubiertos por sí mismos se convierte en un juego placentero para ellos que además les proporciona autonomía y motivación. También se sienten atraídos por actividades como los puzles, las piezas que se ensartan y los bloques de construcción.

Hay múltiples actividades que podemos realizar a partir de los 24 meses; los juegos de olores son uno de los más divertidos y estimulantes. Con este tipo de juegos podemos favorecer el sentido del olfato y la identificación de aromas, además de trabajar el vocabulario.

A partir de los 2 años comienzan a imitar comportamientos y disfrutan descubriendo las causas de diferentes eventos. Además, poco a poco van adquiriendo conceptos básicos como el espacio, los objetos, el tiempo y la causalidad. Por lo tanto, disfrutan de juguetes que fomentan el juego presimbólico, como construcciones, paneles sensoriales y juguetes encajables.

En estas edades podemos empezar a introducirlos en juegos de mesa para seguirlos estimulando a nivel físico, emocional y cognitivo a través del aprendizaje basado en este tipo de juegos. Por fortuna cada vez hay más variedad para atender a los pequeñitos a partir de 2 años. Para mí, descubrir los juegos de mesa con mis hijos y alumnado a partir de los 2 años y medio ha sido un hecho que ha marcado un antes y un después. De hecho siempre resumo en cuatro mis trucos de crianza y estimulación del neurodesarrollo:

- Acompañamiento emocional respetuoso
- Música
- Cuentos
- Juegos

Así podemos darle más pluralidad en el juego, y comenzar por actividades regladas donde ya pueden ir aprendiendo a asumir unas reglas y unos condicionantes. Por eso no debes perder de vista los juegos de mesa, porque afortunadamente hay un gran catálogo que va mucho más allá de los tradicionales y que me encanta divulgar siempre, ya que dependiendo del que elijas podrás desarrollar unas habilidades u otras.

Además de todas las ideas que te estás llevando, quiero que te quedes con este pequeño gran resumen:

Respeta los ritmos de cada niño: cada juego y actividad debe estar adaptado a sus capacidades, para que así disfrute, se divierta y, a la vez, estimule su evolución.

Observa en qué momento se encuentra el pequeño y qué actividades serán más propicias para él. Por eso es importante entender qué funciona para cada uno y no forzar nunca con actividades para las que no está preparado o que le resultan irrelevantes.

Toma consciencia del nivel de atención que cada niño demuestra ante una actividad. Es cierto que poco a poco aumenta su capacidad de mostrar atención en un juego o actividad; sin embargo, este nivel de atención en los 3 primeros años de vida se sigue correspondiendo todavía con tiempos muy limitados, por lo que no es realista pretender que se entretenga con la actividad propuesta durante ratos largos...

El juego de 3-6 años: cómo hacerlo

Fomentar y favorecer el juego no significa llenar la casa de juguetes costosos y tenerla atestada de objetos inservibles. La clave está en ofrecer tiempo, espacio y oportunidades. No olvidemos que el mejor juguete es la imaginación de un niño y su capacidad para crear.

En la etapa de 3 a 6 años, los niños experimentan un rápido desarrollo físico, cognitivo y emocional. Los juegos en esta fase son esenciales, no solo para el disfrute, sino, como ya sabes, para el fortalecimiento de habilidades clave que les permitirán afrontar desafíos futuros.

A medida que los niños crecen, sus habilidades motoras finas y gruesas, así como su capacidad de concentración, comienzan a desarrollarse aún más.

En esta etapa, los juegos sensoriales continúan siendo fundamentales, ya que los niños aprenden principalmente a través de sus sentidos. Les encanta explorar diferentes texturas, colores y sonidos, lo que hace que actividades como jugar con arena o agua sean una experiencia fascinante. Estos juegos les permiten explorar y aprender conceptos básicos de ciencia, como la capacidad de los objetos para flotar o hundirse. Otro juego sensorial popular es experimentar con pinturas no tóxicas, ya que no solo estimula la creatividad, sino que les ayuda a desarrollar habilidades motoras finas mientras manipulan pinceles y exploran diferentes colores y texturas.

En cuanto a los juegos manipulativos, los niños disfrutan de actividades como apilar bloques, encajar formas o jugar con juguetes de arrastre y empuje. Estas actividades no solo promueven el desarrollo físico al mejorar la coordinación mano-ojo y la fuerza muscular, sino que también fomentan el pensamiento creativo y la resolución de problemas. Los bloques, por ejemplo, son perfectos para ayudarles a mejorar la percepción espacial y la resolución de problemas mientras construyen diferentes estructuras.

El desarrollo motor, cognitivo y emocional va de la mano en esta etapa. Para el desarrollo motor, los juegos que impliquen movimiento, como las carreras y juegos de saltar, son excelentes para mejorar la motricidad gruesa. Actividades como saltar en un pie o saltar de un lado a otro ayudan a los niños a mejorar su equilibrio y fuerza, mientras que también les ofrecen una forma divertida de aprender a coordinar sus movimientos. Asimismo, se pueden incorporar juegos como dibujar o recortar, esenciales para habilidades futuras como escribir.

El desarrollo cognitivo se puede estimular además mediante juegos de clasificación, como ordenar objetos por colores, tamaños o formas. Este tipo de actividades ayuda a los niños a mejorar sus habilidades de categorización, memoria y razonamiento lógico. Los juegos de imitación, en los que los niños asumen roles como médicos, maestros o cocineros, fomentan el pensamiento abstracto y la creatividad y les permiten aprender sobre las relaciones sociales y los roles en la sociedad, y desarrollar sus habilidades cognitivas al comprender y reproducir escenarios de la vida cotidiana.

El desarrollo emocional se ve favorecido por juegos que permitan a los niños experimentar emociones de forma segura. Los juegos de roles también desempeñan un papel fundamental aquí, ya que les ayudan a desarrollar empatía y aprender a manejar sus sentimientos. Además, los juegos en grupo enseñan a los niños a compartir, esperar su turno y trabajar en equipo, lo que mejora su habilidad para gestionar sus emociones en contextos sociales.

En esta etapa los niños se pueden convertir ya en grandes jugadores de juegos de mesa. De hecho, con muchos juegos de mesa donde se trabaja la competencia matemática mis hijos han aprendido diversas habilidades y estrategias que luego han podido aplicar en la escuela.

Es importante recordar que cada niño tiene su propio ritmo de desarrollo, por lo que adaptar los juegos a sus necesidades individuales es esencial. Para ello, las familias y educadores deben observar las preferencias e intereses de los niños. Algunos pueden estar más interesados en juegos de construcción, mientras que otros prefieren actividades artísticas o físicas. Si bien es importante proporcionar una variedad de juegos, también es clave centrarse en aquellos que captan su interés, ya que esto maximiza su participación y disfrute. Adaptar los juegos según sus intereses les permite sentirse más motivados y comprometidos con la actividad.

Es fundamental fomentar la independencia en el niño, permitiéndole tomar decisiones durante el juego. Esto les da un sentido de control y refuerza su capacidad de tomar decisiones, lo que es clave para el desarrollo de su autonomía. Sin embargo, aunque es importante que el niño tenga libertad, también debe recibir apoyo cuando lo necesite. Estar disponible para responder preguntas, ofrecer orientación y celebrar sus logros refuerza su autoconfianza y le ayuda a sentirse apoyado en sus esfuerzos.

El juego compartido no solo es crucial para el desarrollo de los pequeños, sino también para fortalecer el vínculo emocional entre padres e hijos. Los momentos de juego son una excelente oportunidad para conectarse emocionalmente con ellos, mostrando apoyo, empatía y amor. Jugar juntos, sin distracciones como teléfonos móviles o televisión, permite que los niños se sientan valorados y escuchados. Además, es importante que los padres sirvan de modelo emocional. Si un niño se siente frustrado durante el juego, los padres deben mostrar cómo manejar esa frustración de forma calmada, lo que les proporciona herramientas para gestionar sus propias emociones.

El juego también es una excelente forma de fomentar la comunicación emocional. Alentar al niño a expresar lo que siente durante el juego, especialmente en actividades que implican roles o emociones, ayuda a que los niños desarrollen habilidades de comunicación emocional. Estos momentos compartidos fortalecen no solo las habilidades sociales del pequeño, sino también la relación emocional con sus padres.

El juego de 6 años en adelante: cómo hacerlo

Jugar es urgente, ya que parece que a medida que nuestros niños y niñas van cumpliendo años caemos en la falsa creencia de que ya no necesitan jugar tanto o el ocio se resume en pasar tiempo frente a las pantallas y dispositivos móviles.

En la etapa de desarrollo de los niños de 6 a 8 años, el juego no solo es una forma de entretenimiento, sino también una herramienta vital para su crecimiento físico, emocional y social. Lo divertido de esta edad es que siguen siendo pequeños, pero con habilidades más perfiladas, por lo que tenemos un gran abanico de posibilidades para jugar con ellos y crear recuerdos para que tengan una infancia a la que quieran volver cuando sean adultos.

A estas edades, les gustará jugar a los puzles, a los trabalenguas, a las adivinanzas, el juego simbólico o los juegos de rol siguen teniendo gran protagonismo, les encanta disfrazarse e interpretar a su personaje favorito y además disfrutarán practicando distintos deportes y leyendo ahora que ya van desarrollando sus habilidades lectoescritoras.

Los juegos artísticos, manualidades y juegos musicales son importantes para que los fomentemos para seguir desarrollando su creatividad, potencial, talento e imaginación y, como madre de un jugón de más de 6 años, puedo decirte que jugar a juegos de mesa con tu hijo si ya ronda esta edad es un verdadero disfrute si eres un poco friki de los juegos de mesa como yo. Sea como sea, tanto si eres friki como si no lo eres, los juegos de mesa son una gran oportunidad no solo para disfrutar en familia, sino que también sacan todo el potencial cognitivo de los más pequeños; de hecho cada vez se va extendiendo más su uso incluso en residencias de ancianos para estimular sus habilidades y estén activos y motivados.

Volviendo a la infancia, a partir de los 6 años los niños dejan atrás la etapa de escuela infantil y empiezan la Educación Primaria. Los juegos de mesa grupales, las construcciones, puzles o manualidades formarán parte de su juego.

Tanto para disfrutar al aire libre como en el interior, los juegos de mesa son una alternativa fabulosa para desarrollar las funciones ejecutivas cerebrales, habilidades cognitivas y socioemocionales. Este tipo de juegos no solamente son divertidos y emocionantes (componente clave en el aprendizaje), sino que ofrecen una serie de beneficios para los niños y niñas de todas las edades.

Si ya llevamos un tiempo experimentando con los juegos de mesa, podremos ir ascendiendo en niveles de dificultad, en duración de la partida e incluso pasar de los juegos cooperativos a los competitivos.

Jugar con otras personas a juegos de mesa requiere turnarse, seguir reglas y aprender a ganar o perder de manera equitativa, lo que contribuye en gran medida al crecimiento emocional y social de los niños y niñas.

Además, los juegos de mesa favorecen el desarrollo de habilidades socioemocionales, ya que muchos de ellos requieren de la participación de diferentes jugadores por lo que propicia la comunicación efectiva, el trabajo en equipo, y plantea situaciones que favorecen la resolución de conflictos de manera constructiva con el acompañamiento adecuado y la guía también del adulto.

Son una gran oportunidad para entrenar la tolerancia a la frustración y el control de impulsos, tan presente desde edades tempranas, porque desde ese momento se nos inculca la idea de que el objetivo principal del juego es ganar, y aunque el triunfo a todos nos gusta, la verdadera esencia del juego radica en disfrutar el tiempo juntos de manera divertida y agradable.

Y evidentemente, desconectarnos, tanto los niños como los adultos, de los dispositivos electrónicos para conectar con juegos compartidos puede transformar nuestra dinámica familiar porque este tiempo dedicado fortalece los lazos familiares, fomentando una convivencia más armoniosa y cultivando un desarrollo emocional, afectivo y cognitivo saludable. Y es que mi fanatismo por los juegos de mesa tiene razones que respaldan mi amor hacia ellos, en primer lugar ayudan a fortalecer los vínculos familiares y jugar juntos, estrecha lazos y promueve el respeto y la empatía mientras se construyen recuerdos entrañables. Muchas familias se quejan de que sus hijos adolescentes casi no tienen comunicación con ellos, pero ¿has intentado cultivar esa comunicación y apego desde que eran más pequeños?

Los juegos de mesa nos ayudan a comprender y aceptar las reglas y una de las cosas que me fascinan es que nos ayuda a mejorar las habilidades sociales promoviendo una comunicación más abierta y libre. En la sociedad de la inmediatez en la que crecen nuestros hijos es fundamental reforzar la tolerancia a la frustración, y es que en los juegos de mesa competitivos también aprendemos a ganar y perder, porque hasta para gestionar la victoria o la derrota hay que saber hacerlo con deportividad, enseñándonos valiosas lecciones sobre la gratificación y la resiliencia.

Si tu hijo todavía no ha jugado a ningún juego de mesa, te recomiendo que empieces por juegos cooperativos (los que no son competitivos) y en grupo en los que se persigue un objetivo común. En casa nos encanta jugar a Pillado.

Con mis hijos mayores, al estar acostumbrados a los juegos de mesa desde los 2 años y medio, disfrutamos mucho con los juegos de estrategia que nos desafían a encontrar soluciones creativas, fomentando la autoestima y la resolución de problemas.

Además, jugando juntos podemos ser ejemplo y modelo de conducta positiva, ya que los niños imitan y aprenden nuestros comportamientos, lo que nos brinda una oportunidad para enseñar y demostrar cómo nos comportamos los mayores ante determinadas situaciones.

Es indudable que compartir tiempo de juego nos ayuda a liberar tensiones y reducir el estrés tanto en pequeños como en mayores. Aparte de trabajar la resiliencia con juegos educativos, otro ingrediente que me encanta es que promueven habilidades como la concentración, la planificación, la resolución de problemas y la percepción espacial, es decir, podemos favorecer y entrenar muchas habilidades cognitivas o funciones ejecutivas superiores con un simple juego.

La importancia del juego al aire libre

Recuerdo un día mientras escribía estas líneas, que estaba hasta arriba de trabajo, y además lo combinaba con el máster universitario que estaba cursando, y estaba sola con mis tres hijos. Tenía mucho que hacer, pero mis opciones eran intentar hacer malabares para poder adelantar lo que tenía atrasado y probablemente terminar enfadada porque no me dejaban hacer nada, y acabar poniendo la tele, o bien mi otra opción era pasar la tarde con mis hijos y el resto lo haría cuando se durmieran.

Opté por lo segundo y me fui a dar un paseo con los niños. Después de un día de lluvias intenso, en la tarde dio una tregua y nos calzamos las botas y los chubasqueros. Un paseo porque sí, sin objetivos ni expectativas, sin mirar el reloj, sin prisas.

Mi marido no estaba y por la actitud de los tres veía que la tarde se me ponía complicada: el mayor quería salir a jugar, el mediano a saltar en los charcos, y el pequeño estaba llorando porque quería ir con su carrito de bebé a dar un paseo. Salimos a pasear lentamente, fijándonos en todo lo que había dejado la lluvia: «Mamá, mira qué charco tan grande», «Mamá, mira cuánta basura se ha acumulado en esa alcantarilla», «Mamá, mira cómo los coches salpican el agua...». Fue un paseo lento, de conversaciones, de jugar a saltar y ponernos hasta arriba de barro.

Antes de llegar a casa nos sentamos en un escalón de una calle muy poco concurrida y casi sin querer nos pusimos a decir de qué forma eran las nubes. Evidentemente, el pequeño, con 2 años, no entendía nada e intentaba ver lo mismo que sus hermanos. Los mayores, con 5 y 7 años ya habían adquirido la habilidad del pensamiento abstracto de la imaginación de reconocer imágenes y descubrir formas, y en un ratito vimos un elefante, un dragón escupiendo fuego y un gato acostado.

No había un propósito en esa tarde, más allá de disfrutar del movimiento, la naturaleza y nuestro vínculo. Las cosas ya se harían, pero su infancia y su desarrollo no los puede posponer el reloj, la evolución de su cerebro y el paso de tiempo en general corre en nuestra contra. Cuando llegamos a casa, los niños se habían desfogado y gastado energía, mamá había estado pendiente de ellos, se habían calmado y cada uno había hecho lo que le apetecía; al activarnos en movimiento, se esfumaron las rabietas y los enfados, y la rutina de baño, cena y a dormir rodó sin ningún problema más porque habíamos disfrutado de lo que nos hacía falta, que era movimiento, sentir que nos miran y pertenecemos y por supuesto contacto con la naturaleza.

Quizá suene un poco drástico, pero cuando me agobio demasiado o no he tenido el día que me hubiera gustado, tiro de la filosofía estoica y del *memento mori*. La única certeza que tenemos es la de la muerte y, aunque te suene catastrófico el verlo desde esa perspectiva, te puedo asegurar que te ayuda a ponerte las pilas, dejarte de bajones y ocuparte de lo que realmente importa y en este momento en que me encontraba criando a tres menores de menos de 7 años, la prioridad eran ellos.

¿Y por qué te cuento esto? Porque si jugar es una necesidad, el contacto con el aire libre y la naturaleza hacen el combo del juego aún más potente. Es imprescindible que todas las personas pasen tiempo al aire libre, pero para ese pequeño cerebro que se está formando es como si le diéramos a un acelerador de crecimiento para un neurodesarrollo saludable. Se dice que no hay excusas, solo la ropa no adecuada para poder disfrutar de la naturaleza en las diferentes estaciones del año, y es que la carencia de tiempo jugando al aire libre está asociada con diversos problemas de salud y desarrollo.

Uno de los problemas más preocupantes es el aumento de la miopía en los niños. Recientes investigaciones han señalado que los niños que pasan más tiempo en interiores y frente a pantallas tienen más probabilidades de desarrollar miopía. Un estudio de la Fundación Alain Afflelou y la Universidad Complutense de Madrid (2023) encontró que el 20,7 % de los niños que pasaban más de 3 horas diarias frente a dispositivos digitales fueron diagnosticados con miopía, en comparación con el 14,8 % de aquellos que estaban menos de 2 horas. Esto se traduce en que la exposición insuficiente a la luz natural puede contribuir a tener más probabilidades de desarrollar problemas visuales. De hecho, la exposición a la luz natural ayuda a la producción de vitamina D, esencial para la salud ósea, y se ha demostrado que los niños que pasan más tiempo al aire libre tienen menos riesgo de desarrollar problemas de visión relacionados con la falta de luz natural.

Es imprescindible que tanto pequeños como mayores nos movamos porque otro riesgo asociado con la poca actividad al aire libre es el aumento de la obesidad infantil. La falta de ejercicio físico y de movimiento en general, agravado por el tiempo excesivo frente a pantallas (dedicaremos varias páginas solo a este tema), está vinculado con un mayor riesgo de obesidad.

Un estudio realizado por el Hospital Kurashiki en Japón reveló que los niños que pasan más tiempo al aire libre tienen menos probabilidades de padecer obesidad a medida que crecen y, además, el sedentarismo en edades tempranas puede generar problemas de salud que persisten hasta la edad adulta, y seguro que no es la mejor herencia que nos gustaría dejar a nuestros hijos.

Un ejemplo práctico y muy fácil sería crear un «día de exploradores» en el parque donde los niños busquen tesoros naturales, como hojas, piedras o palos, y los clasifiquen por colores o tamaños e incluso se puede crear un mandala o una serie lógica con esos elementos. Por ejemplo poner palo, piedra y una piña y así sucesivamente hasta formar una serie de tres.

Es de lógica entonces pensar que el tiempo que los niños pasan jugando al aire libre tiene efectos potentes en su salud física. Correr, saltar y trepar no solo fortalecen el sistema somatosensorial, sino que mejoran la coordinación y el equilibrio, y favorecen el desarrollo motor grueso y fino. Además, la exposición a diferentes estímulos sensoriales en la naturaleza contribuye al desarrollo del sistema vestibular y la percepción espacial. Quizá te preguntes «Uy, la percepción espacial y el sistema vestibular, ¿eso qué es y por qué es importante?»

La percepción espacial y el sistema vestibular son dos aspectos del desarrollo que no solo son cruciales en la infancia, sino que también tienen un impacto directo en nuestra vida adulta. Son fundamentales para que los niños crezcan con la capacidad de entender y orientarse en el espacio que los rodea. Pero ¿por qué son tan importantes cuando crecemos?

La percepción espacial es la capacidad del cerebro para comprender cómo se relacionan los objetos entre sí en el espacio. Cuando eres adulto, esta percepción espacial te ayuda a orientarte en el mundo y puedes saber si un objeto está cerca o lejos, si es más grande o más pequeño que otro, o si algo está a tu derecha o izquierda sin necesidad de mirar directamente. Por ejemplo, cuando estás conduciendo o caminando por un lugar desconocido, es la percepción espacial la que te permite calcular distancias, orientar tu cuerpo correctamente y, sobre todo, moverlo de manera eficiente sin chocar con obstáculos.

Por otro lado, el sistema vestibular, que está ubicado en el oído interno, es el encargado de ayudarte a mantener el equilibrio y a entender la posición de tu cuerpo en el espacio. Es el sistema que se activa cuando te giras, cuando te inclinas, o cuando haces cualquier movimiento que implique cambiar de postura. Este sistema es el que permite que no pierdas el equilibrio al caminar, que puedas mantenerte erguido mientras corres o, incluso, que puedas realizar movimientos complejos, como practicar deportes o bailar.

Ahora, puede que te estés preguntando, ¿por qué es tan importante tener estas dos habilidades bien desarrolladas en la vida adulta? Pues bien, a medida que crecemos, estas habilidades no solo nos ayudan en tareas cotidianas, sino que son fundamentales para mantener nuestra seguridad y bienestar físico.

Primero, la coordinación y el movimiento: tener una buena percepción espacial y un sistema vestibular saludable es crucial para realizar actividades diarias como caminar, conducir, hacer deporte, o incluso tareas más simples como cargar algo pesado sin caerte. Gracias a estas habilidades, puedes calcular distancias sin pensarlo, saber dónde está tu cuerpo en relación con los objetos que te rodean y ajustar tu postura si es necesario. Si tu percepción espacial y equilibrio están bien desarrollados, es más probable que te sientas seguro y cómodo moviéndote en cualquier espacio.

En segundo lugar, estas habilidades te ayudan al mantenimiento del equilibrio y la prevención de caídas. Cuando eres adulto, y a medida que nos hacemos mayores, un buen sistema vestibular ayuda a que no te des de bruces constantemente. Otra gran ventaja de tener bien desarrollada la percepción espacial es su relación con las habilidades de navegación. Ya sea porque estés conduciendo, caminando por un lugar nuevo o usando transporte público, es la percepción espacial la que te permite ubicarte en el espacio y moverte de forma eficiente. De hecho, conozco a muchos adultos que tienen serios problemas para situarse en el espacio y no se orientan ni en un centro comercial; son el tipo de personas que se pierden en la tienda sueca de muebles. Si esa persona hubiera entrenado más esta habilidad en su infancia no tendría estos desajustes. Gracias a esta habilidad, puedes calcular si un objeto está a tu derecha o izquierda, o saber cómo cambiar de dirección sin necesidad de mirar constantemente a tu alrededor; es como tu brújula interior.

Además, estas habilidades influyen en nuestra capacidad para realizar tareas que requieren precisión, como en profesiones que dependen de la destreza manual o el manejo de herramientas. Si alguna vez has visto a un cirujano, un arquitecto o un diseñador gráfico trabajar, habrás notado que dependen en gran medida de estas habilidades para hacer cálculos y tener destreza con precisión. De igual manera, si eres deportista o usas tu cuerpo para tu trabajo, el sistema vestibular tiene un papel crucial en la coordinación, lo que te permite hacer movimientos rápidos y controlar tu cuerpo de manera eficiente.

Y todo eso se puede conseguir mientras tu hijo se mueve como un potrillo salvaje por la naturaleza, llámese campo, playa o parque, y es que todo lo que desarrollan jugando al aire libre no solo nos permite movernos con mayor facilidad en el mundo, sino que contribuye a nuestra seguridad y bienestar.

Además, el juego al aire libre estimula el desarrollo cognitivo, porque todos queremos que nuestro peque sea, si no el más listo, al menos, espabilado y es que jugar en la naturaleza ayuda a promover la curiosidad, la creatividad y el pensamiento crítico y eso es porque el entorno natural proporciona oportunidades para que los niños exploren y resuelvan problemas. Por ejemplo, investigar por qué flota la pelota en un charco, o cómo se mueve una pelota al pasarla con efecto, tirar piedras al agua... les ayuda a comprender conceptos científicos de manera intuitiva. También se ha demostrado que mejora la concentración y estimula la neuroplasticidad

En cuanto al desarrollo emocional y social, el juego al aire libre permite a los niños expresar sus emociones y reducir el estrés, ya que a todos nos ayuda a rebajar el cortisol. Además, ¿a quién le gusta estar todo el día enfadado? Los estudios han demostrado que los niños que pasan tiempo en entornos naturales son menos propensos a experimentar agresividad o mal humor y tienen un mejor control de sus impulsos y dime tú quién no quiere eso para que en su casa haya una armonía familiar.

El juego al aire libre no solo es divertido, sino que quiero dejarte clarísimo que es una fuente inagotable de beneficios porque el movimiento, la naturaleza y la libertad que ofrece el entorno exterior son irreemplazables.

9
Infancia empantallada

NO HAY QUE SER ANTIPANTALLAS

Te puedo resumir este capítulo en una frase: las pantallas cuanto menos se usen y más tarde se entreguen, mejor.

Pero cuidar a los más pequeños y proteger su salud no significa ser un antipantallas ni educar a los niños en una cueva, se trata de evitar una infancia empantallada que reste tiempo para otras actividades que son más fructíferas.

No se trata de demonizar la tecnología, o alarmar de forma innecesaria, de hecho no soy una antipantallas como muchas veces me atacan los haters en mis redes sociales, sino que se trata de comprender su impacto real desde una perspectiva neurocientífica y consciente hacia la infancia, para luego aprender a equilibrar su uso.

No puedo ser una antipantallas porque evidentemente estoy haciendo uso de las mismas para que puedas estar leyendo estas palabras, y uno de mis principales medios de divulgación son las redes sociales. De hecho, cuando mis hijos me ven trabajar, ya que lo hago desde casa y entran en mi pequeño despacho, me preguntan: «Mami ¿qué haces hoy en el trabajo?», y les cuento lo que estoy haciendo, cómo lo hago y para qué lo hago.

Un día estaba preparando una conferencia y no encontraba una imagen que representara el mensaje que quería transmitir, así que me metí en una herramienta generadora de imágenes por inteligencia artificial y di con la tecla. El resultado fue un bebé dejando de lado su osito y abrazado tiernamente a un móvil. Justo en ese momento mi hijo mediano de 5 años entró para pedirme un folio porque quería dibujar y se fijó en la pantalla y me dijo asombrado: «Mamá, ese bebé quiere mucho al móvil de su mamá». Aproveché la oportunidad para explicarle que estaba preparando una charla para familias y para su entendimiento le dije que le iba a contar a las familias cómo lo hacíamos en casa para jugar y leer más en vez de ver tanto la tele, y además le expliqué que esa imagen no era real y para probarlo le pregunté qué imagen te gustaría ver y él me dijo lo más loco que se le ocurrió en ese momento y escribí el prompt para crearlo. Una vez que vio el resultado le dije las cosas que se podían hacer con la inteligencia artificial. ¿Por qué te cuento esto? Porque cuidar que el ocio de tus hijos no sean las pantallas no significa que se estén criando sin saber lo que es la tecnología.

Está más que claro que vivimos en la era digital, que la tecnología la usamos a diario y evidentemente es un momento donde los milenials, los nacidos entre 1981 y 1996, hemos vivido en nuestras propias carnes el gran avance tecnológico y ahora criamos entre pantallas a nuestros hijos y a veces luchando contra ellas.

Las pantallas en nuestro día a día están en todas partes, de hecho en el móvil llevamos todo guardado, y siempre digo que prefiero perder la cartera antes que perder el móvil, porque ahí llevo vida personal y profesional. Hasta la alarma para despertarnos por las mañanas está en el móvil y ya nos levantamos con los ojos entrecerrados, pero con el móvil en la mano. Son omnipresentes en nuestra rutina y esto hace que nos enfrentemos a una nueva pandemia porque no solo está en peligro el neurodesarrollo de los más pequeños, de la cual hablaremos más adelante, sino que la salud y el bienestar de adultos y pequeños penden de un hilo.

Esta pandemia digital no se manifiesta en fiebre o tos como síntomas evidentes después de una sobreexposición a dispositivos, sino que sus consecuencias hacen aparición en áreas de nuestra vida y de la de nuestros hijos donde aparentemente no tienen relación y el impacto no es tangible de inmediato.

Por ejemplo, puedes preguntarte: ¿Cómo van a influir las pantallas en las rabietas de mi hijo? Un estudio publicado en JAMA Pediatrics en agosto de 2024 reveló que el uso de tabletas en niños de entre 3 y 5 años contribuía a mayores arrebatos de ira y frustración, dificultando la capacidad de los más pequeños para manejar eficazmente sus emociones.

Para mí este dato es revelador y te explico por qué. ¿Cómo se le suele llamar a la época en la que los más pequeños tienen más rabietas? «Los terribles dos», en referencia a que a los 2 años de edad es más frecuente la aparición de desbordes emocionales. Las rabietas son de los hitos que más temen las madres y padres y que ya hemos aprendido a cómo acompañarlos en capítulos anteriores. Pero aunque ya sepas cómo acompañarlos o sientas que tienes más herramientas para ello, a nadie le apetece que su hijo parezca la niña del exorcista en medio del supermercado pataleando y llorando tirado en el suelo o que grite a pleno pulmón porque no quiere irse del parque. A nadie le apetece que su hijo sufra y evidentemente todos los adultos temen ese momento. Entonces ¿por qué alimentar una rabieta dándoles pantallas?

Como ya sabes, el cerebro de los más pequeños sigue en construcción, y si encima añadimos más piedras al camino, ¿cómo no van a tener dificultades en la autorregulación emocional? Esto es solo uno de los datos que deja al descubierto que esta epidemia tecnológica está dejando huellas profundas en el desarrollo cerebral, emocional y social de nuestros niños, pero hay más, y apenas estamos empezando a comprender porque todavía faltan pruebas científicas al respecto, pero lo que está claro es que las familias necesitan información, los educadores necesitan formación y necesitamos leyes que protejan a la infancia.

Llevo divulgando sobre pantallas desde 2021 en mis redes, talleres y formaciones, y en más de una ocasión me han tachado de exagerada, hasta que por suerte cada vez más profesionales se han unido a este caminar. Antes que yo, ya había gente muy buena y profesional divulgando sobre ello, y en esto no se trata de una competición sobre quién lleva más tiempo divulgando de qué, sino que se trata de que cuantas más personas nos sumemos a una educación donde se respeten las necesidades de la infancia y se potencien sus habilidades cognitivas, físicas y emocionales, mejor que mejor.

Porque hemos normalizado tanto que las pantallas estén presentes desde los primeros meses de vida de un bebé que no nos extraña ver pequeños de pocos meses en un carrito viendo dibujos o canciones en el móvil. Se han convertido en compañeros durante comidas, juegos y, a menudo, incluso para dormir, invadiendo los espacios más íntimos de la infancia. Sin embargo, lo que parece una solución cómoda a corto plazo puede tener consecuencias a largo plazo.

Vamos a verlo con un ejemplo. Hace solo unas décadas se anunciaba la cerveza como una bebida para toda la familia, e incluso hay fotografías de niños en un hospicio de Sevilla en 1939 donde les daban jarras de una conocida marca de cerveza española.

Y no hay que irse tan lejos, ya que en la época de mi abuela algunos remedios medicinales para los más pequeños incluían preparados con añadidos de bebidas alcohólicas, como un poquito de brandy. En este momento a nadie se le pasa por la cabeza darle alcohol a un niño, pero en aquella época era algo normal y no era malo o contraproducente para su salud. Pues lo mismo pasa con las pantallas actualmente. A muchas personas les resulta un recurso cómodo para «anestesiar» el comportamiento de los niños y les vale como «chupete emocional» porque no parece que les afecte y, como todo el mundo lo hace, suponen que malo no será.

¿EXISTEN LOS NATIVOS DIGITALES?

Cuando hablo sobre este tema en mis redes sociales siempre recibo comentarios diciéndome que estoy frenando la alfabetización digital de los niños, o incluso me preguntan si tengo hijos, afirman que tengo criados en casa y me acusan de frenar la educación de los más pequeños porque los niños de ahora son nativos digitales y yo les estoy negando sus necesidades tecnológicas. Literalmente me hace gracia cómo la gente e incluso profesionales hacen uso a la ligera de la expresión «nativos digitales». Marc Prensky acuñó el término "nativo digital" en 2001 para definir a los sujetos que habían crecido con la red y con el progreso tecnológico y actualmente muchos profesionales lo usan sugiriendo que los niños y adolescentes actuales tienen un cerebro adaptado para la tecnología.

Creo que el uso a la ligera de este término es un error, ya que la idea de los «nativos digitales» puede conducir a las familias y profesionales a subestimar la necesidad de guiar y limitar el uso de pantallas porque pueden creer que es una necesidad cerebral real de esta generación. Como bien explica la autora y pedagoga María Couso, el cerebro humano no ha evolucionado en los últimos 50.000 años, lo cual significa que el cerebro de un niño actual no está naturalmente mejor adaptado para procesar la tecnología de generaciones anteriores y que necesitan lo mismo que tú y que tus antepasados.

Además, los avances tecnológicos no llevan presente tantos años como para que nuestro cerebro haya evolucionado como especie debido a estos cambios. Es cierto que muchos pequeños parecen manejar los dispositivos con soltura, pero esa habilidad no es innata ni salen del vientre de mamá gritando «¡Necesito un móvil para calmar mis necesidades tecnológicas!», sino que esa habilidad que observamos en algunos menores proviene del aprendizaje por repetición e imitación, es decir, de vernos a los adultos usar estos objetos, no de una predisposición biológica y un cerebro preparado para manejar un dispositivo desde que nacen.

De hecho, cuando son muy pequeños, su cerebro no distingue lo que ve en la pantalla de otras experiencias de aprendizaje porque todavía está inmaduro, y esto significa que no son nativos digitales y que no están mejor preparados para gestionar la tecnología, además, carecen de las habilidades de autorregulación para gestionar sus límites, por eso necesitan de nuestra guía y presencia para darle un uso equilibrado.

Por eso yo planteo las siguientes preguntas: ¿Son realmente los niños de hoy «nativos digitales» o está confundiéndose con «huérfanos de la realidad», carentes de las interacciones y exploraciones esenciales para su desarrollo? ¿Estamos permitiendo que las pantallas roben el tiempo de juego, descanso y creatividad?

Hay que darle una vuelta al ritmo frenético que llevamos, ya que el acceso constante a la tecnología, las faltas de medidas de conciliación laboral y familiar y otras muchas dificultades nos ha llevado a vivir en un ritmo vertiginoso que afecta no solo a los adultos, sino también a los niños. Esto también ha marcado un antes y un después en mi familia y le hemos dado un giro a nuestra vida: cambio de ciudad, de casa, de colegio y, por ende, cambio una vida más lenta, con menos prisas y más cerca de la naturaleza.

Todo este giro de tuerca en nuestra vida y en nuestros hábitos lo hemos hecho por nuestros hijos, intentando vivir de manera más pausada y consciente, dándole un respiro necesario para el cerebro, especialmente en la infancia, cuando el desarrollo neuronal depende de experiencias sensoriales, afectivas y de exploración. La neurociencia ha demostrado que el cerebro necesita momentos de calma para consolidar la información y adaptarse al entorno. Este ritmo pausado permite que los niños vivan el presente, aprendan a observar y desarrollen una atención sostenida y una regulación emocional más sólida, aspectos que el uso indiscriminado de pantallas obstaculiza sin duda alguna. Y este giro de tuerca a una vida más lenta y con un nivel de conciencia más elevado ha cambiado y mejorado no solo la vida de mis hijos, sino también la mía y la de mi pareja.

Por tanto te animo a seguir leyendo estas líneas, no sin antes decirte que es hora de recuperar el control y devolverles a los niños lo que más necesitan: movimiento, juego, relaciones reales y un entorno lleno de posibilidades. El cerebro de nuestros hijos está en juego, y debemos desde casa tomar decisiones conscientes para proteger su desarrollo y construir una infancia plena y equilibrada.

Efectos del tiempo frente a las pantallas

Como ya hemos visto en capítulos anteriores, durante los primeros 6 años de vida, el cerebro infantil experimenta un crecimiento y una reorganización neuronal sin precedentes, donde se forman conexiones neuronales a un ritmo vertiginoso, llegando, te recuerdo, a 1 millón por segundo durante los primeros años de vida. El cerebro de un niño necesita movimiento, gatear, correr, tocar y explorar y eso ayuda a formar las conexiones necesarias para el aprendizaje. Necesitan interactuar cara a cara, tener conversaciones con sus adultos de referencia, miradas y risas que son el motor del desarrollo emocional y lingüístico. E indudablemente necesitan experiencias reales como jugar con arena, trepar a un árbol o escuchar cuentos cantados, y estas son actividades que enriquecen el cerebro de una forma que las pantallas no pueden igualar.

Cuando los niños pasan demasiado tiempo frente a pantallas, su cerebro pierde la oportunidad de experimentar muchas de estas cosas, y eso puede afectar cómo se desarrollan porque esta etapa de los primeros 6 años de vida es altamente sensible y dependiente de experiencias sensoriales, motoras y sociales que moldean la arquitectura de cómo será ese pequeño cerebrito en el futuro.

Y quizá te estés preguntando: ¿y cómo afecta la exposición a pantallas a su desarrollo cognitivo?

La exposición temprana y prolongada a pantallas no solo es innecesaria en los primeros años de vida, sino que puede ser perjudicial para el desarrollo cerebral de los niños.

La Asociación Española de Pediatría (AEP) ha actualizado sus recomendaciones en 2024 sobre el uso de pantallas en niños y adolescentes. La AEP desaconseja el uso de pantallas antes de los 6 años, considerando que no existe un tiempo seguro de uso en esta etapa. Entre los 0 y los 6 años, no existe equilibrio posible en el uso de pantallas, y cualquier tiempo frente a dispositivos electrónicos en esta etapa ya constituye un uso negligente, y debe ser la última opción de ocio infantil asegurando que no hay tiempo seguro de exposición. Para niños de 7 a 12 años, se recomienda limitar el tiempo de uso a menos de 1 hora diaria, priorizando actividades deportivas y relaciones presenciales. En adolescentes de 13 a 16 años, se aconseja que el tiempo frente a pantallas no supere las 2 horas diarias, además de implementar herramientas de control parental y retrasar la edad del primer móvil con conexión a internet.

Bruna Lima Durans Cavalcanti y colaboradores, en una investigación que trataba sobre una revisión integrativa de literatura científica de los últimos 10 años, analizó las consecuencias del uso de pantallas digitales en el desarrollo cognitivo infantil. Los hallazgos sugieren que el uso desregulado de tecnologías afecta a los niños, presentando un evidente impacto en el desarrollo cognitivo, como deficiencias intelectuales, déficit de atención, dificultades en el habla y complicaciones psicológicas como depresión y ansiedad. Además, se ha relacionado con un aumento de casos de obesidad infantil, deficiencias nutricionales, alteraciones metabólicas y trastornos del sueño.

Un estudio publicado en 2018 por Twenge y Campbell, con

una muestra de más de 40.000 niños y adolescentes de entre 2 y 17 años, indicó que el uso excesivo de pantallas en edades tempranas se asocia con dificultades en el aprendizaje y con síntomas de déficit de atención y ansiedad, y afecta el bienestar general del niño. De hecho, los jóvenes que pasaban más tiempo conectados eran un 30 % más propensos a reportar altos niveles de ansiedad y depresión.

Otro estudio que se publicó en 2022 en *JAMA Pediatrics* habla sobre unas investigaciones realizadas en Japón con una muestra de más de 7.000 niños nacidos entre 2013 y 2017, y se demostró que la exposición a pantallas, incluso por menos de 1 hora diaria, puede tener efectos perjudiciales a nivel cognitivo. A los 2 años de edad, los niños expuestos a pantallas mostraban retrasos en áreas críticas como el lenguaje, la motricidad fina y la resolución de problemas. Estos efectos se agudizaban cuanto mayor era el tiempo de exposición, y eran más pronunciados en niños que pasaban más de 4 horas diarias frente a una pantalla.

¿Recuerdas la mielina? Esa sustancia que recubre las fibras nerviosas y permite que las señales eléctricas viajen más rápido y de manera más efectiva. Pues bien, Hutton y colaboradores en un trabajo realizado en 2020 y publicado en la revista *JAMA Pediatrics*, investigaron cómo el tiempo frente a pantallas afecta el desarrollo cerebral en niños pequeños. Utilizando imágenes de resonancia magnética por tensor de difusión, los investigadores evaluaron el cerebro de 47 niños de entre 3 y 5 años. Los resultados mostraron que un mayor tiempo frente a pantallas estaba asociado con una menor integridad en la materia blanca, particularmente en áreas del cerebro relacionadas con el desarrollo del lenguaje y las habilidades cognitivas, por tanto una menor mielinización en áreas clave como el lenguaje y las funciones ejecutivas. Y es que estas funciones son muy importantes, ya que incluyen la planificación, la atención y el control de impulsos, y son esenciales para el rendimiento académico y la vida cotidiana.

Además, todos los seres humanos tenemos solo disponibles 24 horas al día y es de sentido común que si estamos frente a la pantalla no estamos haciendo otras cosas, y por tanto si estamos empantallados esa actividad desplaza otras actividades esenciales para el desarrollo. Cada minuto que un niño pasa frente a un dispositivo es un minuto que no dedica a leer, explorar el mundo real o interactuar con otras personas.

Estas experiencias reales son fundamentales para desarrollar habilidades sociales, emocionales y cognitivas. Por ejemplo, un mayor uso de pantallas a los 2 años de edad se correlaciona con un menor tiempo dedicado a la lectura a los 3 años, lo que a su vez conduce a un aumento del tiempo frente a pantallas a los 5 años. Este ciclo crea una dependencia que puede ser difícil de romper y limita la exposición del niño a experiencias enriquecedoras y necesarias para su desarrollo.

Aunque todavía se necesita mucha más legislación, normativa y recomendaciones por organismos oficiales.

Las pantallas también afectan a nuestra forma de ver la vida, concretamente se prevé un aumento de la miopía. Según un estudio, se estima que en 2030, 1 de cada 3 niños y niñas españoles de las edades estudiadas (5 y 7 años) será miope si continúa la tendencia creciente observada en los últimos 5 años. De ese porcentaje, el 81,9 % será baja miopía, el 10 % moderada y el 7,3 % alta, y se recomienda pasar más tiempo al aire libre. Y no te creas que para llegar a esa estimación lo han hecho a lo loco, sino que en este estudio publicado en *Journal of Clinical Medicine*, los investigadores tomaron una muestra de 14.629 participantes de entre 5 y 7 años procedentes de diferentes comunidades autónomas españolas entre 2016 y 2021.

Otro estudio, publicado en *BMC Public Health* en 2024, aporta información sobre cómo el uso excesivo de pantallas está directamente relacionado con el aumento de la incidencia de miopía en niños y adolescentes. Este análisis destaca la creciente preocupación por los efectos de las pantallas en la salud visual, especialmente en una generación que crece rodeada de dispositivos digitales, ya que la investigación revela una relación clara y estadísticamente significativa entre el tiempo de exposición a pantallas, como teléfonos móviles, tabletas y computadoras, y el desarrollo de la miopía. A medida que los niños y adolescentes pasan más tiempo frente a pantallas, el riesgo de miopía aumenta considerablemente, en particular cuando el uso de estos dispositivos supera las 2 horas diarias. Los niños más pequeños, en especial aquellos menores de 8 años, son los más vulnerables a estos efectos debido a la sensibilidad de sus ojos en esta etapa crucial de crecimiento.

Entre los factores más preocupantes, el estudio resalta la distancia cercana a la que los niños suelen mirar las pantallas; además, utilizar dispositivos en ambientes con poca luz agrava aún más el riesgo, ya que obliga al ojo a esforzarse más para enfocar, lo que contribuye al desarrollo de la miopía. Por otro lado, el estudio subraya la importancia de la luz natural y el tiempo al aire libre como factores protectores contra la miopía. Pasar tiempo al aire libre reduce significativamente el riesgo de que los niños desarrollen problemas visuales. La exposición a la luz natural ayuda a prevenir el alargamiento axial del ojo, un factor clave en el desarrollo de la miopía.

El uso de pantallas en menores no solo afecta su salud visual o mental, sino que también impacta en el desarrollo de problemas relacionados con el peso y la alimentación que veremos en otro capítulo más adelante.

Cuando yo todavía estaba en las aulas como tutora tras la pandemia, recuerdo comentar entre compañeros que cada vez los peques venían con menos desarrollo en el lenguaje, hablaban menos y a muchos costaba entenderlos. A bote pronto creo que todo el mundo le echó la culpa a las mascarillas que nos acompañaron durante largas jornadas de trabajo. Además por forzar demasiado la voz en esas aulas repletas de niños de Educación Infantil, me llevé de regalo un hematoma y un par de nódulos en las cuerdas vocales. Independientemente a esto, no ha sido hasta bastante tarde cuando han empezado a salir resultados de estudios de que la responsabilidad de la pobreza del lenguaje de los más pequeños no era fundamentalmente de las mascarillas, sino del exceso de pantallas y de la carencia de interacción cara a cara.

Un estudio publicado a finales de 2024 ofrece una visión integral de cómo el uso de dispositivos digitales afecta tanto al desarrollo del lenguaje como a las funciones ejecutivas en los niños. Destaca que la exposición prolongada a pantallas, particularmente cuando no incluye interacción directa con los cuidadores, es decir los niños ven pantallas sin supervisión ni interacción adulta, está asociada a retrasos en el desarrollo del lenguaje.

Las funciones ejecutivas, que incluyen la memoria de trabajo, el control inhibitorio y la flexibilidad cognitiva, también se ven afectadas por el tiempo frente a pantallas. De hecho, según esta investigación los niños que dedican largas horas a actividades pasivas, como ver vídeos o jugar a videojuegos, pueden experimentar dificultades en la autorregulación y en la capacidad de mantener la atención en tareas no digitales. Otro estudio publicado en 2023 corrobora que los niños que pasan mucho tiempo frente a pantallas pueden desarrollar un estilo de atención fragmentado, donde se acostumbran a estímulos rápidos y cambios constantes en lugar de enfocarse en una sola tarea por periodos prolongados. Es evidente que este patrón puede dificultar el aprendizaje en entornos más estructurados, como la escuela, donde se requiere una atención sostenida en diferentes tareas.

Otro estudio danés, realizado a gran escala y basado en datos de 31.125 niños de 2 y 3 años, analizó la relación entre el tiempo de pantalla de dispositivos móviles y el desarrollo del lenguaje en niños pequeños. Se encontró una asociación entre un tiempo de pantalla de una hora o más al día y un peor desarrollo del lenguaje, con mayor riesgo de dificultades en la comprensión y expresión lingüística.

Y en todos los estudios que te estoy nombrando se han tenido en cuenta todo tipo de pantallas, y ¿por qué digo esto? Porque muchas veces me preguntan: «Elvira, la televisión ¿se considera pantalla?». Y la respuesta evidente es que sí. Por eso no hay pantallas mejores o peores, sino que de 0 a 6 años lo mejor es tenerlas apagadas.

Otra de las preguntas que más me hacen las familias es cómo afectan el uso de videollamadas y si son contraproducentes. Las videollamadas han sido un recurso valioso para mantener el contacto social, especialmente en situaciones de aislamiento como fue el caso de la pandemia de 2020 o cuando tenemos a la familia lejos. Un estudio de McClure y colaboradores (2022) demostró que las videollamadas pueden ser útiles para el desarrollo de habilidades sociales con seres queridos que están lejos cuando incluyen interacciones bidireccionales y supervisión adulta. No tienen el mismo potencial que la interacción cara a cara real y no deben sustituir las interacciones presenciales, pero no son negativas como para interferir en el neurodesarrollo. Como recomendaciones, te aconsejo que no superen los 10 minutos para evitar la sobreestimulación. Es acertado que tú como adulto participes activamente en la conversación, ayudando a tu hijo a entender y responder a lo que ve y oye.

Además, no solo debemos estar pendientes del tiempo que pasen los menores frente a las pantallas, sino que el contenido de lo que consumen también importa. En 2024 se hizo un estudio publicado en *JAMA Pediatrics* sobre cómo diferentes tipos de contenido en pantalla afectan la salud mental de niños en edad preescolar. Los hallazgos principales fueron que la exposición a contenido violento se asocia con un aumento en problemas de conducta, como agresividad y desobediencia y que independientemente del tipo de contenido, un tiempo de pantalla excesivo se vincula con mayores riesgos de problemas de salud mental.

¿Son adictivas las pantallas?

Seguro que te has cuestionado más de una vez: «¿Por qué un niño frente a la tele está abducido? ¿Por qué mi sobrino no puede dejar el móvil?» o «¿Cómo es posible que se quede embobado con la tableta durante horas?» o incluso si nos miramos a nosotros mismos podemos decir «Si me metí a responder un wasap, ¿cómo he acabado viendo un vídeo de gatitos en Instagram?». Por eso, la respuesta no es tan sencilla como parece, pero tiene mucho que ver con lo que pasa dentro de nuestro cerebro. Porque las pantallas no solo entretienen o nos ayudan con diferentes tareas, sino que están diseñadas para captar nuestra atención y hacernos querer siempre un poquito más.

Para entender mejor por qué pasa esto, vamos a hablar de un sistema muy poderoso que todos tenemos en el cerebro: el circuito de recompensa.

Cada vez que algo nos gusta o nos emociona, nuestro cerebro libera dopamina, una sustancia química que actúa como un mensajero entre las neuronas. En el caso de las pantallas, esa dopamina se dispara cuando vemos un vídeo divertido, ganamos en un videojuego o recibimos un like en las redes sociales. Es como si el cerebro dijera: «¡Esto es genial! ¡Hazlo otra vez! ¡Quiero más!». Por eso, los niños quieren ver el mismo capítulo una y otra vez o jugar al mismo juego sin parar. Pero aquí está el truco: la dopamina no se libera tanto por lo que estamos disfrutando en ese momento, sino por la anticipación de lo que vendrá después, reforzando el deseo de seguir consumiendo, ya que esta es la misma vía involucrada en adicciones como el juego o ciertas sustancias. Las aplicaciones y los juegos usan refuerzo intermitente variable, el mismo principio que hace que las personas se enganchen a las máquinas tragamonedas o los casinos. No siempre obtienes una recompensa, pero cuando ocurre, es altamente satisfactorio. Esto crea un comportamiento compulsivo de «solo un intento más», con el peligro añadido de que las plataformas están diseñadas para que el contenido fluya sin esfuerzo: adaptan el contenido para que quieras seguir viendo más y usan algoritmos que analizan tus preferencias mostrando exactamente lo que más los engancha, unido al autoplay, scroll infinito y notificaciones que hacen que no haya pausa para reflexionar y decidir si seguir o parar; es un consumo pasivo que atrapa la atención sin requerir esfuerzo. Es decir, lo que realmente engancha no es el placer que sentimos en el momento, sino las ganas de volver a sentirlo una y otra vez.

Y ese deseo, que nos mantiene pegados a las pantallas, puede volverse una trampa.

El problema de este subidón de dopamina es que el cerebro se acostumbra. Es como si cada vez necesitara una dosis más alta para sentir el mismo nivel de placer. ¿El resultado? Los niños (y también los adultos) empiezan a buscar más y más tiempo frente a las pantallas porque lo que antes les entretenía ya no les parece suficiente. Además, cuando dejamos de recibir esa estimulación constante, podemos sentirnos irritables, aburridos o incluso apáticos porque la dopamina desciende y sufre una caída en picado. Y puede llegar al punto de que las cosas que antes nos hacían felices, como jugar al aire libre o leer un libro, ya no nos motivan igual y ese es uno de los peligros de la sobreexposición a la pantalla en menores, ya que los niños tienen menos tolerancia a la espera y la frustración. Como su cerebro aún no ha desarrollado plenamente la paciencia ni la capacidad de postergar gratificaciones, prefieren actividades que den placer inmediato, en lugar de aquellas que requieren más tiempo y esfuerzo en el mundo real, y así lo explican en su último estudio Debasmita De y colaboradores (2025), donde examinan el impacto neurobiológico del uso prolongado de las redes sociales, centrándose en cómo afecta a los sistemas de recompensa, atención y regulación emocional del cerebro.

En ese circuito de recompensa cerebral que provocan las pantallas están implicadas varias áreas de nuestro cerebro. Como explican Costa *et al.* (2025), el núcleo accumbens es como el centro del placer. Esta pequeña región del cerebro recibe una buena dosis de dopamina cada vez que hacemos algo que nos gusta. Ya sea comer un helado o ganar en un videojuego, el núcleo accumbens nos dice: «Esto es bueno, repítelo». Con las pantallas, el bombardeo de estímulos es constante: un nuevo mensaje en redes sociales, un capítulo más en la serie o el siguiente nivel en el videojuego que tienes en el móvil. Cada uno de ellos dispara la dopamina y refuerza el deseo de seguir usando la pantalla.

Por otro lado, tenemos el área tegmental ventral y la sustancia negra y lo consideramos como el inicio del circuito, ya que estas áreas del cerebro son las responsables de liberar dopamina al circuito de recompensa. En el caso de las pantallas, estas áreas son constantemente activadas por la rapidez de los estímulos visuales y auditivos. Y a eso le añadimos que entra en juego un área que no se termina de desarrollar hasta la edad adulta: la corteza prefrontal, una pieza fundamental del puzle y que es la encargada de tomar decisiones racionales y controlar impulsos. En los niños pequeños, esta área que aún está en desarrollo, hace que sean más vulnerables a estímulos intensos y repetitivos. Por eso, cuando una pantalla capta su atención, su cerebro aún no tiene la madurez para decir: «Basta, es hora de parar». Esto explica por qué a menudo es tan difícil que un niño deje un dispositivo sin quejarse o que desemboque en un desborde emocional o las conocidas rabietas.

Pero esto no acaba aquí, también tenemos al giro cingulado que ayuda a evaluar si una conducta es adecuada en un momento dado. Sin embargo, el uso excesivo de pantallas puede desensibilizar esta área, dificultando que el cerebro diferencie entre comportamientos saludables y no saludables. Si ya nos cuesta diferenciarlo a los adultos, imagínate a un niño.

Además de la dopamina, las pantallas pueden influir en la alteración de otros sistemas neuroquímicos, y la oxitocina no es la excepción. Según el estudio de Artemisa Dores *et al.* (2025), recibir un *like* en redes sociales, un comentario positivo o un mensaje en una aplicación puede generar pequeñas descargas de oxitocina, que se suman al efecto de la dopamina en el circuito de recompensa. En otras palabras, las pantallas pueden simular una sensación de conexión social y bienestar, aunque la interacción sea superficial y efímera.

En el caso de los niños, esto es aún más problemático, porque su cerebro aprende a asociar la sensación de conexión y validación con lo digital en lugar de con interacciones humanas reales. Así, muchos niños recurren a las pantallas no solo por entretenimiento, sino también como un mecanismo de regulación emocional. Si está aburrido, frustrado o ansioso, encender una tableta o un teléfono le ofrece una solución rápida para distraerse y sentirse mejor. En lugar de aprender a tolerar el aburrimiento, respirar profundamente cuando está nervioso o hablar de sus emociones cuando está triste, las pantallas actúan como una anestesia emocional. Pero este fenómeno no ocurre solo en las redes sociales o los videojuegos, sino también cuando los niños ven dibujos animados o vídeos infantiles. Aunque en estos casos no hay una interacción directa, el contenido está diseñado para activar el mismo circuito de recompensa que en las redes sociales.

Cuando un niño ve a su personaje favorito en una situación de cariño o afecto, su cerebro interpreta esa escena como una interacción social real, libera oxitocina de la misma manera que lo haría en una experiencia presencial. Si el personaje habla directamente a la cámara («¡Eres mi mejor amigo!», «¡Nos vemos en la próxima aventura!»), el niño siente que esa conexión es genuina, aunque en realidad sea una ilusión. El resultado es que el cerebro del niño aprende a asociar la sensación de bienestar con la pantalla, en lugar de con experiencias reales de juego y socialización. Esta combinación de oxitocina (por la falsa sensación de conexión) y dopamina (por la estimulación continua) hace que ver vídeos se convierta en una actividad adictiva y que los niños busquen cada vez más tiempo frente a la pantalla.

En los niños, que aún están aprendiendo a formar vínculos reales y entender emociones, este falso estímulo puede confundir sus expectativas sociales y emocionales, perdiendo además oportunidades de interacción cara a cara, que es lo que realmente estimula la liberación de oxitocina en contextos sociales. Por ejemplo, un abrazo, una conversación o el juego compartido con mamá o papá, libera esta sustancia de manera natural y en niveles adecuados.

Las pantallas, al no ofrecer la riqueza sensorial y emocional de las interacciones humanas reales, llevan a los más pequeños a tener dificultades en sus habilidades sociales e incluso influyen en el desarrollo del lenguaje, ya que la falta de interacción cara a cara puede dificultar que los niños aprendan a interpretar expresiones faciales, tonos de voz y emociones en los demás.

Por tanto, las pantallas resultan tan adictivas por varias razones. Están llenas de estímulos rápidos y constantes con imágenes que cambian en segundos, sonidos, colores brillantes... El cerebro no tiene tiempo de procesar todo, lo que lo mantiene alerta y «enganchado» porque no quiere perderse nada. Es como si no tuviera fin, y donde siempre hay algo nuevo que descubrir. Esto luego lleva a otras dificultades y puede afectar a la capacidad del niño para concentrarse en tareas más pausadas y complejas, como leer un libro, tareas escolares o jugar a un juego de mesa. El ritmo lento de la vida real puede dejar de cautivar porque la dopamina, liberada en el sistema de recompensa del cerebro, puede disminuir la tolerancia a la frustración y fomentar la búsqueda de gratificación instantánea, porque el cerebro no quiere esforzarse.

Las pantallas enganchan porque aportan un gustito inmediato, esa gratificación instantánea y recompensas al momento: un nivel superado, un vídeo gracioso, un meme que envías a una amiga, un corazón recibido. Esto refuerza el circuito de recompensa del que hablábamos antes, mientras que actividades como dibujar o construir algo requieren más paciencia y esfuerzo. Además, a diferencia de otras actividades, las pantallas no tienen un final natural. No hay «fin del juego» ni «última página». Las series actualmente tienen otro capítulo en las grandes plataformas; los juegos, otro nivel, y las redes sociales, un flujo interminable de contenido, y esto hace que sea muy difícil detenerse.

Pero hay que recordar que cuando enchufamos a la infancia a una pantalla, la estamos desconectando del mundo real. ¿Alguna vez has visto a tu hijo tan concentrado en la televisión que no escucha cuando le hablas? Eso pasa porque se secuestran otras funciones cerebrales, como la atención o la autorregulación.

Las preguntas que más recibo en mis formaciones o cuando participo en entrevistas o congresos son: ¿desde cuándo se pueden usar las pantallas? y ¿por cuánto tiempo?

Después de todo lo que acabas de leer, no recomiendo el uso de pantallas a menores de 6 años. Cualquier forma de exposición de menores de 6 años no es seguro y para peques a partir de 6 años debe ser la última opción de ocio infantil, ya que no deben formar parte de su rutina y debemos cuidar, además del tiempo, el contenido que se visualiza e incluso el dispositivo que se emplea. Quizá esta afirmación te parezca muy drástica, pero quiero explicártela comparándola con la alimentación.

Todo el mundo sabe que para una dieta rica en nutrientes es necesario hacer un adecuado balance de diferentes tipos de alimentos, y todos sabemos que la comida rápida y ultraprocesada no es la mejor, ¿verdad?, pero quizá hay un día que por excepción o por la circunstancia que sea no comen tan sano como acostumbran normalmente, ¿verdad?, pues eso puede pasar también de forma muy puntual con las pantallas. Si tu hijo en algún momento llega a casa de los abuelos y los primos están viendo un capítulo de dibujos animados, por ejemplo, no hace falta que le tapes los ojos y creas que su cerebro ya se está quedando como una uva pasa. Lo mejor es gestionar ese momento e intentar que apaguen la tele para que puedan jugar juntos y si en algún momento comparte unos minutos de televisión (sin que sea parte de una rutina) solo debes saber todo lo que ya hemos hablado sobre cómo actúan las pantallas en el desarrollo y así te ayudará a tomar una decisión consciente e informada cuando decidas que hagan esto. Lo que quiero a fin de cuentas es que puedas tomar decisiones conscientes y si tus hijos ven tele, usan tabletas o les dejas tu móvil puedas saber a qué desafíos posteriores te podrás enfrentar igual que un día que comen demasiados dulces o tienen muchos excesos.

CÓMO EQUILIBRAR EL USO DE PANTALLAS

Cuando te cuento todo esto no lo hago desde un altar y como una madre que nunca ha puesto pantallas a sus hijos, de hecho esto no es una confesión, sino algo que siempre cuento. Cuando yo era madre primeriza y solo tenía a mi hijo mayor, me angustiaba mucho que no quisiera comer y comencé a ponerle canciones en el móvil. Allá en el 2017 yo no tenía la información y la formación que tengo ahora, pero no fue hasta que yo misma vi que, aunque comiera, después se mostraba irascible a la hora de apagarlas, cuando comencé a formarme y a investigar sobre el tema. ¿Por qué te cuento esto? Porque quizá tú que me lees, probablemente le hayas puesto el móvil u otro dispositivo a tu peque y ahora te azotas con el látigo de la culpabilidad, pero no hagas eso. Es evidente que, cuando hacemos las cosas las hacemos porque creemos que es lo mejor y porque como vemos a todo el mundo hacerlo, pues tan malo no será, y ahí es donde, arrastrados por el rebaño de la sociedad, inconscientemente no aprendemos otros caminos que sí son más favorables no solo para los niños, sino también para los adultos.

En este proceso en el que ya comenzaba a formarme ampliamente sobre pantallas, neuropsicología y neurociencia, me quedé embarazada de mi segundo hijo y ahí sí que tenía claro los cambios que quería hacer respecto a mi primera maternidad. Así que decidí tomar cartas en el asunto y crear un plan de gestión de pantallas para la familia. Y, de verdad, fue una de las mejores decisiones que he tomado.

Primero, me senté y reflexioné sobre cómo estaban influyendo las pantallas en nuestra vida y el uso que mi pareja y yo misma hacíamos de ellas. Me di cuenta de que muchas veces consultaba demasiado el móvil, poníamos canciones de fondo en la tele o, siendo sincera, para darnos un respiro mientras teníamos algo que hacer. Pero también noté que había menos conexión entre nosotros y que mi hijo mayor se frustraba más fácilmente cuando había que apagarlas, y en esa época mi hijo mayor tenía unas rabietas de manual. Eso me dio la motivación para empezar, y actualmente sigue en casa con muchas mejoras, pero es más fácil porque no son normas, sino que es nuestra forma de vivir.

El plan no fue complicado, pero sí muy intencional. Lo primero fue establecer zonas libres de pantallas, como el comedor y los dormitorios. Esto cambió muchísimo el ambiente en casa. Antes, las comidas a veces eran con el televisor de fondo, pero ahora nos sentamos juntos, hablamos de nuestro día y compartimos más con la tele apagada y los móviles lejos. Es increíble lo mucho que disfrutamos de estos momentos ahora.

También decidimos dejar claro que habría momentos en los que no usamos pantallas, como antes de dormir. Al principio, no te voy a mentir, costó porque además yo misma por trabajo cuando publicaba en redes sociales estaba pendiente de las familias que me escribían sus dudas e intentaba responderles a la máxima brevedad. Pero con constancia, poniéndome límites a mí misma, sustituimos ese tiempo por juegos, actitud más relajada y conversaciones. ¡Y vaya si mejoraron los días y las noches! Ahora que tengo tres hijos te puedo decir que los niños están mucho más tranquilos, y yo también me siento menos estresada y no tan pendiente del móvil o las redes sociales.

Algo que me sorprendió fue cómo cambió mi relación con las

pantallas. Me di cuenta de que, si quería que ellos redujeran su uso, tenía que dar el ejemplo. Así que puse límites para mí también: apagué notificaciones, establecí horarios para revisar el móvil y, sobre todo, aprendí a estar más presente con ellos. No te imaginas la diferencia que hace dejar el móvil a un lado y mirarles a los ojos cuando te cuentan algo.

Una de las cosas que más ayudó fue planificar actividades alternativas. Creamos un rincón de juegos y lectura, con materiales sencillos, pero superatractivos para ellos. También nos comprometimos a pasar más tiempo al aire libre, de hecho lo recomendable es pasar unas 3 horas fuera de casa; hay días sobre todo en invierno que no nos da tiempo a estar 3 horas pero sí aunque sea una vuelta rápida por el parque después de merendar. Eso hizo que descargaran energía y que conectáramos más como familia. De hecho, este cambio fue una de las razones que nos empujaron a cambiar de vida, de ciudad y de todo, y mudarnos a un entorno mucho más natural; dimos ese salto por nuestros hijos y ahora pasan mucho más de 3 horas al aire libre y nosotros los mayores también.

Lo mejor es que ahora siento que estamos más conectados como familia y yo me siento más ligera, con menos culpa y más presente.

Te lo cuento porque, sinceramente, me sorprendió lo bien que nos fue con algo tan simple como un plan familiar de pantallas. Al principio puede parecer difícil o incluso caótico, pero con el tiempo todo empieza a fluir. En mi caso, los niños ahora juegan más, se pelean menos (¡milagro!), y hay una energía mucho más tranquila en casa. Si decides probar algo parecido, no te preocupes por hacerlo perfecto. Empieza con cambios pequeños, adapta las ideas a tu familia y, sobre todo, disfruta del proceso. Vas a notar la diferencia, ¡te lo prometo!

Así que si estás leyendo esto y todavía no tienes un bebé en tus brazos al que le hayas puesto pantallas, pues genial, pero si por el contrario las pantallas ya han entrado en tu hogar y te gustaría reducir su uso o quitarlas por completo, te resumo el proceso.

Primero habla con tu familia, este es el primer paso. Con niños de 3 años aproximadamente ya se puede hacer, así que sentaos todos juntos y hablar de lo que queréis cambiar. Explícale a los niños de forma sencilla por qué las pantallas no son tan buenas para ellos y cómo podéis pasar más tiempo juntos haciendo cosas divertidas. Por ejemplo, les puedes decir algo como: «Vamos a intentar usar menos pantallas en casa porque queremos jugar más juntos, leer cuentos y salir al parque. ¿Qué os parece si hacemos un plan para usar las pantallas solo en ciertos momentos?». Y así las podréis ir retirando poco a poco.

Si tus hijos son más pequeños, puedes simplificarlo aún más: «Vamos a mirar menos tele y hacer más cosas divertidas juntos, ¿vale?». De esta forma y paso a paso podéis ir reduciendo el uso hasta quitarlas por completo.

Esta charla inicial es clave para que toda la familia se sienta parte del cambio, y esto hará que sea más fácil empezar.

El paso 2 sería crear zonas libres de pantallas y este es uno de los cambios más importantes. Por ejemplo: el comedor, nada de tele mientras comemos. Las habitaciones: ni tableta, ni tele, ni móviles.

Y aparte de las zonas, también podéis decidir en qué momentos no habrá pantallas. Por ejemplo, nosotros tenemos una habitación de juegos y ahí no entran los móviles de mamá o papá.

Después de las pantallas debe haber un plan o una alternativa que enganche y motive. Algunas ideas pueden ser salir a la naturaleza, tener un rincón creativo donde prepares un espacio con colores, plastilina, cuentos y algunos juguetes. A los niños les encanta ir allí y crear cosas nuevas. Y jugar a juegos de mesa o juegos en familia, desde construir fuertes con cojines hasta jugar al escondite.

Evidentemente, dar ejemplo como adulto es la base. Esto fue una de las cosas más importantes que aprendí: no podía pedirles a los niños que usaran menos pantallas si yo misma no era un buen ejemplo. Así que puedes hacer pequeños cambios en tu rutina:

- Elimina las notificaciones del móvil para no estar siempre pendiente.
- Ponte horarios para revisar mensajes o redes sociales, por ejemplo, después de que los niños se duerman.
- Intenta no usar el móvil mientras estáis comiendo o jugando juntos.

No es fácil y al principio no te voy a negar que fue un desafío, pero luego me di cuenta de que yo también necesitaba desconectar.

Otro paso es establecer reuniones familiares donde se acuerden una serie de procesos, por ejemplo dejamos las pantallas 2 horas antes de irnos a dormir. Una vez a la semana, nos sentamos todos (aunque sea solo 10 minutos) para hablar y proponer ideas nuevas.

Hacemos preguntas como:

- ¿Qué fue lo que más disfrutaste esta semana?
- ¿Qué actividad te gustaría hacer la próxima semana?
- ¿Qué podríamos mejorar?

No es una reunión para reprochar o echar en cara, es una reunión para reflexionar, y hasta mis hijos pequeños se animan a proponer cosas. Lo mejor es que estas reuniones se volvieron algo que esperan con ganas porque sienten que sus opiniones cuentan. Es importante que celebréis los pequeños logros que vayáis consiguiendo, aunque sea algo tan simple como haber tenido una comida sin pantallas o apagar la tele sin tener que repetirlo cien veces. Decirles cosas como: «¡Gracias por cumplir el acuerdo! Ahora podemos hacer algo divertido juntos». Eso los motiva muchísimo.

Quiero ser honesta: no todo fue perfecto desde el principio, y te hablo de 2019. Hubo días en los que las pantallas se colaron más de lo que queríamos, pero aprendimos a no frustrarnos por eso. Lo importante es seguir intentándolo y confiar en el proceso para finalmente conseguir un uso responsable y equilibrado de las pantallas en casa.

10

El solucionario de las pantallas

CÓMO APAGAR PANTALLAS SIN PERDER LOS NERVIOS

Seguramente después de haber leído cómo las pantallas afectan no solo al desarrollo de nuestros hijos, sino cómo se interponen en nuestras relaciones familiares y el bienestar de todos, decidas que quieres ir haciendo un detox de pantallas y proceder a la operación desenchufe.

Esto es algo progresivo y que si lo haces de un día para otro volverás a usarlas, como una dieta con efecto rebote, así que mejor paso a paso.

En este capítulo quiero compartir contigo lo que he aprendido y lo que aplico en mi día a día con mis hijos, porque sé lo difícil que es gestionar estos momentos en que se apagan las pantallas. Y déjame decirte que es posible, y que con un enfoque respetuoso y bien planificado, apagar pantallas puede dejar de ser un problema y convertirse en parte de una rutina mucho más tranquila y consciente.

La retirada de las pantallas es un desafío que pasa en todas las familias y puede generar enfados, frustración y resistencia, especialmente cuando su uso no está regulado o cuando se trata de niños con temperamentos activos o con una gran necesidad de movimiento. Sin embargo, desde el respeto mutuo, podemos hacer que esta transición sea más llevadera tanto para los niños como para los adultos.

El primer paso es la anticipación. La clave para evitar el drama cuando llega la hora de apagar la pantalla es empezar bien desde el principio. Esto significa adelantarte y preparar el terreno antes de encender el dispositivo. Aquí te cuento lo que hacemos en casa y también recurrimos a nuestro plan de pantallas que está previamente diseñado:

Lo primero, antes de encender, dejamos claro cuánto tiempo va a estar encendida la pantalla. Esto lo hacemos con herramientas visuales como un reloj de arena o un temporizador. Los niños necesitan ver cómo pasa el tiempo para entender que tiene un límite, y este pequeño truco les ayuda mucho.

En casa tenemos una palabra clave para avisar que el tiempo de pantalla está por terminar. Puede ser algo sencillo, como «¡último minuto!» o una canción corta que todos reconozcan. Esto evita sorpresas y les da tiempo para prepararse mentalmente.

Siempre tengo algo previsto para cuando termina el tiempo de pantalla. Puede ser salir al parque, sacar plastilina o jugar a un juego de mesa. Saber que hay algo divertido esperándolos reduce muchísimo la resistencia al apagar.

Mientras están viendo algo, trato de aprovechar ese tiempo para estar cerca de ellos e interactuar. Esto no solo mejora la calidad del momento, sino que también hace que la transición al apagar sea mucho más suave.

Si puedo, me siento con ellos, comento lo que están viendo o les hago preguntas: «¿Qué te gusta de este personaje? ¿Qué crees que pasará después?». Esto crea un vínculo y evita que se aíslen frente a la pantalla.

En casa, nunca usamos pantallas en las habitaciones. Todo se queda en el salón o en espacios compartidos. Esto no solo nos ayuda a supervisar lo que ven, sino que también evita que las pantallas se conviertan en un refugio aislado. Y hay momentos que son sagrados en casa: las comidas, antes de dormir y los ratos en familia. Durante esos tiempos, las pantallas están completamente fuera de la ecuación. No siempre es fácil, pero cuando lo haces un hábito, toda la dinámica familiar mejora.

El momento de apagar la pantallas es, sin duda, el momento más delicado, pero con algunas estrategias clave, podrás manejarlo sin perder los nervios:

- Avisar con tiempo es importante. En casa nunca apagamos la pantalla de golpe. Siempre les aviso un par de minutos antes: «Quedan dos minutos, y después apagamos para jugar juntos». Esto les da tiempo para ajustarse a la idea.
- Acompañar físicamente y no avisar desde lejos. Me acerco a ellos, los miro a los ojos y les hablo con calma. A veces les tomo la mano y les digo: «¿Quieres que apaguemos juntos? Tú puedes hacerlo». Esto les da un sentido de control y evita que el momento se convierta en una imposición.
- Validar sus emociones siempre debe ser la base. Si se frustran o se ponen tristes, les digo algo como: «Sé que te cuesta apagar, estabas disfrutando mucho. A mí también me pasa cuando dejo de hacer algo que me gusta». Esto no soluciona el problema al instante, pero les ayuda a sentirse comprendidos.
- Ofrecer alternativas que les motiven y les apetezca hacer. Después de apagar, siempre tenemos algo preparado. Puede ser jugar a las construcciones, leer un cuento o incluso dar un paseo corto. Esto hace que el cambio sea más atractivo.

Quizá te estés preguntando, «Elvira, esto suena precioso en la teoría, pero ¿qué hago si no apagan la pantalla?».

Hay días en los que probablemente, por más que lo intentes, no quieran apagarla. Cuando esto pasa, lo primero que hago es recordar que no es un desafío personal hacia mí, sino una reacción natural de su cerebro inmaduro.

En esos momentos:

- Apago yo misma la pantalla, pero siempre de forma tranquila y sin reproches.
- Les acompaño en su frustración: «Entiendo que esto te moleste. Apagar puede ser difícil, pero aquí estoy contigo».
- Si necesitan llorar o expresar su enfado, los dejo hacerlo mientras me mantengo cerca y disponible. Recuerda el capítulo del acompañamiento emocional, tienes muchos trucos para acompañar rabietas y también para establecer los límites.
- Les cuento una pequeña historia sobre cómo nuestro cerebro necesita descansar y recargar energía, como si fuera un superhéroe que se prepara para su próxima misión.

Una vez que las cosas se han calmado, aprovechamos las reuniones familiares para hablar sobre cómo podemos mejorar. Estas reuniones son breves, no creas que es un conclave. No se trata de reproches, sino de buscar soluciones juntos. Les pregunto cosas como: «¿Qué te ayudaría a apagar la pantalla más fácilmente?» o «¿Qué actividades te gustaría hacer en lugar de ver tele?». Esto les da voz y les ayuda a sentirse parte del proceso.

No se trata de hacerlo perfecto, sino de ir ajustando poco a poco hasta encontrar lo que mejor funciona para tu familia. Créeme, vale la pena el esfuerzo.

PANTALLAS PASIVAS O INTERACTIVAS, ¿QUÉ ELIJO?

Muchas veces recibo la misma pregunta de las familias: «¿Es mejor la tele o la tableta/móvil?». Lo primero es que no hay nada mejor, lo mejor es tenerlas apagadas. Pero después de tener claro esto, quiero contarte en qué se diferencian unos tipos de pantallas de otras.

Cuando hablamos de pantallas pasivas frente a pantallas interactivas, estamos describiendo cómo interactúa el cerebro de los niños con cada tipo de dispositivo. No se trata solo de «tele versus tableta o móvil», sino de cómo afectan estas pantallas al desarrollo cerebral y al comportamiento de los más pequeños. Y no solo influye el tipo de dispositivo, sino también el tipo de contenido, así como los cambios rápidos en las imágenes.

Las pantallas pasivas, como la televisión, se llaman así porque el niño no tiene control directo sobre lo que ocurre en la pantalla. Está recibiendo información de manera lineal y sin intervenir y, de hecho, no es tan fácil para ellos cambiar de canal o elegir el dibujo que quiere ver usando el mando o control remoto. Por ejemplo, si está viendo un capítulo de un dibujo animado, el contenido fluye sin que el niño tenga que tocar o decidir nada.

En cambio, las pantallas interactivas, como las tabletas o los móviles, funcionan de manera completamente diferente. Aquí, el niño tiene el control: toca, desliza, arrastra, presiona botones, y la pantalla responde de inmediato. Este tipo de interacción activa intensamente el sistema de recompensa del cerebro, que libera dopamina cada vez que el niño obtiene un resultado, como un sonido, un cambio de imagen o una respuesta visual.

Este «bucle de recompensa» es superestimulante y puede ser adictivo, especialmente en un cerebro inmaduro como el de los niños pequeños, que todavía están desarrollando su capacidad de autocontrol. Es como darle caramelos al cerebro: cada toque genera una sensación de placer instantáneo, y que, como ya te he contado, a largo plazo puede interferir con habilidades importantes como la atención sostenida, la regulación emocional y la tolerancia a la frustración.

Cuando un niño usa una pantalla interactiva, su cerebro está trabajando mucho más para procesar los estímulos por ese scroll infinito. Esto puede sonar positivo, pero no lo es para un cerebro en desarrollo. Este nivel de activación constante puede sobrecargar el sistema nervioso, hacer que el niño pierda la noción del tiempo y dificultar la transición hacia actividades más pausadas, como jugar, leer un cuento o simplemente descansar.

Te cuento cómo manejamos esto en casa, porque una cosa es entender la teoría y otra llevarla a la práctica. Mis hijos mayores, que tienen más de 6 años, si ven algo de televisión lo hacen cuando mi tercer hijo, el más pequeño está durmiendo la siesta. En casa no disponemos de tableta, ellos saben que el móvil de mamá o papá no se usa, por tanto si hemos decidido que quieren ver algo siempre elijo la tele. Pero no es que la enciendo y me desentiendo, te recomiendo que sigas unas reglas básicas que nos han funcionado muy bien.

El mando debe estar siempre fuera del alcance. El nuestro siempre está guardado en un lugar fijo o encima del mueble de la tele, pero no en la mano del niño. Así, la tele no se convierte en algo que ellos puedan controlar solos.

El contenido lo acordamos previamente y como tienen diferentes edades, consensuamos algo que puedan ver los dos mayores juntos y acordamos entonces no solo qué ver sino cuánto tiempo antes de encenderla. Por ejemplo: «Vamos a ver un capítulo y luego la apagamos». Recuerda, usa un temporizador visual, como un reloj de arena, para que ellos mismos vean cuándo se está acabando el tiempo. Esto les ayuda a prepararse y hace que el apagado sea más sencillo. Procuro que sea algo sin demasiados estímulos o cambios de imágenes y que tenga algún valor educativo o emocional.

Quiero dejar claro que con esto no estoy animando a que tus hijos vean la televisión y esté dejando entrever que las pantallas pasivas son menos nocivas que las interactivas, solo te estoy contando de forma práctica cómo lo hago cuando decido de forma consciente que mis hijos vean algo, al igual que algún día permito que merienden galletas de chocolate en vez de una fruta. Y recuerda que, el tiempo que nuestros hijos pasan frente al tipo de pantalla que sea, es tiempo que no están empleando en hacer otra cosa más fructífera.

Otra de las preguntas que más me hacen es: «¿De verdad es malo tener la tele de fondo?». Y la respuesta es sí, puede serlo, aunque entiendo perfectamente por qué lo hacemos. Muchas veces encendemos la tele para llenar el silencio mientras hacemos otras cosas, y no parece que eso pueda afectar en nada. Pero, aunque no lo parezca, el ruido de la televisión de fondo puede interferir más de lo que pensamos, especialmente en los niños pequeños.

Te cuento por qué. El cerebro infantil es como una esponja y está diseñado para absorber todo lo que pasa a su alrededor. Aunque tu hijo parezca estar completamente concentrado construyendo una torre de bloques o jugando con sus muñecos, su cerebro está procesando el ruido y las imágenes de la tele al mismo tiempo. Y eso tiene un coste. Investigaciones han demostrado que este tipo de distracción afecta su capacidad de concentrarse en lo que están haciendo.

Por ejemplo, si tu peque está jugando y la tele está encendida de fondo, su atención al juego probablemente será menor. Tal vez construya una torre más baja o pierda interés antes de terminar porque su cerebro está dividiendo recursos: una parte está tratando de concentrarse en los bloques y otra está procesando el ruido y las imágenes de la televisión, aunque no esté mirando directamente. Es como si tú estuvieras intentando leer un libro mientras alguien habla a tu lado. Puedes seguir leyendo, pero no con la misma concentración.

Ahora imagina ese mismo juego, pero con la tele apagada. Tu hijo tiene toda la atención puesta en los bloques. Su cerebro está completamente enfocado en la tarea, lo que le permite experimentar con nuevas ideas, solucionar problemas (como qué hacer si la torre se cae) y desarrollar su creatividad. Además, este tipo de juego sin distracciones fortalece habilidades como la paciencia, la autorregulación y la capacidad de completar tareas.

A veces pensamos que la tele de fondo no importa porque no estamos «usándola activamente», pero el ruido constante afecta más de lo que creemos. No solo interfiere en el juego, también puede dificultar la interacción social. Por ejemplo, si estás intentando hablar con tu peque y la tele está encendida, es posible que te escuche menos o que tú misma sientas que la comunicación no fluye igual.

Por eso, si estás en casa y tu hijo está jugando o simplemente pasando tiempo contigo, mi consejo es sencillo: apaga la tele. No necesitas ese ruido de fondo. Lo que haces con ellos en esos momentos —hablar, jugar, leer, o simplemente estar presente— tendrá un impacto mucho mayor en su desarrollo que cualquier programa que pueda estar sonando sin sentido.

Créeme, el cambio se nota, y tu hijo (aunque no lo diga) lo agradecerá.

¿Qué hacer sin pantallas?

Ya hemos hablado mucho sobre el juego y todo lo que puedes hacer antes de decidir poner a tus hijos frente a una pantalla, pero hay momentos que parecen más complicados. Uno de los comentarios más comunes que me llegan es: «Es que en el coche no hay manera, lloran, se aburren, y si no, no tengo más recursos que el móvil/tableta».

Y es que cuando hablamos de alternativas a las pantallas, uno de los lugares donde más se usan es en el coche. Pero déjame decirte algo: sí tienes recursos, aunque entiendo que muchas veces parecen más complicados porque requieren un poco más de esfuerzo o creatividad y a veces estamos cansados, tenemos prisa o simplemente queremos unos minutos de paz. Sin embargo, te prometo que hay formas maravillosas de entretener a los niños durante los trayectos y convertir esos momentos en oportunidades.

Yo siempre que salgo con mis hijos de viaje o a comer a un restaurante llevo una bolsa con colores, pegatinas, puzles o juegos de mesa en pequeño tamaño o imantados, laberintos magnéticos, algunos cochecitos o animales y cuentos interactivos. Y quiero contarte los recursos que utilizo para viajes largos; de hecho, cuando mis hijos mayores tenían 3 años el mayor y 1 año el pequeño por aquel entonces, nos recorrimos España en coche de punta a punta y sin pantallas.

Una de las cosas más simples y efectivas que puedes hacer es cantar canciones. No necesitas ningún material, solo tu voz y ganas de pasar un buen rato. Puedes elegir canciones que ellos ya conozcan, inventar letras nuevas o incluso proponer pequeños retos como quién canta más alto o quién se acuerda de más canciones. En casa nos encanta personalizar las letras con los nombres de mis hijos, y la verdad es que se ríen muchísimo cuando lo hacemos.

Otra alternativa es escuchar música o cuentos en la radio. Los cuentos narrados en formato audio son mágicos y logran captar la atención de los niños de una manera que pocas cosas consiguen. Existen listas de reproducción con canciones infantiles o aplicaciones que ofrecen historias cortas perfectas para viajes largos. Incluso puedes grabar tu propia voz contando un cuento para que lo escuchen, lo que les encantará porque será algo único y hecho especialmente para ellos.

Si quieres algo más interactivo, las adivinanzas de sonidos son un gran recurso. Consiste en que uno de los niños imite un sonido, como el ladrido de un perro o el ruido de un tren, y los demás tengan que adivinar de qué se trata. Este juego no solo es divertido, sino que también fomenta su creatividad e imaginación. Además, puedes complementar con cuentos cortos o rimas que incluyan movimientos. Si no estás conduciendo, puedes acompañar las historias con gestos, como imitar a un león rugiendo o a un ave volando, para hacerlas aún más entretenidas.

Otra opción que nunca falla es jugar con números y colores. En el coche, es fácil proponer algo como buscar vehículos de un color específico o que tengan un número concreto en la matrícula. Por ejemplo: «¿Quién ve primero un coche rojo?

¿Y quién encuentra el número cinco?». Este tipo de juegos son supersencillos, pero mantienen a los niños atentos al entorno y les encantan.

Si los niños son un poco mayores, puedes intentar juegos de preguntas y respuestas. Hazles preguntas sobre temas que les interesen, como animales, planetas o incluso cosas cotidianas. Por ejemplo: «¿Qué animal te gustaría ser y por qué? ¿Qué harías si pudieras volar?». Estas conversaciones no solo los entretienen, sino que también son una forma preciosa de conocer mejor sus pensamientos y su mundo interior.

Algo que funciona muy bien para niños curiosos es mostrarles mapas y rutas. Si tienes un mapa físico o incluso uno digital, puedes enseñarles por dónde están viajando y animarlos a participar, como estar pendiente del cartel en la carretera de la próxima ciudad o identificar un río que pasen en el camino.

Otro juego que usamos mucho en el coche es el de observación. Antes de salir, puedes hacer una lista mental de cosas para buscar en el camino, como señales de stop, animales o colores específicos. Les propones retos como: «¿Quién encuentra primero un perro? ¿Quién ve una señal de stop?». Esto mantiene su mente ocupada y hace que disfruten del paisaje en lugar de desconectarse.

Un clásico que siempre triunfa es el juego de las categorías. Por ejemplo, uno de los jugadores elige una categoría, como animales, y dice un nombre, como elefante. El siguiente jugador debe decir otro animal que comience con la última letra de la palabra anterior, por ejemplo, erizo. Este juego es sencillo, pero les encanta porque los reta a pensar y ser rápidos.

Finalmente, están los juegos de palabras y rimas. Puedes proponer frases como: «Voy a la playa y llevo…» y que cada jugador añada algo a la lista, o pedir que digan palabras que empiecen con cierta letra. Es sorprendente lo entretenido que puede ser algo tan simple cuando todos participan.

Un juego que siempre nos hace reír es «Ni sí, ni no, ni blanco, ni negro». Las reglas son sencillas: un jugador hace preguntas a los demás, pero hay cuatro palabras prohibidas: sí, no, blanco y negro. La clave está en formular preguntas que pongan a prueba la rapidez y creatividad del otro para responder sin usar las palabras prohibidas. ¡Te sorprenderá lo rápido que todos entran en el desafío!

Otra opción divertida es «La canción de…», donde alguien dice una palabra y los demás tienen que encontrar una canción que contenga esa palabra. Por ejemplo, si dices «amor», podrían empezar a cantar alguna canción conocida que la incluya. Este juego es perfecto para niños y adultos, y siempre termina con risas y un ambiente muy animado.

Para trabajar la memoria de forma lúdica, está el «Memory de palabras». Un jugador dice una palabra, el siguiente repite esa palabra y añade otra, y así sucesivamente. Por ejemplo: «manzana», «manzana y perro», «manzana, perro y avión». Cuanto más avanza el juego, más difícil es recordar toda la lista, ¡pero esa es parte de la diversión!

Si tus hijos disfrutan de los retos, prueba «Adivina quién soy». Un jugador piensa en un personaje, animal u objeto y los demás deben hacerle preguntas hasta adivinarlo. Puedes adaptar la dificultad dependiendo de la edad de los niños, eligiendo personajes o cosas que ellos conozcan bien.

Los cálculos mentales también son una excelente forma de mantenerlos ocupados. Según su edad, puedes proponer desafíos matemáticos simples, como sumar números pequeños, o aumentar la dificultad con multiplicaciones o problemas más complejos. A los niños les encanta demostrar lo que saben, y además es una oportunidad para reforzar habilidades escolares sin que se den cuenta.

Un juego similar pero más visual es «Yo soy», donde cada jugador elige un animal u objeto para otro jugador sin que él lo sepa. Este tendrá que hacer preguntas para adivinar qué le han asignado. Por ejemplo: «¿Soy grande? ¿Vivo en el agua? ¿Tengo patas?». Este juego fomenta la lógica y el pensamiento deductivo de una forma muy divertida.

Si quieres algo que despierte la imaginación, prueba con «Historias absurdas». Los jugadores crean una historia colectiva, pero cada contribución debe incluir algo inesperado o disparatado. Por ejemplo, uno puede empezar diciendo: «Había una vez un gato que vivía en la luna...» y el siguiente jugador continúa con algo igual de absurdo. ¡El resultado suele ser tan disparatado que todos terminan muertos de risa!

Por supuesto, no puede faltar el clásico «Veo, veo», donde un jugador elige algo que ve y da una pista sobre su color o forma, mientras los demás hacen preguntas para adivinarlo. Este juego es ideal para viajes en coche, ya que mantiene a los niños atentos al entorno.

Otra actividad sencilla y efectiva es «A contar cosas», donde propones retos como contar coches de un color, animales que vean por el camino, señales de tráfico o cualquier cosa que les llame la atención. Es increíble cómo algo tan simple puede mantenerlos entretenidos durante tanto tiempo.

Un clásico que también nunca pasa de moda es «De la Habana ha venido un barco cargado de...». El jugador que lidera el juego decide una característica para los objetos que puede traer el barco, como «cosas rojas» o «frutas». Los demás jugadores tienen que decir objetos que cumplan con esa característica, y si se equivocan, quedan fuera del juego.

Finalmente, puedes probar con «Palabras encadenadas», un juego perfecto para niños que ya tienen algo de vocabulario. Consiste en decir palabras por turno que comiencen con la última sílaba de la palabra anterior. Por ejemplo: «cucaracha», «chapa», «paleta», «tapadera». Puedes hacerlo más complicado pidiendo que las palabras sean de una categoría específica, como animales o frutas.

Con todas estas alternativas permites que el cerebro de tu hijo experimente un desarrollo más completo y equilibrado, previniendo una dependencia excesiva de las pantallas. Y sé que todas estas ideas pueden parecer un poco más trabajosas que simplemente el móvil o una tableta, pero la recompensa es enorme.

Estos juegos no solo evitan que los niños se sobreestimulen con una pantalla, sino que también generan momentos de conexión real, y lo mejor es que, con el tiempo, se vuelven parte de la rutina y ellos mismos empiezan a pedir estos juegos en lugar de las pantallas. Así que, la próxima vez que estés en un viaje largo o en una situación donde normalmente recurrirías a una pantalla, prueba alguna de estas ideas. No necesitas materiales sofisticados ni mucho tiempo de preparación, solo ganas.

Estoy segura de que encontrarás algo que funcione para ti y tus peques, y quién sabe, quizá terminen disfrutando tanto que ni siquiera recuerden que alguna vez pidieron la tableta.

Pantallas en la mesa

¿Recuerdas cuando te he confesado que yo misma le ponía el móvil a mi hijo mayor para que comiera? Pues esta escena se repite mucho más de lo que nos gustaría en casas y restaurantes: estás intentando que tu hijo coma, y parece que nada funciona hasta que alguien sugiere: «Ponle un vídeo, así comerá tranquilo y se entretiene». En un abrir y cerrar de ojos, el móvil está sobre la mesa, reproduciendo canciones o dibujos animados, y tu pequeño comienza a comer como por arte de magia. Parece una solución mágica, ¿verdad? Pero ¿te has preguntado qué pasa realmente cuando los niños comen con una pantalla delante?

Por eso quiero explicarte por qué comer con pantallas no es una buena idea.

Cuando comemos frente a una pantalla, el cerebro deja de prestar atención a lo que está sucediendo en ese momento. Esto afecta tanto a adultos como a niños, pero en los más pequeños, el impacto puede ser más profundo porque están en pleno aprendizaje de sus hábitos alimentarios. Estudios recientes señalan que los niños que comen con pantallas tienen más probabilidades de comer en exceso, ya que no registran las señales naturales de saciedad que envía el cuerpo, promoviendo el *mindless eating* (comer sin pensar). De hecho, el Global Burden of Disease Study reportó que la prevalencia de obesidad infantil ha aumentado drásticamente en las últimas décadas, y el tiempo de pantalla es un factor contribuyente clave. Por cada hora adicional frente a una pantalla al día, el riesgo de obesidad en menores puede aumentar en un 13 %.

Además, comer distraídos les impide explorar y disfrutar la experiencia de comer: los sabores, las texturas, los colores. La comida se convierte en una actividad mecánica mientras su atención está completamente centrada en la pantalla. Y lo que es peor, con el tiempo, pueden desarrollar una dependencia emocional hacia las pantallas para comer, lo que les dificultará comer sin ellas más adelante.

Esto también se traduce en mayores riesgos de atragantamiento, porque tu cerebro y tu atención está pendiente de la pantalla y también se traduce en mayor probabilidad de tener digestiones pesadas, ya que se mastica menos cuando se ven pantallas mientras comemos. Otro dato curioso es que cuando comemos sin prestar atención no recordamos qué hemos comido ni cuánto y eso hace que al poco tiempo incluso volvamos a comer.

Y no es solo la comida, es la conexión, porque la hora de la comida es mucho más que alimentar el cuerpo. Es un momento para conectar, conversar y enseñarles a los más pequeños habilidades importantes, como aprender a esperar su turno para hablar, expresar sus emociones, que nos cuenten cómo les ha ido el día y construir hábitos saludables. Si una pantalla se interpone, perdemos esa oportunidad de mirarnos a los ojos, de compartir cómo fue en la escuela o de enseñarles a escuchar su cuerpo y a disfrutar de los alimentos.

Incluso la relación familiar se ve afectada. Un estudio de *JAMA Pediatrics* (2020) mostró que los niños que comparten comidas en familia, sin pantallas, tienden a tener mejor salud emocional, habilidades sociales más sólidas y un vínculo más fuerte con sus padres.

Numerosos estudios han demostrado una correlación preocupante entre el tiempo excesivo frente a pantallas y un mayor riesgo de obesidad y trastornos alimentarios en niños y adolescentes, además de mayor probabilidad de sufrir enfermedades cardíacas. Según un metaanálisis publicado en *Pediatrics*, se constata que existe una relación directa entre el tiempo de pantalla prolongado y el aumento de la adiposidad en niños y adolescentes.

La exposición a la luz azul de las pantallas antes de dormir interfiere además con los ritmos circadianos, afectando la calidad y duración del sueño, y esto a su vez altera las hormonas reguladoras del hambre, como la grelina y la leptina, aumentando la probabilidad de consumir alimentos poco saludables.

Además, los anuncios no solo salen en la tele, sino que en las redes sociales se nos bombardea también constantemente y esa exposición constante a publicidad de alimentos poco saludables durante el uso de pantallas incentiva a los niños a consumir snacks, refrescos azucarados y otros productos ultraprocesados ricos en grasas y azúcares. Un estudio de Boyland y colaboradores evidenció que los niños expuestos a anuncios de comida consumen más calorías en comparación con aquellos que no están expuestos.

Por otro lado, la exposición a imágenes y contenidos en redes sociales que promueven ideales corporales poco realistas puede influir negativamente en la percepción que los niños y adolescentes tienen de su cuerpo. De hecho, la red social TikTok ha anunciado en 2024 restricciones respecto a los filtros que no podrán usarse en menores de 18 años, como ya hicieron Noruega y Reino Unido hace algunos años, o al menos si los influencers los usan, deben especificar en sus publicaciones que tienen filtro. Diferentes estudios aseguran que las redes sociales, particularmente aquellas centradas en imágenes como Instagram o TikTok, están asociadas con un aumento de la insatisfacción corporal y del comportamiento alimenticio desordenado.

Y ahora viene la pregunta del millón y de las que más me hacen en formaciones y en redes sociales: ¿Y si son los abuelos quienes le ponen el móvil?

Este es un escenario muy común y, aunque puede ser incómodo, establecer límites claros es fundamental. Muchas veces los abuelos recurren al móvil porque quieren que el niño coma sin problema, o tal vez no ven el uso de pantallas como algo negativo porque «antes esto no se sabía».

Para abordar esta situación con los abuelos puedes seguir estos pasos:

1. Habla desde el respeto y la empatía: En lugar de criticar directamente, explica por qué te preocupa. Podrías decir algo como: «Sé que usar el móvil parece práctico para que coma, pero he leído que puede afectar su forma de aprender a disfrutar la comida y escuchar su cuerpo. Queremos enseñarle a comer sin depender de pantallas».
2. Involúcralos en la solución: Hazles sentir que son parte importante del proceso. Por ejemplo: «Me encantaría que me ayudaras a que las comidas sean un momento sin pantallas. Tal vez podrías contarle una historia o hablarle sobre los alimentos o cómo has cocinado lo que está comiendo».
3. Establece límites claros: Hazles saber que esta es una decisión de crianza. Podrías decir: «Sabemos que siempre haces lo mejor para ayudar, pero queremos que en casa y con la familia evitemos el uso de pantallas en la mesa. Es algo que creemos importante para su desarrollo».
4. Ofrece alternativas prácticas: Muchas veces los abuelos usan el móvil porque no saben qué más hacer. Propor-

ciónales opciones, como cantar canciones, hablar sobre los colores o formas de la comida, o inventar juegos simples como buscar «qué alimento es redondo» o «cuál tiene el color rojo».

Si tu hijo ya se ha acostumbrado a comer con pantallas, no te preocupes, puedes ayudarle a cambiar el hábito:

Empieza poco a poco:

1. No necesitas quitar la pantalla de golpe. Si la usa durante toda la comida, comienza apagándola los últimos 5 minutos y aumenta gradualmente el tiempo sin pantallas o pon esas canciones que ponías de fondo en un altavoz sin usar la imagen al principio y poco a poco ve retirando. Si eso no te funciona, mejor quitarla completamente.
2. Haz de la mesa un lugar especial: Convierte la comida en un momento divertido. Puedes usar platos coloridos, hablar sobre los alimentos que están comiendo o incluso incluirlo en la preparación de la comida.
3. Sé constante con los límites: Es normal que al principio se resista y llore, pero recuerda que estás enseñándole algo valioso. Mantén la calma y repite el límite con firmeza y cariño: «No usamos pantallas en la mesa, pero estoy aquí contigo para que comas tranquilo».
4. Modela el comportamiento: Si quieres que tus hijos coman sin pantallas, asegúrate de hacer lo mismo. Guarda tu móvil y crea un ambiente donde todos estén presentes en el momento.

Recuerda que criar no siempre es fácil, y que muchos de estos cambios toman tiempo. Pero cada vez que apagas el móvil en la mesa, estás enviando un mensaje claro: «Esto es importante para nosotros como familia. Queremos estar presentes y disfrutar juntos este momento». Y aunque no lo veas de inmediato, estos pequeños esfuerzos están construyendo hábitos que tus hijos llevarán consigo toda la vida.

¿Cuándo regalar el primer dispositivo?

La respuesta es nunca. No se regalan porque implica mucha responsabilidad, por tanto no debe ser un regalo y a continuación te explico por qué.

Existe una estrecha relación entre riesgo y oportunidad. Y en momentos especiales como Navidad o cuando se celebra la Primera Comunión, suele llegar la petición del primer móvil o de la primera tableta.

Todos los padres y madres con hijos e hijas mayores sienten en algún momento la presión de que les compren un móvil. Ven que sus amigos lo tienen y argumentan que lo necesitan para no quedar excluidos del grupo de amigos.

Por otro lado, en este momento que madres y padres comienzan una etapa llena de miedos e incertidumbre en la que creen que es más necesario que nunca estar cerca de ellos para prestarles apoyo.

Pero un móvil es una herramienta muy potente y supone abrir una puerta a un mundo de información, contenidos y relaciones, pero también de responsabilidades. De hecho, la edad media para el acceso al primer dispositivo móvil en España es antes de los 11 años. Es una edad muy temprana en la que debemos prestar especial atención a cómo van a usarlos. Desde mi opinión como neuroeducadora y experta en desarrollo infantojuvenil, es una edad demasiado temprana para hacer entrega de un dispositivo y, por supuesto, retrasaría su uso hasta varios años después.

Y es que muchas familias no dejan a sus hijos jugar solos en la calle, sin embargo sí los dejamos solos en la barra libre de contenido. Recuerdo que mi madre me decía que tenía que estar en casa sobre las nueve de la noche y después ya no tenía contacto con mis amigos, pero ahora el acceso a un océano de riesgos y oportunidades es en cualquier momento y lugar del día. Tanto es así que el primer acceso a contenidos pornográficos de los jóvenes españoles en internet se anticipa ya a la etapa infantil, con edades tan tempranas como los 8 años.

Si quieres proteger la infancia de tu peque de la exposición prematura a contenido adulto necesitas una combinación de formación, comunicación abierta y un clima de confianza y respeto mutuo que se cultiva con el acompañamiento emocional respetuoso del que hablamos en anteriores capítulos. Es evidente que necesitarás adaptar estrategias a las necesidades específicas de tu hijo y estar al día e involucrado activamente en su mundo digital si de verdad quieres preservar su seguridad y bienestar. Pero la infancia no es para tener un móvil o una tableta entre las manos.

Por eso es importante crear un ambiente donde se sientan cómodos compartiendo sus experiencias y haciendo preguntas. También es clave que proporciones una educación temprana sobre la importancia de un uso responsable de los dispositivos móviles y los riesgos asociados con el contenido inapropiado y adaptar esa información a su edad y nivel de comprensión es clave.

Cuando la gente pregunta, ¿a qué edad se regala? Mi respuesta siempre es a ninguna edad, porque debe ser un acto consensuado que lleve un trabajo educacional por parte de las familias y de los menores realizado previamente donde se cumplan lo que yo llamo los 10 mandamientos para el primer dispositivo electrónico.

Y es que entregarle a tu hijo su primer móvil o tableta es un momento que debe planificarse con cuidado. No se trata simplemente de un nuevo cacharro, sino de una herramienta que, dependiendo de cómo se utilice, puede ser una fuente de comunicación o de riesgos. Además, antes de decidir, es importante preguntarse en el caso de querer darle un móvil: ¿realmente necesita un smartphone con acceso a internet o sería suficiente un móvil básico sin conexión? Esta decisión inicial marca una gran diferencia en el tipo de experiencias que tendrá tu hijo con su primer dispositivo.

Aquí te dejo los diez mandamientos para guiarte en este proceso para que cuando llegue el momento en el que te veas en esta situación puedas consultar estas líneas::

Reflexiona sobre el tipo de móvil que le vas a entregar

Antes de comprar el dispositivo, considera si tu hijo necesita un smartphone con conexión a internet o si sería más apropiado un móvil básico para llamadas y mensajes. Un móvil sin acceso a internet es una excelente opción inicial, ya que reduce los riesgos asociados con las redes sociales y el contenido inapropiado, permitiendo un aprendizaje progresivo en el uso de la tecnología.

Establece límites claros sobre el tiempo frente a la pantalla

El móvil no debe interferir con actividades esenciales como el estudio, la socialización cara a cara, el ejercicio físico y el descanso. Define horarios específicos para usarlo y momentos en los que esté completamente prohibido, como durante las comidas familiares o antes de dormir. Un uso desmedido puede afectar su capacidad de concentración, su sueño y su desarrollo social. De hecho, hay zonas de la casa como las habitaciones donde no los deberían usar ni adultos ni menores.

Familiarízate con las aplicaciones y plataformas que utiliza

Si decides entregar un smartphone, es básico que conozcas las aplicaciones y plataformas que usa tu hijo. Las redes sociales, en particular, no tienen filtros de control parental efectivos y funcionan con algoritmos que analizan el comportamiento del usuario, exponiéndolo a contenido que puede ser perjudicial, explícito o adictivo. Mantente informado para guiarlo en un uso adecuado.

Habla sobre seguridad en línea

Antes de darle el dispositivo, ten una conversación abierta sobre los riesgos de internet. Explícale la importancia de no compartir información personal, fotografías o ubicaciones con desconocidos. Habla sobre conceptos como el grooming, el ciberacoso y el chantaje digital. Asegúrate de que comprenda que siempre puede acudir a ti si algo le incomoda. Antes de publicar en redes o reenviar fotos, vídeos o audios en los que aparecen otras personas, deben asegurarse de que la otra persona está de acuerdo con que se haga.

Introduce momentos libres de pantallas en la rutina familiar

El bienestar físico, cognitivo y emocional de tu hijo depende de aprender a desconectarse. Organiza actividades familiares que no involucren tecnología, como jugar a juegos de mesa, salir al parque o cocinar juntos. Modela este comportamiento para que entienda que la desconexión es esencial para un equilibrio saludable.

Evalúa si tu hijo está preparado para la responsabilidad que implica un móvil

No todos los niños están listos para manejar un dispositivo a la misma edad. Observa si muestra madurez para seguir normas, gestionar su tiempo y manejar sus emociones. Explícale que tener un móvil no es un derecho adquirido, sino una herramienta que conlleva compromiso.

Implementa controles parentales y reconoce sus limitaciones

Si optas por un smartphone, los controles parentales pueden ayudarte a limitar el acceso a contenido inapropiado y gestionar el tiempo de uso, pero no son infalibles. Por eso, la supervisión activa y el diálogo son imprescindibles.

Fomenta un diálogo constante sobre sus actividades en línea

Más allá de los controles, la clave está en construir confianza para que tu hijo comparta sus experiencias digitales contigo. Pregúntale sobre las aplicaciones que usa, con quién habla y cómo se siente en línea. Escucha sin juzgar para que se sienta cómodo acudiendo a ti si surge algún problema.

Enséñale a ser responsable con las finanzas digitales

Si el móvil incluye costos como recargas o compras en aplicaciones, aprovecha para enseñarle a administrar su dinero. Establece límites claros sobre las compras en línea y explícales la importancia de no realizar transacciones impulsivas.

Sé un modelo para seguir

Tu hijo aprenderá de tu comportamiento. Si utilizas el móvil de manera equilibrada y respetas momentos de desconexión, será más probable que él adopte estos hábitos. Evita interrumpir momentos familiares con el móvil y prioriza siempre las interacciones cara a cara.

En el caso de que decidas que tu hijo necesita un móvil te recomiendo que creéis juntos un contrato digital. Se trata de redactar con tu hijo un acuerdo que establezca las normas para el uso del móvil. Incluye horarios, límites de uso y consecuencias claras si se rompen los acuerdos. Este contrato puede colocarse en un lugar visible como un recordatorio.

Infórmate y explora configuraciones de privacidad juntos. Ten en cuenta que si tu hijo mete la pata en algún momento, la responsabilidad legal cae sobre ti porque tu hijo es menor, pero desconocer esto no exime de las obligaciones legales. Por ello, enséñale a activar ajustes que protejan su información personal. Por ejemplo, cómo desactivar la ubicación en aplicaciones y cómo elegir quién puede ver sus publicaciones. De hecho mucha gente no lo sabe pero WhatsApp es una red social a la que no deberían tener acceso los menores de 16 años y por esta vía se realizan muchas estafas, casos de personas que se hacen pasar por otros, ciberacoso y un mar infinito para los pederastas y ciberacosadores, así que cuidado con lo que se comparte en los estados de WhatsApp.

Simula situaciones de riesgo y practica con tu hijo cómo reaccionar ante mensajes de desconocidos, solicitudes inapropiadas o comentarios ofensivos. Haz preguntas como: «¿Qué harías si alguien que no conoces te pide una foto?».

Es muy importante que definas horarios en los que todos guarden sus dispositivos y crear en casa zonas libres de dispositivos. Nosotros desconectamos el wifi y solo lo usamos cuando estamos trabajando desde casa.

La revisión y dedicación de un tiempo para conocer las apps que le resultan interesantes es clave. Analiza su funcionalidad y posibles riesgos, por ejemplo, comentar sobre qué tipo de contenido es apropiado o qué hacer si algo lo incomoda.

Al entregar un móvil, ya sea un dispositivo básico o un smartphone, no solo le estás dando acceso a una herramienta tecnológica, sino también una llave que abre puertas a un mundo digital lleno de oportunidades, pero también de riesgos. Tu papel como guía, ejemplo y apoyo será crucial para que su experiencia sea positiva, enriquecedora y sobre todo segura.

11

Preparando el cerebro para una vida plena

Orden para tener autonomía

Si has oído hablar de Marie Kondo, mundialmente conocida por su filosofía de organización, probablemente te habrás reído un poco al pensar en cómo sería aplicar sus métodos con niños en casa. ¿Guardar juguetes con gratitud? ¿Mantener la casa impecable? Suena a una utopía para las familias que tenemos niños pequeños, ¿verdad? De hecho la propia Marie le dio un cambio a su vida después de tener tres hijos. Yo vi su programa entero como si estuviera haciendo una investigación porque hay cosas de su filosofía de orden que veo básicas para nuestra vida, la de nuestros hijos y para educar con cerebro.

Lo que está claro es que el orden se traduce en darle herramientas a nuestros hijos para que desarrollen la autonomía y otras muchas habilidades, porque el orden no tiene que ver con tener la casa perfecta, sino con ofrecerles a nuestros hijos un entorno que les ayude a crecer, aprender y sentirse seguros. No se trata de la búsqueda de la perfección, porque eso no es real ni sostenible en el tiempo, sino que más bien se trata de la intención.

Los niños no necesitan un hogar impoluto como si fuera un anuncio de productos de limpieza, pero sí necesitan saber dónde encontrar las cosas, qué esperar de su día y cómo manejar los cambios con la mayor confianza posible. Necesitan saber también qué se espera de ellos, y eso, es el verdadero espíritu del orden: crear un espacio donde ellos puedan florecer, no porque sea impecable, sino porque es predecible y estructurado.

¿Alguna vez has notado cómo los niños pequeños parecen tener un radar especial para saber dónde están las cosas o cómo les encanta repetir las mismas actividades una y otra vez? Esto no es casualidad. Desde que nacen, los niños están especialmente predispuestos a buscar el orden y la estructura. Para ellos, el orden no es solo una cuestión de organización externa, es una herramienta fundamental que les ayuda a entender el mundo, a sentirse seguros y a construir su lógica interna. Además, para los más pequeños el orden que les rodea influye directamente en su desarrollo emocional, cognitivo y hasta en su rendimiento académico futuro.

Cuando los niños llegan al mundo, todo es nuevo, pero también a su vez un poco caótico. Su cerebro, que aún está en construcción, busca constantemente patrones para dar sentido a lo que les rodea y un entorno ordenado actúa como un mapa que les guía. Pero no se trata solo del orden físico y que los juguetes estén en su lugar o de que los horarios se respeten; se trata de darles seguridad, estructura y un espacio que fomente su autonomía.

De hecho, la ciencia respalda esta necesidad y desde la perspectiva del neurodesarrollo, un entorno estructurado ayuda a los niños a construir y entrenar las funciones ejecutivas de su cerebro, como la atención, la memoria de trabajo y la planificación. María Montessori ya hablaba de cómo el orden externo crea un orden interno, y la neurociencia actual confirma que estas primeras experiencias de organización son esenciales para el aprendizaje, la regulación emocional y, más adelante, el rendimiento académico.

El orden externo ayuda a los niños a clasificar mentalmente su entorno. Por ejemplo, cuando todo tiene un lugar específico en casa, su cerebro empieza a entender conceptos como la organización y la secuenciación. Esto no solo les da una sensación de control y autonomía, sino que también construye las bases para habilidades más complejas, como la lógica y el pensamiento abstracto y además necesitan que el orden se dé en tres áreas diferentes. Debe haber un orden físico, temporal y social.

- **Orden físico:** Los niños necesitan que su entorno sea predecible. Cuando cada cosa tiene su lugar y los espacios están organizados, se sienten más tranquilos y seguros. Además, devolver un objeto a su lugar les da una sensación de logro y autonomía. Por ejemplo, si saben dónde están los juguetes o dónde poner sus zapatos cuando llegan a casa, pueden recogerlos solos y a la vez fortalecen su sentido de independencia.
- **Orden temporal:** Las rutinas son como un Google Maps que guía a los niños a través del día. Comer, dormir y bañarse a la misma hora les ayuda a regular su reloj interno y a comprender la estructura del tiempo, ya que ellos no entienden de relojes ni del paso del tiempo, ellos viven el momento presente.
- **Orden social:** Las normas y límites coherentes en casa y en la vida también son una forma de orden que les ayuda a entender cómo funcionan las relaciones humanas. Por ejemplo, si en casa siempre pedimos «por favor» y decimos «gracias», los niños aprenden estos patrones y los replican en otros entornos. Ellos necesitan saber qué pueden hacer y qué no. Aunque a lo largo de nuestra vida lo repitamos mil veces, lo necesitan y nosotros también lo necesitamos.

Por el contrario, cuando el entorno es caótico o los cambios ocurren demasiado rápido, los niños pueden sentirse perdidos, frustrados o incluso desbordados emocionalmente y eso también predispone a tener más rabietas. Esto ocurre porque su cerebro, que aún está desarrollando funciones ejecutivas como la flexibilidad cognitiva, tiene dificultades para adaptarse a un mundo impredecible. Estas frustraciones a menudo se traducen en esos desbordes emocionales, pero que en realidad reflejan su necesidad de seguridad y estabilidad.

Por supuesto, los niños tienen la capacidad de adaptarse a los cambios, pero para ello necesitan una base sólida de estructura y continuidad. Por eso cuando se avecinan grandes cambios en su vida, como empezar la escuela infantil, debemos hacer pequeños ajustes graduales, ya que les ayudan a practicar y fortalecer su flexibilidad mental sin sentirse demasiado abrumados.

Lo bueno es que el orden no solo beneficia su desarrollo emocional y social, también tiene un impacto directo en su rendimiento académico. Y es que según los últimos estudios, los niños que crecen en entornos estructurados suelen desarrollar mejores habilidades de organización, lo que les permite planificar sus tareas, recordar instrucciones y gestionar su tiempo con mayor eficacia. Además, la capacidad de concentrarse en una actividad (por ejemplo, guardar un juguete antes de sacar otro) se traduce más adelante en la habilidad de enfocarse en tareas escolares, porque al hacer esto también estamos trabajando otra función como es el control inhibitorio.

Estudios recientes en neurociencia han demostrado que las funciones ejecutivas, como la planificación y la atención, son mejores predictores del éxito académico que el cociente intelectual. Y estas funciones ejecutivas comienzan a desarrollarse en los primeros años de vida, cuando el orden externo les da las herramientas para organizar su mente y enfrentarse a desafíos de manera efectiva. Yo lo tengo claro, porque no solo lo he podido experimentar con mis hijos, sino también con mi alumnado a lo largo de mis 13 años en las aulas y te puedo asegurar que muchos peques llegaban con gran necesidad de orden y estructura y cuando lo obtuvieron en paralelo desde casa y la escuela, comenzaron a dar grandes avances.

Sobre el orden social y temporal ya hemos hablado largo y tendido en capítulos anteriores, pero no sobre el orden físico. Y ahora seguramente estés pensando «Venga, Elvira, ya sé que el orden es bueno y quiero integrarlo en mi vida. ¿Cómo lo hago?».

Para ello, no necesitas convertir tu casa en un santuario minimalista para darles el orden que necesitan o pasarte el día implorando o gritando que recojan todos sus juguetes. Se trata de pequeños cambios que hagan la vida más predecible y manejable para toda la familia.

Por ejemplo, crear espacios claros y accesibles para los niños. A ellos les encanta saber dónde están las cosas, necesitan saberlo y por supuesto poder acceder a ellas por sí mismos. Usa cajas o cestas para organizar juguetes por categorías y asegúrate de que todo esté a su altura. Si haces un rincón de cuentos, pon las portadas de frente y que puedan cogerlos siempre que quieran y no tengan que pedirte lo que necesitan para jugar. Esto les da autonomía y fomenta el hábito de devolver las cosas a su lugar. Por ejemplo, si sabes que le gustan los coches, ten un lugar específico para ellos y explícales: «Los coches siempre vuelven aquí después de jugar, como si fueran a su garaje».

Las rutinas son la base cuando formas una familia, y al final una rutina no es más que una serie de pequeñas «tradiciones» diarias que les ayudan a saber qué esperar. Comidas aproximadamente a la misma hora, una secuencia clara antes de dormir (baño, pijama, cuento), e incluso un momento del día para recoger juntos los juguetes. Estas rutinas les dan una sensación de estabilidad que es vital para su desarrollo emocional y su regulación interna. Y para ayudarnos a diferenciar unas rutinas de otras, las canciones y la música en general siempre ayuda mucho.

Aunque los niños necesitan estructura, la vida no siempre es predecible y también debemos dar lugar a la flexibilidad. No todos los días son iguales y los cambios en los horarios o en el entorno pueden ocurrir, y eso está bien. La clave es mantener la base del orden mientras introduces los cambios paso a paso. Por ejemplo, si sabes que vas a mudarte o cambiar su rutina matutina, prepáralo con antelación. «Pronto vamos a desayunar un poco más temprano para llegar a la escuela. Vamos a practicar juntos durante esta semana». Por ejemplo, si tienes que alterar su rutina porque saldrán de viaje, explícaselo con antelación: «Hoy no cenaremos en casa porque vamos a visitar a la abuela. Después de cenar allí, haremos lo mismo de siempre: baño, pijama y cuento».

Pero no debemos olvidar que los niños deben ser parte del proceso. No se trata de imponerles el orden, sino de invitarles a participar. A los niños les encanta colaborar, pertenecer a un propósito y sentirse útiles. Puedes convertir la organización en un juego: «Vamos a recoger todos los bloques rojos primero. ¿Quién puede encontrar más?». Así, el orden deja de ser una obligación y se convierte en una actividad que sigue siendo parte del juego.

Otro consejo que quiero darte es evitar la sobrecarga sensorial y promover el orden visual. Y esto no solo ayuda a los más pequeños, sino también a los mayores y evita ese ruido mental que a veces nos resulta incómodo por verlo todo revuelto. Por eso te recomiendo rotar los juguetes en lugar de tener todos disponibles a la vez. Esto reduce el desorden visual y les ayuda a concentrarse mejor en lo que tienen frente a ellos. Es como Marie Kondo diría: «Quédate con lo que realmente te hace feliz». Pero aquí, lo adaptamos a los niños: «Quédate con lo que realmente estimula su imaginación y aprendizaje».

Pero, ¡ojo!, proporcionar un entorno ordenado no significa ser rígido, autoritario o controlador, sino ofrecer a tu hijo las herramientas necesarias para que a medida que vaya ganando autonomía él solito pueda organizar su mundo. Le estás ayudando a desarrollar habilidades que no solo le aportarán calma, certeza, seguridad y bienestar ahora, sino que le beneficiará en todos los aspectos de su vida, desde la escuela hasta las relaciones sociales. Al final, un entorno ordenado no es solo un espacio bonito, es un regalo para su cerebro, su corazón y su futuro.

AUTONOMÍA Y LA RESPONSABILIDAD EN LA PRÁCTICA

Muchos libros de crianza o de educación hablan sobre cómo conseguir ciertos hitos en el lenguaje, cómo estimularlos para que caminen o cómo controlar esfínteres, pero pocos enseñan de forma práctica cómo ayudar a que nuestros pequeños sean cada vez más autónomos y responsables. Y es que cuando ayudamos a los hijos a desarrollar su autonomía a través del orden y las rutinas que les proveemos en casa, les estamos dando mucho más que habilidades prácticas. Les estamos enseñando además a confiar en sí mismos, a tomar decisiones y a sentirse capaces de manejar su propio mundo y esto será básico para cuando no podamos acompañarlos de la manita a todas partes.

Créeme que muchas veces cuando pienso en mis hijos yendo por ejemplo al instituto solos, con amigos y profesores nuevos en un entorno desconocido, mi instinto sobreprotector me lleva a imaginar escenarios donde me encantaría acompañarle y poder protegerle de todo mal, pero inmediatamente llega mi parte racional que sabe que la sobreprotección y el intentar ahorrarles o evitarles malas experiencias le harían flaco favor. Por eso uno de los objetivos que debemos tener todos los padres y madres es enseñarles herramientas que puedan poner en práctica cuando estén sin nosotros, ya sean herramientas cognitivas, físicas o emocionales.

Y es que la autonomía no comienza cuando tu peque es capaz de hacer cosas por sí mismo, sino que se cultiva desde el momento en que llegan al mundo. Aunque parezca increíble, incluso los bebés más pequeños pueden empezar a desarrollar pequeñas habilidades que sentarán las bases para su independencia futura y por eso quiero contarte algunos ejemplos prácticos organizados por etapas, desde el nacimiento hasta la adolescencia y que muy probablemente, sobre todo los de la etapa de bebé, ni siquiera fueras conscientes que esos pequeños gestos, estaban ayudando a fomentar su autonomía e independencia.

De 0 a 1 año: Los primeros pasos hacia la autonomía

Aunque los bebés dependen de nosotros para casi todo, desde muy temprano comienzan a explorar su entorno y a desarrollar pequeñas habilidades que sentarán las bases de su independencia. En esta etapa, lo más importante es proporcionarles un entorno seguro y sobre todo los adultos debemos darles las oportunidades para interactuar con el mundo a su ritmo.

Desde los primeros meses, como vimos en los capítulos del desarrollo motor o en los del juego, puedes colocar juguetes u objetos a su alcance para que intenten agarrarlos. Esto no solo fortalece su coordinación ojo-mano, sino que también les da una sensación de logro. Durante el tiempo boca abajo (*tummy time*), colocar objetos llamativos frente a ellos para motivarlos a levantar la cabeza y explorar les ayudará a desarrollar su autonomía y autoconcepto.

Hacia los 6 meses, cuando comienza la alimentación complementaria, permite que intenten llevarse la comida a la boca con las manos o puedes usar cubiertos para que experimenten con la comida. También puedes ofrecerles dos opciones de juguetes para que elijan uno, y así estás promoviendo pequeñas tomas de decisiones. Más adelante, para desarrollar la autonomía en movimiento, coloca juguetes un poco alejados para que intente rodar o gatear hacia ellos.

A partir de los 10-12 meses, anímale a colocar un juguete en una caja después de jugar y así comenzará a aprender a recoger. Por ejemplo, hazle partícipe de pequeñas rutinas y mientras le cambias el pañal, dale una toallita para que «ayude» y cuando terminéis id juntos a tirar el pañal y puedes decir «¡1, 2 y 3!» mientras tiráis juntos el pañal.

De 1 a 2 años: Primeras señales de independencia

A medida que los niños comienzan a conseguir grandes hitos motores como caminar o nombrar sus primeras palabras, se vuelven más curiosos e interesados en participar activamente en las actividades diarias. Esta es una etapa maravillosa para fomentar la autonomía de tu peque con tareas sencillas y accesibles.

En la alimentación, no pretendas tener todo impoluto si quieres que tu hijo poco a poco vaya aprendiendo a comer solito, ya que necesita derramar y ensuciarse para aprender, por eso síguele animando a comer solo, bien usando las manos o cubiertos. Deja su vaso de agua en un lugar donde pueda alcanzarlo para que intente beber solo. Durante las rutinas de higiene, permite sostener su cepillo de dientes mientras le ayudas o invítale a intentar quitarse los calcetines o ponerse un gorro a la hora de vestirse.

En casa, dale pequeñas responsabilidades como guardar el juguete en su caja después de jugar o limpiar una superficie con un trapo. También puedes ofrecerles dos opciones simples, como preguntar: «¿Quieres el pantalón azul o el rojo?» o a la hora de merendar: «¿Quieres plátano o pera?». Esto no solo les da una sensación de control, sino que además refuerza su capacidad para tomar decisiones.

Así que la próxima vez que dediques unos minutos a recoger juguetes juntos o a establecer una rutina matutina, recuerda que no solo estás creando orden en casa, sino que estás ayudando a tu hijo a construir un sentido de autonomía que le servirá toda la vida.

De 2 a 3 años: Explosión de independencia

En esta etapa, los niños tienen un fuerte deseo de hacer las cosas por sí mismos, de hecho también de ahí derivan muchas rabietas diciendo: «Yo solo, yo solo». Aunque aún necesitan supervisión, puedes ofrecerles más oportunidades para asumir responsabilidades y tomar la iniciativa.

Anímale a ponerse y quitarse prendas fáciles, como calcetines, gorros o camisetas que le queden holgadas o incluso los zapatos si son de velcro. Que aprendan a subirse y bajarse los pantalones en esta etapa es importante porque al llegar a los 3 años se suele iniciar el proceso de control de esfínteres. Proponle guardar sus juguetes en su lugar o llevar su ropa sucia a la lavadora. También puedes asignarles pequeñas tareas en el hogar, como regar una planta con una regadera pequeña, colocar servilletas en la mesa o limpiar una superficie con un paño.

Durante las rutinas diarias, pueden intentar ponerse crema o peinarse o dejar sus zapatos en su sitio cuando llegan a casa. En la alimentación, permite que usen tenedor o cuchara para comer de manera independiente. Para esto te sigo diciendo que te armes de paciencia porque va a manchar, pero es parte del proceso. Pero ten siempre en cuenta que aunque *a priori* ponga todo perdido y prefieras hacer tú las cosas por tu peque para que todo no termine en desastre, estos pequeños pasos refuerzan su confianza y les hacen sentir que son capaces y les da un chute de autoestima que no tiene precio.

De 3 a 4 años: Iniciando la responsabilidad

Los niños de esta edad disfrutan mucho colaborando y se sienten orgullosos de ser útiles. Puedes animarle a vestirse solo y si ya lo has ido fomentando desde más pequeño, ya lo hará con mucha soltura, aunque todavía habrá prendas que le cuesten. Enséñales a guardar sus cosas, como libros en una estantería o ropa sucia en el cesto. Incluso les puedes enseñar a separar la ropa y clasificar la ropa para poner la lavadora o guardar los utensilios que no se rompan fácilmente del lavavajillas.

En la cocina, pueden mezclar ingredientes con una cuchara grande, lavar frutas suaves como fresas o ayudar a preparar meriendas sencillas. También puedes enseñarles a colgar su mochila al llegar a casa o a poner la mesa mientras les vas mostrando cómo se hace.

Si tienen hermanos más pequeños, anímales a ayudar de manera adecuada a su edad, como traer un pañal o alcanzar un juguete. Estas pequeñas tareas refuerzan su sentido de responsabilidad y les enseñan a colaborar.

Darles la oportunidad de tomar decisiones dentro de límites apropiados les ayuda a desarrollar habilidades de pensamiento crítico y les da un sentido de control sobre su vida. A esta edad, es importante ofrecer opciones simples y manejables para que puedan practicar la toma de decisiones de manera efectiva. Por ejemplo, permitirles elegir su ropa para el día o decidir qué actividad quieren realizar después de la escuela o darles a elegir entre dos frutas para la merienda. Para elegir la ropa, a mí me viene muy bien en casa tener los cajones de mis hijos etiquetados con un dibujo para que sepan qué prendas se encuentran en el interior de los cajones. De esa forma, cuando doblamos juntos la ropa o guardamos las prendas planchadas, cada uno de mis hijos en la medida de sus posibilidades y según su edad puede colaborar en los quehaceres de casa.

De 5 a 6 años: Consolidando su independencia

A esta edad, los niños ya comprenden mejor las reglas y las expectativas. Esto les permite asumir más responsabilidades en casa y participar activamente en la organización de su día. Son pequeños para algunas cosas, pero para otras solo hay que enseñarlos y confiar un poquito en ellos mismos.

Puedes pedirles que organicen su espacio, como estirar su cama, guardar sus juguetes por categorías o doblar prendas pequeñas. También puedes involucrarles en la preparación de su día, como elegir su ropa o preparar su mochila y revisar con ellos que lleven todo para ir al cole, hasta poco a poco poder confiar totalmente la tarea en ellos.

En casa pueden asumir responsabilidades regulares, como alimentar a una mascota o poner la mesa antes de comer. En la cocina, puedes enseñarles a untar mantequilla en una tostada, pelar una mandarina o preparar un vaso de leche con cereales. Además, fomenta que gestionen sus rutinas personales, como cepillarse los dientes o lavarse la cara sin ayuda.

De 7 a 9 años: Asumiendo el control de su tiempo y espacio

A medida que los niños crecen, sus habilidades motoras y cognitivas les permiten encargarse de tareas más complejas y organizar su tiempo de manera más autónoma. Pueden ayudar en tareas del hogar más avanzadas, como lavar platos de plástico, barrer o doblar ropa.

Cuando mi hijo mayor cumplió 7 años, te puedo asegurar que noté un cambio abismal en su autonomía, de hecho era él mismo el que se ofrecía a colaborar en distintas tareas de la casa y la verdad es que a mí me aliviaba muchísimo y me hacía sentir orgullosa su predisposición. Recuerdo que cuando nos mudamos a nuestra nueva casa, yo llegué con las maletas con la ropa de los tres peques y me disponía a clasificarla. En ese momento era invierno, con lo que la ropa era mucho más que en verano. Mi hijo mayor, muy dispuesto, me ayudó a clasificar no solo su ropa, sino también la de sus hermanos y a guardarla en los cajones.

En este periodo pasó algo muy gracioso. Mi hijo me escuchaba quejarme a mi marido que siempre que él sacaba la basura, se olvidaba de poner una bolsa nueva y, ciertamente, y aunque sé que es algo común en muchas parejas, a mí me ponía bastante nerviosa y lo estábamos hablando en la cocina sin discutir mi marido y yo, de hecho un poco entre risas porque después de 20 años juntos no había manera de que cambiara este hábito, pero igualmente yo le estaba diciendo: «Juanfe, ¿qué trabajo te costaba hacer eso y poner de nuevo la bolsa?». De repente, nuestro hijo entró en la cocina y se designó encargado de quitar la bolsa de basura y poner una bolsa nueva. Le dejamos que asumiera su nuevo rol si él quería colaborar y nos pareció genial su predisposición, pero también le aclaramos que poner la bolsa y quitar la basura nueva del cubo también debía ser responsabilidad de papá. Actualmente puedo decir con alivio que esta actuación estelar de nuestro hijo ayudó a que mi marido corrigiera este hábito. Muchas veces no hay nada mejor como tener hijos para volverte una versión 2.0 de ti mismo.

También en estas edades pueden ser responsables de revisar su mochila y preparar el material necesario para el colegio o pueden preparar meriendas simples, como hacer un bocadillo o servir un vaso de leche. Si hay una mascota en casa, pueden encargarse de tareas como llenar el cuenco de comida o pasear al perro acompañado.

De 10 a 12 años: Autonomía en expansión

En esta etapa, los niños ya son capaces de gestionar tareas con mayor independencia y desarrollar tareas de mayor responsabilidad. Puedes animarles a encargarse de su cuidado personal completo, como asearse, vestirse y peinarse sin ayuda.

Ayúdales a planificar sus actividades escolares y extracurriculares usando un calendario o una lista de tareas. Enséñales a cocinar recetas simples, como preparar un sándwich o una ensalada básica, y asigna tareas domésticas regulares, como pasar la aspiradora, limpiar la mesa o doblar y guardar la ropa. También puedes introducirles en la gestión financiera básica, dándoles una pequeña cantidad de dinero para que aprendan a ahorrar o gastar de manera consciente.

Fomentar la autonomía y la responsabilidad no es solo una tarea práctica, sino un regalo para el futuro de tus hijos. Cada pequeña oportunidad que les das para tomar decisiones y asumir responsabilidades les ayuda a construir la confianza y las habilidades que necesitarán para navegar el mundo con seguridad y éxito.

Y estos son solo algunos ejemplos que podrás llevar a cabo, pero tú que eres quien mejor conoce vuestro entorno familiar, podrás ir asignando poco a poco responsabilidades y tareas ahora que ya sabes *grosso modo* qué pueden asumir en cada etapa. Y todo ello se hace más fácil si nos ayudamos de una de mis herramientas favoritas en la gestión de orden en todas sus dimensiones y son los paneles visuales.

Te voy a dar varios ejemplos de paneles visuales que puedes usar, y con esto no quiere decir que los uses todos, pero así puedes tener un gran abanico donde elegir y usar uno una temporada y luego cambiar por otro que te sea más necesario en cada etapa que se encuentre tu hijo.

- **Tablero de tareas:** Puedes crear un tablero visual con imágenes que representen las tareas diarias que el niño debe completar, como hacer la cama, recoger los juguetes, cepillarse los dientes, etc. Coloca cada imagen en una tarjeta magnética o con velcro para que el niño pueda moverlas a medida que completa cada tarea. Esto les ayuda a desarrollar un sentido de responsabilidad y a seguir una rutina diaria. Cuanto más pequeños son, menos tareas deben aparecer en este panel y a medida que van creciendo se van ampliando las responsabilidades.

- **Calendario semanal:** Diseña un calendario semanal o diario con días de la semana y espacios para actividades como la escuela, deportes, tiempo libre, etc. De hecho hay muchos de ellos por internet e incluso yo misma tengo varios recursos gratuitos en mis publicaciones de Instagram. Si quieres diseñarlo, usa imágenes o colores para representar cada actividad y ayúdalos a planificar su semana. Si todavía no sabe leer, acompaña las letras de imágenes que identifiquen lo que se ha escrito. Esto les enseña a organizar su tiempo y les da un sentido de control sobre sus actividades diarias.
- **Lista de verificación o *checklist* de preparación para la escuela:** Crea una lista visual de verificación para ayudar al niño a prepararse para la escuela cada mañana. Incluye imágenes de las tareas que deben completar, como vestirse, desayunar, cepillarse los dientes y preparar su mochila. Esto les ayuda a desarrollar habilidades de autocuidado y a prepararse para el día escolar de manera independiente.
- **Panel de elección de merienda:** Prepara un panel visual con imágenes de opciones de merienda saludable, como frutas, vegetales, etc. Permite elegir su merienda del día colocando un marcador o clip en la imagen de su elección. Esto les enseña a tomar decisiones informadas sobre su alimentación y promueve hábitos alimentarios saludables.

- **Mapa de tareas del hogar:** Crea un mapa visual de las diferentes tareas del hogar, como sacar la basura, regar las plantas, doblar la ropa, etc. Asigna a cada uno de los que viven en casa una tarea específica y anímalos a completarla de manera independiente. Esto les enseña a contribuir al bienestar del hogar y a asumir responsabilidades domésticas.
- **Panel de rutina nocturna:** Diseña un panel visual que representa la rutina nocturna del niño, desde la hora del baño hasta la hora de dormir. Incluye imágenes de actividades relajantes como leer un libro, tomar un baño y cepillarse los dientes.

Desde la neurociencia, sabemos que permitirles tomar decisiones, asumir pequeñas responsabilidades y aprender de sus errores no solo construye su confianza, sino que literalmente desarrolla su cerebro. ¿Por qué? Porque estas experiencias activan y fortalecen las funciones ejecutivas del cerebro, como la planificación, la toma de decisiones y el autocontrol, todas gestionadas por la corteza prefrontal y de las que hablaremos en el próximo capítulo.

Cuando un niño tiene la oportunidad de ser autónomo, su cerebro está practicando cómo resolver problemas, regular sus emociones y adaptarse a nuevos desafíos no solo en el futuro, sino a medida que crecen. Esto es clave para su desarrollo porque estas habilidades no se construyen de la noche a la mañana; necesitan repetición, repetición y repetición, además de mucha práctica y apoyo. De hecho, estudios en neurociencia muestran que los niños a los que se les fomenta la autonomía tienen una mayor capacidad para gestionar el estrés, son más resilientes y se sienten más seguros consigo mismos teniendo una autoestima más positiva.

Además, permitirles ser autónomos envía un mensaje poderoso: «Confío en ti». Y esta confianza que les transmitimos se convierte en la base de su autoestima. Cuando un niño siente que puede vestirse solo, preparar su mochila o resolver un pequeño problema con un amigo, está ganando herramientas para enfrentarse a la vida con confianza, a esa jungla de la que antes te hablaba o incluso a ese instituto.

Un ejemplo sencillo: cuando le das a tu hijo de 3 años la oportunidad de elegir entre dos camisetas para vestirse, no solo estás evitando una rabieta (¡aunque eso ya es un plus!), sino que estás enseñándole a tomar decisiones y a responsabilizarse de ellas porque cuando son adolescentes queremos que tomen buenas decisiones y que por ejemplo sepan decir «no» si alguien les ofrece cierta sustancia, pero ¿cómo van a tomar buenas decisiones o simplemente decisiones si nunca les hemos dado la oportunidad de elegir?

Por otro lado, en términos emocionales, la autonomía fortalece la conexión entre madres/padres e hijos. Al acompañarlos desde el respeto y sin control excesivo, construimos una relación basada en la confianza mutua, y esto refuerza sus lazos emocionales contigo y créeme que amortiguará los proceso de cambios en la tan temida adolescencia.

Fomentar la autonomía no significa dejarles solos o darles libertades ilimitadas haciendo lo que les venga en gana; significa acompañarles en el proceso, ofrecerles oportunidades adaptadas a su edad y apoyarlos cuando tropiezan. Al hacerlo, estamos ayudándoles a construir un cerebro fuerte, seguro y preparado para la vida. ¡Y esa es, sin duda, una de las herencias más valiosas que podemos dejarles!

Cuándo las funciones ejecutivas van al gimnasio

Conocer qué son las funciones ejecutivas cerebrales es como encontrar una brújula que te ayuda a guiar a tu hijo por el camino del desarrollo emocional, social y también te ayudará en el ámbito académico. Te lo cuento porque, como madre, sé lo abrumador que puede ser querer hacerlo bien y no siempre saber cómo. Pero entender cómo funciona el cerebro de tu hijo para fortalecer estas habilidades esenciales marcará su vida.

Imagina que las funciones ejecutivas son el «superpoder» oculto del cerebro de tu hijo, y tú tienes la posibilidad de ayudarlas a brillar. Estas funciones incluyen cosas tan importantes como el autocontrol, la capacidad de planificar, adaptarse a los cambios y recordar lo que se necesita. No vienen listas de fábrica, sino que se desarrollan poco a poco, con tu guía y apoyo.

Cuando entiendes esto, puedes ajustar tus expectativas y dejar de sentirte frustrado cuando tu pequeño tiene una rabieta porque no puede esperar o cuando tu preadolescente olvida algo importante. No es que no quieran hacerlo mejor, es que su cerebro está en pleno entrenamiento. Y ahí estás tú, no para juzgarlos, sino para ser su entrenador personal en esta maravillosa, aunque a veces caótica, etapa de la vida.

Te pongo un ejemplo personal. ¿Sabes esos momentos en los que parece imposible que tu hijo termine algo que empezó? Yo también los he vivido. Y fue entonces cuando descubrí que, al enseñarle a dividir una tarea en pequeños pasos, no solo le ayudaba a organizarse, sino que le estaba dando herramientas para la vida. Porque las funciones ejecutivas no son solo para hoy, sino que son las que, en el futuro, le ayudarán a estudiar para un examen, resolver un conflicto o incluso mantener un trabajo.

Los estudios nos dicen que los niños con funciones ejecutivas bien desarrolladas tienen más éxito en la escuela, saben manejar mejor sus emociones y construyen relaciones más sanas. Pero aquí viene lo importante: esas habilidades no se entrenan solas. Se modelan con tu ejemplo, con las oportunidades que les das y con el amor y la paciencia que pones en cada desafío.

Según Adele Diamond, una de las principales investigadoras en este campo, las funciones ejecutivas son como un conjunto de herramientas mentales que usamos para gestionar nuestra conducta, nuestras emociones y nuestros pensamientos. Ella las divide en tres grandes pilares: memoria de trabajo, control inhibitorio y flexibilidad cognitiva.

1. **Memoria de trabajo:** Es la capacidad de retener y manipular información a corto plazo. Piensa en la memoria de trabajo como un bloc de notas mental. Por ejemplo, cuando tu hijo sigue varios pasos para lavarse los dientes: abrir el grifo, coger el cepillo, aplicar pasta y cepillarse. Es crucial para recordar instrucciones, planificar y resolver problemas.
2. **Control inhibitorio:** También conocido como autocontrol, es la habilidad de resistir impulsos o emociones intensas para actuar de forma más reflexiva. Por ejemplo, cuando un niño aprende a esperar su turno para hablar en lugar de interrumpir o controlar el impulso de agarrar un juguete que no es suyo. Es la base para la autorregulación emocional y el comportamiento social.
3. **Flexibilidad cognitiva:** Es la capacidad de adaptarse a nuevas reglas, cambiar de estrategia o encontrar soluciones creativas. Por ejemplo, cuando tu hijo decide usar una caja como un coche porque no tiene el juguete que quería. Esta habilidad les permite afrontar los cambios y pensar de manera innovadora.

Estas tres funciones trabajan en conjunto y forman la base para habilidades más avanzadas, como la planificación, la toma de decisiones y la resolución de problemas. Ahora que sabemos qué son, veamos por qué es tan importante trabajarlas en la crianza.

¿Qué problemas resuelve trabajar las funciones ejecutivas con nuestros hijos?

Rabietas y desbordes emocionales

Cuando un niño se frustra porque no puede tener algo ya mismo o no puede expresar lo que siente, su control inhibitorio todavía está en proceso de desarrollo. Sin esta habilidad, es más difícil manejar los impulsos y las emociones intensas. Trabajarlo no solo reduce las rabietas, sino que también les enseña a calmarse antes de actuar. A medida que van creciendo influyen estas funciones ejecutivas en la regulación emocional. Cuando los niños fortalecen estas funciones, son capaces de reconocer lo que sienten y manejar sus emociones de manera más saludable. Por ejemplo, en lugar de tener una rabieta cuando algo no sale como esperan y perder los nervios, pueden aprender a respirar, a pedir ayuda o a buscar una solución. No quiere decir que tengan total autocontrol porque ya sabemos que fisiológicamente no es posible hasta bien entrada la edad adulta por la inmadurez de ciertas áreas de su cerebro, pero tampoco significa que no puedan tener herramientas y alternativas para que puedan ir entrenando estas habilidades a medida que crecen. Esto no solo les ayuda a ellos, sino que también facilita la convivencia en casa, creando un ambiente más tranquilo.

Dificultad para adaptarse a los cambios

Los niños aman las rutinas porque les dan seguridad, pero la vida está llena de cambios inesperados. Sin flexibilidad cognitiva, cualquier alteración en el plan puede desbordarlos emocionalmente. Enseñarles a adaptarse les prepara para enfrentar contratiempos con tranquilidad, ya sea que haya un cambio en los planes del día o un juguete que no funcione como esperaban.

Problemas para organizarse y recordar tareas

¿Tu hijo se olvida de los pasos para vestirse o no recuerda recoger sus juguetes? Es posible que su memoria de trabajo necesite más ejercicio. Si no la fortalecemos, puede frustrarse fácilmente al intentar completar tareas, y esto puede afectar su confianza. Cuando un niño puede planificar y recordar lo que necesita hacer, empieza a encargarse de sus propias tareas, como preparar su mochila para la escuela o recoger sus juguetes después de jugar, se siente más seguro de sí mismo porque ve que es capaz de gestionar pequeños aspectos de su vida sin depender siempre de los adultos.

Conflictos familiares

Cuando los niños no tienen herramientas para manejar sus emociones o adaptarse, es más probable que haya tensiones en casa. Trabajar las funciones ejecutivas mejora su capacidad para comunicarse, resolver problemas y colaborar, reduciendo así los conflictos familiares.

Retos escolares

Las funciones ejecutivas son fundamentales para el éxito académico. Ayudan a los niños a concentrarse en clase, seguir instrucciones, completar tareas y manejar el estrés. Sin estas habilidades, pueden sentirse perdidos o desorientados en el entorno escolar. Por el contrario, una buena memoria de trabajo, planificación y capacidad de atención permiten a los niños concentrarse mejor en clase, organizarse para hacer sus deberes y resolver problemas de manera eficaz. Estas habilidades no solo les benefician en el colegio, sino que sientan las bases para un aprendizaje más profundo y exitoso en todas las etapas de su educación y también en su posterior futuro laboral y ¿quién no quiere un futuro exitoso para su hijo?

Dificultades sociales

Un niño que no puede esperar su turno, adaptarse a un juego nuevo o resolver un conflicto con un amigo puede tener problemas para relacionarse. Trabajar las funciones ejecutivas mejora sus habilidades sociales, ayudándoles a construir amistades saludables y a interactuar de manera positiva, y es que estas habilidades no solo les ayudan a resolver pequeños desafíos del día a día, sino que también les preparan para enfrentar con éxito las demandas de la vida adulta. Esto les permite construir relaciones más sólidas. Y la salud mental y relaciones socioafectivas saludables son un gran pilar donde anclarse para toda la vida.

Las funciones ejecutivas también potencian la adaptabilidad y la resiliencia. La flexibilidad cognitiva, que es la capacidad de adaptarse a los cambios, les ayuda a enfrentar situaciones inesperadas con confianza. Por ejemplo, si van a jugar a un lugar que estaba cerrado, en lugar de frustrarse por completo, pueden pensar en alternativas. Esta habilidad es clave para afrontar los retos y contratiempos que inevitablemente encontrarán a lo largo de su vida.

Ahora que ya sabes de la importancia y también de la posibilidad de entrenar funciones ejecutivas cerebrales seguro que quieres aprender a llevarlo a la práctica. Mi forma favorita de entrenar las funciones ejecutivas cerebrales, además de con rutinas y juegos musicales, es con juegos de mesa, pero solo para eso necesitaría otro libro. Por ello te contaré cómo puedes hacerlo por edades:

De 0 a 2 años: Construyendo la base

- Para la memoria de trabajo: Juega a esconder un juguete bajo una manta y deja que lo busque. Canta canciones repetitivas con movimientos asociados, como «El arca de Noé».
- Para el control inhibitorio: Introduce pequeñas pausas antes de darles algo: «Espera un momento, ahora te lo doy».
- Para la flexibilidad cognitiva: Usa objetos cotidianos de maneras diferentes, como una cuchara para golpear y luego para recoger algo.

De 3 a 5 años: Consolidando habilidades

1. Refuerza la memoria de trabajo con juegos como todos los que te he contado para hacer como alternativas a las pantallas o puedes realizar actividades donde deban recordar pasos como hacer una receta de cocina. También puedes jugar a historias con participación donde leas cuentos sencillos y hagas preguntas: «¿Te acuerdas de qué color era el coche del personaje?». También se puede jugar a cadenas de instrucciones y pídele que realicen tareas en pasos: «Primero recoge los bloques, luego guarda los lápices en la caja».
2. Trabaja control inhibitorio con el juego de las estatuas: cuando suena la música todo el mundo baila y si se para nos tenemos que convertir en estatuas y estar quietos. También puedes jugar a «Semáforo rojo/verde», donde deben correr solo cuando digas «verde» y detenerse en «rojo». El reto de las burbujas les encanta y consiste en soplar burbujas y pedirles que esperen hasta tu señal

para explotarlas. Esto trabaja el autocontrol mientras disfrutan.

3. Fomenta la flexibilidad cognitiva planteando problemas como: «¿Cómo haríamos esto si no tuviéramos tijeras?». El juego de cambiar las reglas también les encanta y consiste en si están jugando a apilar bloques, cambia las reglas y pide que ahora hagan torres por color o tamaño.
4. «Qué harías si…?»: Plantea situaciones imaginarias: «Si fueras un astronauta, ¿cómo llegarías a la luna?». Esto estimula su capacidad de pensar de forma creativa.

De 6 a 8 años: Retos más complejos

Esta etapa es ideal para introducir actividades que desafíen y refuercen varias funciones ejecutivas al mismo tiempo. Aquí tienes ejemplos más concretos:

1. **Refuerza la memoria de trabajo con juegos dinámicos:**
    - Juega al «Teléfono descompuesto» donde tienen que recordar una frase que se va susurrando entre jugadores unos a otros y la frase del final debe coincidir con la del principio.
    - Crea un reto de «compra imaginaria»: escribe una lista de cuatro o cinco productos y pídeles que recuerden la lista para «ir de compras» sin repetir ni olvidarse de ninguno.
2. **Practica el control inhibitorio en actividades deportivas:**
    - Participa en juegos como «1, 2, 3, calabaza», donde deben moverse solo en determinados momentos.

- Haz competiciones de equilibrio con cucharas y pelotas, donde tengan que mantener el control para no derramar nada.
- Introduce juegos cooperativos como el «Balón prisionero».

3. **Desarrolla la flexibilidad cognitiva con actividades creativas:**

    - Propón cambiar las reglas de un juego que ya conocen: por ejemplo, en «Piedra, papel o tijera», introduce nuevos movimientos como «fuego» que vence al papel pero pierde contra el agua.
    - Crea escenarios de «qué pasaría si…» en cuentos: «¿Qué pasaría si Caperucita decidiera no ir por el bosque?».
    - Haz una tarde de arte: pídeles que usen materiales no habituales, como pasta seca, hojas o botones, para hacer un dibujo.

De 9 a 12 años: Refinando habilidades superiores

A esta edad, las funciones ejecutivas siguen desarrollándose y consolidándose y los niños pueden manejar retos más abstractos y complejos. En estas edades, como te he comentado anteriormente, mi forma favorita de entrenarlas es jugando a juegos de mesa, pero no todas las personas pueden permitirse invertir en ellos. Por eso te propongo actividades más económicas, pero si en algún momento puedes hacer una pequeña inversión o aprovechar en cumpleaños o Navidad, los juegos de mesa en estas edades son una herramienta poderosa para que las funciones ejecutivas de tu hijo puedan seguir entrenando en el gimnasio pero de forma lúdica. Igualmente, te dejo unos ejemplos de actividades que le permitirán practicar y perfeccionarlas:

1. **Ayuda a organiza su agenda con pasos prácticos:**
    - Hazte con un calendario o agenda y ayúdales a anotar sus actividades escolares, extraescolares y tiempos de ocio. De hecho, esto ya se puede implementar desde los 7 años si lo has cultivado desde muy pequeños.
    - Introduce una rutina de «priorización» donde identifiquen qué tarea es más urgente y cuál puede esperar. Por ejemplo: «¿Qué deberes tienes que entregar mañana y cuáles puedes hacer el fin de semana?».
    - Pídeles que planifiquen un evento familiar, como un picnic, anotando qué cosas necesitan llevar y qué pasos seguir.

2. **Resuelve conflictos con amigos o hermanos practicando control inhibitorio:**
    - Juega a *role-playing* para practicar qué decir si alguien les molesta, promoviendo respuestas asertivas en lugar de impulsivas.
    - Introduce un «botón de pausa». Cada vez que se enfaden pueden usar una señal física (como levantar la mano) para pedir un momento de calma antes de hablar.
    - Anima a que escriban en un diario cómo se sienten en situaciones de conflicto y qué podrían haber hecho de forma diferente.

3. **Plantea dilemas éticos para fortalecer la flexibilidad cognitiva y el razonamiento:**
    - Lee cuentos o historias donde los personajes enfrenten decisiones difíciles y pregunta: «¿Qué harías tú en su lugar? ¿Por qué?».
    - Organiza debates familiares sobre temas sencillos, por ejemplo: «¿Es mejor tener un perro o un gato como mascota?» y pídeles que argumenten desde ambos puntos de vista.
    - Juega al «Juicio». Crea un caso ficticio, como «Alguien robó una galleta», y deja que actúen como juez, abogado y acusado para explorar diferentes perspectivas.

A todas estas ideas, súmale todas las actividades motoras, musicales, del lenguaje y las alternativas a las pantallas que te he contado a lo largo del libro y tendrás un gran banco de recursos para estimular a tu hijo y sacar todo su potencial.

Y después de todo ello, espero haberte transmitido la importancia de entrenar estas habilidades, ya que desarrollar las funciones ejecutivas no solo ayuda a nuestros hijos a enfrentar los retos de hoy, sino que les prepara para un futuro lleno de confianza, resiliencia y éxito. Porque esto debe quedarte claro, y es que cada pequeño esfuerzo que hacemos para fortalecer su «gimnasio mental» es una inversión en su felicidad y bienestar.

Habilidades para la vida

Si algo he aprendido a lo largo de este viaje de crianza y neurociencia y del que todavía me queda tanto por descubrir, es que la infancia es el terreno fértil donde plantamos las semillas que darán fruto durante toda la vida de nuestros hijos. Y aunque el cerebro es increíblemente plástico y siempre puede aprender y adaptarse, los primeros años son únicos para construir los cimientos de habilidades que marcarán su futuro, y como seremos madres y padres de por vida debemos seguir trabajando esas tierras con las mejores herramientas de labranza.

Pero ¿qué herramientas son esas? ¿Cuáles son las más necesarias para que nuestros hijos crezcan con el potencial de vivir una vida plena, consciente y llena de propósito?

En primer lugar, la habilidad de conocer y aprender a regular sus emociones. Por eso a lo largo de estas páginas he puesto especial interés en que comprendas la dimensión del desarrollo emocional y cómo acompañar las emociones desde el respeto mutuo. Y es que la vida está llena muchas veces de obstáculos, cambios e incertidumbres, y enseñarles a nuestros hijos a identificar sus emociones y expresarlas de manera saludable no solo les ayudará a construir relaciones más fuertes y lejanas a la toxicidad, sino que también les dará la estabilidad interna para tomar decisiones claras y conscientes.

¿Se equivocará a lo largo de su vida? Por supuesto, porque somos humanos, pero si han crecido educados desde el amor incondicional, el respeto mutuo y la paciencia infinita, la diferencia con los que no han sido criados bajo esos parámetros será abismal. Si se frustran ahora que son pequeños porque su torre de bloques se cayó, en lugar de decirles: «No pasa nada», podemos decirles: «Sé que estás enfadado, construir esa torre te costó mucho trabajo. ¿Quieres intentarlo de nuevo juntos?». Ahí es donde está la diferencia, porque son estos pequeños momentos del día a día en los que se forja la capacidad de gestionar lo que sienten y seguir adelante.

Porque la vida no es un menú a la carta y no siempre sale como queremos. Esa es una lección que, cuanto antes aprendan, mejor preparados estarán, y con esto no me refiero a estar poniéndoles en un aprieto a diario para que aprendan que la letra con sangre entra, me refiero en este caso a evitar la sobreprotección y dejarles ser autónomos e independientes (siempre teniendo en cuenta su nivel de madurez, su edad y por supuesto su seguridad), porque la resiliencia no es evitar las dificultades, sino aprender a levantarse después de caer y reflexionar qué he podido aprender de ese momento.

Por eso, que experimenten pequeñas frustraciones es ensayar para posibles problemas que vengan en el futuro. Por ejemplo, si están aprendiendo a atarse los zapatos y no les sale, en lugar de hacerlo por ellos, podemos decirles: «Intentemos juntos otra vez. Cada vez te estás acercando más. Haz este truco». Así les enseñamos que los errores son oportunidades para aprender, no obstáculos que ellos no puedan superar.

Otra habilidad clave es la empatía y las habilidades sociales. Qué paradoja que en un mundo cada vez más conectado, la gente por lo general es mucho menos empática y sociable cara a cara. Porque la empatía comienza en casa, y si nos equivocamos y reaccionamos de forma brusca o desacertada, podemos decirles: «Lo siento, estaba cansado y no debería haberte hablado así. ¿Me perdonas?». Pensemos siempre en cómo nos gustaría que nos trataran a nosotros.

Además, animarles a pensar en los sentimientos de los demás preguntándoles: «¿Cómo crees que se siente tu amigo cuando le prestas tu juguete?» les ayudará a comprender que sus acciones impactan en quienes los rodean, ya sea para bien o para mal.

¿Sabes por qué me he detenido a hablar sobre autonomía y orden? Podría haber hablado de otros muchos temas, sin embargo como madre y neuroeducadora considero que es imprescindible que todas las familias que quieran educar con cerebro comprendan de la importancia de desempeñar habilidades de autonomía y responsabilidad. Porque esto les convertirá en adultos eficientes, ya que permitirles tomar decisiones, asumir responsabilidades y enfrentar las consecuencias de sus actos les da el poder de confiar en sí mismos.

Darles tareas simples como recoger sus juguetes, ayudar a poner la mesa o decidir entre dos opciones de ropa les enseña que son capaces y que su contribución importa y nos aporta en casa. Esta sensación de competencia se traduce, en la vida adulta, en la capacidad de afrontar desafíos más grandes con confianza.

No podemos olvidar que educar con cerebro también significa que tus habilidades de pensamiento crítico, la resolución de problemas y las funciones ejecutivas cerebrales vayan al gimnasio y entrenen en la cotidianeidad. La habilidad de analizar situaciones, plantear preguntas y buscar soluciones es vital en cualquier etapa de la vida. Desde pequeños, podemos fomentar esto invitándolos a explorar el «¿por qué?» de las cosas. Si nos preguntan algo como: «¿Por qué el cielo es azul?», en lugar de darles una respuesta directa, podemos decir: «¿Qué crees tú? Vamos a investigar juntos».

Este tipo de interacción les enseña a no conformarse con respuestas fáciles y a desarrollar una curiosidad que los acompañará siempre.

Porque la perseverancia, la constancia y el amor por el aprendizaje son herramientas que evitarán que nuestros peques se conviertan en parte del rebaño, que den por sentado todo lo que se les dice y posiblemente será mucho más difícil manipularlos. Y es que el éxito no es solo cuestión de talento innato, sino que el ambiente nos modela y nuestros hijos desde nuestro ejemplo deben aprender que lo importante no es ser perfectos, sino esforzarse por mejorar.

Por ello, celebrar sus esfuerzos, en lugar de sus resultados, es la clave. Decirles: «Trabajaste mucho en este dibujo, veo que has combinado muchos colores», en lugar de simplemente «¡Qué dibujo más bonito!», refuerza que el proceso importa más que el producto final.

Porque estas habilidades que fomentamos en la infancia son como los cimientos de una casa. Si están bien construidos, soportarán los terremotos emocionales, los retos sociales y los cambios inesperados que la vida adulta trae consigo y aunque no podamos prever a todo lo que se enfrentarán ni protegerlos de todo, podemos darles las herramientas para que sepan cómo adaptarse y crecer ante cualquier circunstancia sin que seamos su sombra, porque, asumámoslo, no somos eternos.

La aventura acaba de empezar

Llegamos al final de este viaje, pero no al final de tu camino como madre o padre sino al principio de tu aventura educando con cerebro.

Si has llegado hasta aquí, quiero detenerme para agradecerte, de corazón, por haberme permitido ser parte de tu vida, aunque sea a través de estas páginas. Agradecerte por tu compromiso con la crianza, por tu disposición a aprender, por tu valentía al cuestionar lo que creías saber, y sobre todo, por tu amor incondicional hacia tus hijos. Porque llegar hasta aquí demuestra que estás haciendo lo que muchos no hacen: crecer de forma presente junto a ellos.

Este libro no ha sido un manual de instrucciones, porque cada niño, cada familia, y cada situación son únicos. Tampoco he pretendido darte fórmulas mágicas, porque criar y educar con cerebro no se trata de perfección, sino de conexión. Pero lo que sí espero es que estas páginas hayan iluminado tu camino, te hayan ofrecido nuevas perspectivas y herramientas, y hayan reafirmado algo de lo que ya sabías en el fondo y que tu intuición te susurraba: eres el mejor referente que tus hijos podían tener.

A lo largo de este recorrido, hemos desentrañado los misterios del cerebro infantil, esa fascinante máquina de posibilidades que evoluciona con cada experiencia, cada palabra y cada abrazo que le das a diario. Hemos visto cómo el sueño, la alimentación, el movimiento, la música, el juego y el amor no son solo necesidades básicas, sino que son las piedras angulares de un desarrollo cerebral saludable.

Hemos hablado de emociones, esas tormentas y calmas que todos enfrentamos, y cómo acompañarlas desde el respeto mutuo puede ser uno de los mayores regalos que podemos darles a nuestros hijos. Nos hemos detenido en las pantallas y el mundo digital, ese gran desafío de nuestra era, y espero que te hayas llevado un mapa para guiar a los más pequeños para que crezcan conectados con el mundo real, pero sin perderse a sí mismos en el mundo tecnológico.

Pero más allá de la neurociencia, la crianza es un acto profundamente humano, mamífero e instintivo. No se trata solo de estrategias ni de herramientas, sino de cómo elegimos relacionarnos con nuestros hijos y con nosotros mismos. Educar con cerebro significa dar espacio a las emociones, incluso a las que pueden resultarnos más incómodas de experimentar, y acompañarlas con paciencia y respeto. Significa aceptar que cometeremos errores, pero que siempre podemos repararlos, decir lo siento e intentar empezar de nuevo.

Y significa darnos cuenta de que nuestros hijos no necesitan que seamos perfectos, necesitan que estemos presentes sin estar en modo avión.

Porque la neurocrianza no solo transforma a nuestros hijos, también nos transforma a nosotros. Nos obliga a mirarnos en el espejo, a revisar nuestras propias emociones y patrones, a sanar heridas que tal vez ni siquiera sabíamos que estaban ahí. Nos invita a ser mejores no solo por ellos, sino también por nosotros mismos. Nos empuja a ser una versión 2.0.

Educar con cerebro es compromiso y vocación. Es para mí, y espero que para ti también lo sea, un acto de esperanza en un mundo que a menudo parece complicado y caótico. Es construir una base sólida no solo para nuestros hijos, sino para las generaciones que vienen detrás. Es entender que, al invertir en su desarrollo emocional, cognitivo y social, estamos dando forma al tipo de personas que serán, al tipo de adultos que contribuirán al mundo.

Por eso quiero que, al cerrar este libro, te lleves contigo una imagen: la de tus hijos mirándote con ojos llenos de curiosidad, confianza y amor. Ellos no ven tus imperfecciones ni tus dudas, sino que ven a alguien que está ahí, que intenta, que los ama profundamente y eso es lo que realmente importa.

Cada beso que das, cada límite que pones con respeto, cada cuento, cada canción, es una semilla que estás plantando en su mente y en su corazón. Esas semillas crecerán y se convertirán en la base de su seguridad, su autoestima y su capacidad de enfrentarse al mundo con empatía y resiliencia.

Recuerda que tus hijos aprenden más de lo que ven que de lo que les dices. Por eso, cada vez que eliges reaccionar con calma, les estás enseñando a regularse, cada vez que les pides disculpas, les estás mostrando cómo reparar una relación y cada vez que les muestras tu amor incondicional, les estás dando la certeza de que son valiosos simplemente por ser quienes son.

Y ahora me gustaría que este libro, antes de colocarlo en la estantería, fuera un compañero para ti. Es una invitación a volver siempre que lo necesites, a releerlo cuando tengas dudas, a buscar en sus páginas un recordatorio de que criar y educar con cerebro es una de las tareas más nobles y trascendentes que existen.

No hay un final en la crianza, somos madres y padres veinticuatro horas al día, siete días a la semana, para toda la vida. Siempre habrá retos, momentos de duda, alegrías y aprendizajes, pero cada día indudablemente es una nueva oportunidad para crecer juntos, para dejar de lado la culpa, para corregir errores, para celebrar y para recordar que la crianza no se mide en perfección, sino en intención.

Gracias por haber llegado hasta aquí, por haber confiado en estas palabras y, sobre todo, por haber elegido educar con cerebro para crecer con salud mental y emocional. Porque al hacerlo, no solo estás criando a tus hijos; estás construyendo un legado de amor, respeto y conexión que trascenderá generaciones.

Así que sigue adelante, confiando en tu capacidad de reaprender, sigue educando con amor, con paciencia, y con la certeza de que cada paso que das, incluso los más pequeños, son gigantes en el camino hacia una vida plena para ellos.

Gracias por permitirme ser parte de tu camino, por abrir tu corazón y tu mente. Porque educar con cerebro no es solo para hoy, es educar para siempre.

Agradecimientos

Este libro no existiría sin la inspiración y el amor que me rodea.

A mis hijos, los conocidos becarios, porque son la razón de todo. Porque son mis mejores maestros y con ellos no paro de reaprender, cuestionarme y crecer de maneras que nunca imaginé. Gracias por mostrarme, cada día, que ser mamá no se trata de ser perfecta, sino de amar incondicionalmente, de confiar en vuestro potencial, de respetarnos mutuamente, de intentarlo una y otra vez con el único propósito de prepararos para la vida. Mientras crecéis, yo sigo aprendiendo con vosotros y cada etapa que vivimos juntos me emociona y me transforma. Gracias por ser los motores de mi vida, de mi curiosidad y ser el motivo que me ha hecho descubrir mi pasión por acompañar a otras familias y profesionales entendiendo a la infancia.

A Juanfe, mi marido y mejor amigo, quien ha sido el ancla en cada paso de este viaje. Gracias por cuidar de nuestros hijos cuando yo necesitaba escribir, trabajar y estudiar, por rebosar bondad y generosidad. Por creer en mí incluso en los días en que yo misma dudaba de mí misma, y por empujarme siempre hacia delante con tu confianza. No hay palabras suficientes para agradecerte por ser mí compañero en esta vida y por ser el pilar que sostiene mis sueños.

A mis padres, por ser el suelo firme en el que siempre puedo apoyarme y por mostrarme, con su ejemplo, que siendo buena gente se llega a todas partes, y que el amor y la honestidad son la base de todo lo que vale la pena en la vida. Y a mis hermanos y cuñados, gracias por apoyarme en mis horas más bajas, por sostener mis momentos de agobio, por presumir de mí siempre y por demostrarme que la familia es un refugio donde se puede ser auténtica y vulnerable.

A mis suegros, por cuidar con tanto amor de mis hijos cuando yo necesitaba concentrarme en mi trabajo. Toda vuestra ayuda me ha permitido dedicarme a este proyecto tan deseado con la tranquilidad de saber que ellos estaban en las mejores manos.

A mis amigas, por ser complicidad, risas sinceras, conversaciones profundas y audios infinitos. Gracias por estar ahí, por recordarme quién soy en los momentos de caos y por celebrar conmigo cada paso. Ya sabéis, hay momentos.

A mi gente de Campillos, que son mis personas diamante. En especial a Eli y a Javi, por su sabiduría, por ser guía, inspiración y apoyo de toda la hermandad.

A Laura, mi editora, quien confió en mí a ciegas desde el primer momento. Desde nuestro primer encuentro conectamos y surgió la magia del universo. Gracias por creer en este proyecto, por guiarme con tanto cariño y por respetar mi trabajo en todo momento.

A mi comunidad de Instagram, por acompañarme en este camino. Gracias por cada mensaje, cada palabra de apoyo y por vuestras preguntas a diario. El apoyo que me hacéis llegar y vuestra confianza me inspira a seguir creando, divulgando y aprendiendo para ofrecer lo mejor de mí.

A las familias y profesionales que confían en mis formaciones, gracias por permitirme ser parte de su vida profesional y personal. Vosotros sois el motor de todo lo que hago, y vuestro deseo de crecer y mejorar por la infancia es una constante fuente de motivación para mí.

A ti, lector, que has abierto este libro con la esperanza de encontrar herramientas, inspiración, salud mental y ciencia en estas páginas. Gracias por permitirme acompañarte en tu camino, por leerme con el corazón abierto y por hacer que este proyecto cobre vida en tu realidad. Porque este libro te pertenece tanto como a mí.

A todos, gracias por ser parte de este viaje, por apoyarme, por inspirarme y por recordarme cada día que con amor, respeto mutuo y la firme creencia en la capacidad de nuestros niños, una educación incondicional no es solo una utopía, sino una realidad que construimos juntos.

Con gratitud y admiración,

ELVIRA

Bibliografía

Altenmüller, E., y Furuya, S. (2016). «El don de Apolo: nuevos aspectos de la musicoterapia neurológica», *Progress in Brain Research*, 217, 237-252. <https://doi.org/10.1016/bs.pbr.2014.11.029>.

Anderson, C. A., *et al.* (2017). «Screen Violence and Youth Behavior», *Pediatrics*, 140(Suppl 2), S142-S147. <https://doi.org/10.1542/peds.2016-1758T>.

Anvari, S. H., *et al.* (2018). «Relations among musical skills, phonological processing, and early reading ability in preschool children», *Journal of Experimental Child Psychology*, 82(3), 111-130. <https://doi.org/10.1016/j.jecp.2018.06.005>.

ASHA (Asociación Estadounidense del Habla, el Lenguaje y la Audición). (2021). *¿Cómo oye y habla su hijo?* Recuperado de <https://www.asha.org/public/speech/development/chart/>.

Asociación Española de Pediatría. (2024). «La AEP actualiza sus recomendaciones sobre el uso de pantallas en niños y adolescentes», *ConSalud.* <https://www.consalud.es/pacientes/aep-actualiza-sus-recomendaciones-sobre-uso-pantallas-en-ninos-adolescentes_152066_102.html>.

Bal, M., *et al.* (2024). «Examining the relationship between language development, executive function, and screen time: A systematic review», *PloS one*, 19(12), e0314540. <https://doi.org/10.1371/journal.pone.0314540>.

Baltacı, N., y Başer, M. (2022). «The Effect of Lullaby Intervention on Anxiety and Prenatal Attachment in Women with High-Risk Pregnancy: A Randomized Controlled Study», *Auswirkung einer Schlaflied-Intervention auf Angst und pränatale Bindung bei Frauen in einer Risikoschwangerschaft: Eine randomisierte kontrollierte Studie.*

Complementary medicine research, 29(2), 127-135. <https://doi.org/10.1159/000520139>.

Barker, C., y Nagle, R. (2018). «The development of language in infants and toddlers: A comprehensive review», *Journal of Child Language*, 45(3), 673-689. <https://doi.org/10.1017/S0305000917000589>.

Barry E. S. (2021). «What Is "Normal" Infant Sleep? Why We Still Do Not Know», *Psychological reports*, 124(2), 651-692. <https://doi.org/10.1177/0033294120909447>.

Berk, L. E. (2018). *Desarrollo infantil* (10.ª ed.). Pearson.

Berkowsky, R. W., Ferman, L., y Sánchez, J. P. (2019). «Music training enhances working memory and cognitive development», *Journal of Educational Psychology*, 111(3), 345-355. <https://doi.org/10.1037/edu0000363>.

Bialystok, E., Craik, F. I. M., y Luk, G. (2020). «Bilingualism and cognitive aging», *Annals of Neurology*, 87(4), 540-550. <https://doi.org/10.1002/ana.25899>.

Binder, J. R., *et al.* (2017). «Where is the semantic system? A critical review and meta-analysis of 120 functional neuroimaging studies», *Cerebral Cortex*, 19(12), 2767-2796. <https://doi.org/10.1093/cercor/bhm136>.

Bishop, D. V. M. (2017). *Cognitive neuropsychology and developmental disorders.* Sage Publications.

Bleibel, M., *et al.* (2023). «The effect of music therapy on cognitive functions in patients with Alzheimer's disease: a systematic review of randomized controlled trials», *Alzheimer's research & therapy*, 15(1), 65. <https://doi.org/10.1186/s13195-023-01214-9>.

Bloom, L. (2017). *Language development from two to three.* Cambridge University Press.

Bolduc, J., y Montésinos-Gelet, I. (2020). «The effects of a music programme on the phonological awareness of preschoolers», *Journal of Research in Reading*, 43(4), 417-435. <https://doi.org/10.1111/j.1467-9817.2020.01552.x>.

Bowlby, J. (2020). *Attachment and Loss: Volume I Attachment.* Basic Books.

Boyland, E. J., *et al.* (2016). «Advertising as a cue to consume: a systematic review and meta-analysis of the effects of acute exposure to unhealthy food and nonalcoholic beverage advertising on intake in children and adults», *The American journal of clinical nutrition*, 103(2), 519-533. <https://doi.org/10.3945/ajcn.115.120022>.

Bresnahan, C., Peterson, E. G., y Hattan, C. (2024). «Why educators endorse a neuromyth: relationships among educational priorities, beliefs about learning styles, and instructional decisions», *Frontiers in psychology*, 15, 1407518. <https://doi.org/10.3389/fpsyg.2024.1407518>.

Brown, S., Martínez, M. J., y Parsons, L. M. (2020). «The neural basis of human song», *Annals of the New York Academy of Sciences*, 1464(1), 201-216. <https://doi.org/10.1111/nyas.14145>.

Brussoni, M., *et al.* (2015). «What is the Relationship between Risky Outdoor Play and Health in Children? A Systematic Review», *International journal of environmental research and public health*, 12(6), 6423-6454. <https://doi.org/10.3390/ijerph120606423>.

Bueno D. (2020). «Genética y aprendizaje: Cómo influyen los genes en el logro educativo», *JONED. Journal of Neuroeducation.* 2020; 1(1); 38-51. doi: 10.1344/joned.v1i1.31788

— (2019). «Genetics and Learning: How the Genes Influence Educational Attainment», *Frontiers in psychology*, 10, 1622. <https://doi.org/10.3389/fpsyg.2019.01622>.

Candan, H. D., y Doğan, S. (2023). «Effectiveness of the positive discipline program applied to parents of preschool children: A randomized-controlled trial», *Journal of pediatric nursing*, 72, e87-e97. <https://doi.org/10.1016/j.pedn.2023.06.013>.

Caravolas, M., Hulme, C., y Snowling, M. J. (2019). *The development of reading and its difficulties*. Wiley-Blackwell. <https://doi.org/10.1002/9781119170651.ch2>.

Carroll P. (2022). «Effectiveness of Positive Discipline Parenting Program on Parenting Style, and Child Adaptive Behavior», *Child psychiatry and human development*, 53(6), 1349-58. <https://doi.org/10.1007/s10578-021-01201-x>.

Carson, V., *et al.* (2022). «Longitudinal associations between infant movement behaviours and development», *The international journal of behavioral nutrition and physical activity*, 19(1), 10. <https://doi.org/10.1186/s12966-022-01248-6>.

Castles, A., Rastle, K., y Nation, K. (2018). «Ending the reading wars: Reading acquisition from novice to expert», *Psychological Science in the Public Interest*, 19(1), 5-51. <https://doi.org/10.1177/1529100618772278>.

Catani, M., y Mesulam, M. M. (2017). «The arcuate fasciculus and the bilingual brain», *Journal of Neurology, Neurosurgery y Psychiatry*, 88(6), 493-494. <https://doi.org/10.1136/jnnp-2017-315209>.

Cavalcanti, B. L. D., *et al.* (2023). «El impacto del uso de pantallas digitales en el desarrollo cognitivo de los niños: Una revisión integradora», *Research, Society and Development*, 13(7), e4628522745. <https://doi.org/10.33448/rsd-v13i7.46285>.

Chaix, R. *et al.* (2020). «Differential DNA methylation in experienced meditators after an intensive day of mindfulness-based practice: implications for immune-related pathways», Brain, Behavior, and Immunity, 84, 36-44.

Chanda, M. L., y Levitin, D. J. (2013). «The neurochemistry of music». *Trends in cognitive sciences*, 17(4), 179-193. <https://doi.org/10.1016/j.tics.2013.02.007>.

Cohen Kadosh, K., *et al.* (2021). «Nutritional Support of Neurodevelopment and Cognitive Function in Infants and Young Children-An Update and Novel Insights», *Nutrients*, 13(1), 199. <https://doi.org/10.3390/nu13010199>.

Costa, K. M., *et al.* (2025). Dopamine and acetylcholine correlations in the nucleus accumbens depend on behavioral task states. *Current biology : CB*, S0960-9822(25)00127-7. Advance online publication. <https://doi.org/10.1016/j.cub.2025.01.064>.

Couso, M. (2024). *Cerebro y pantallas: Cómo las pantallas impactan en el desarrollo cognitivo en la infancia y la adolescencia*. Ediciones Destino.

Cuadro, A., y Trías, E. (2018). «Phonological awareness and its relationship to literacy skills in early childhood», *Early Childhood Research Quarterly*, 43, 99-110. <https://doi.org/10.1016/j.ecresq.2018.07.007>.

De, D., *et al.* (2025). Social Media Algorithms and Teen Addiction: Neurophysiological Impact and Ethical Considerations. *Cureus*, 17(1), e77145. < https://doi.org/10.7759/cureus.77145>.

Degé, F., y Schwarzer, G. (2020). «The influence of music education on phonological awareness in young children: A meta-analysis», *Journal of Educational Psychology*, 112(2), 335-348. <https://doi.org/10.1037/edu0000379>.

Diamond A. (2020). «Executive functions», *Handbook of clinical neurology*, 173, 225-240. <https://doi.org/10.1016/B978-0-444-64150-2.00020-4>.

Dores, A. R., *et al.* (2025). The Effects of Social Feedback Through the "Like" Feature on Brain Activity: A Systematic Review. *Healthcare (Basel, Switzerland)*, *13*(1), 89. <https://doi.org/10.3390/healthcare13010089>.

Düzgün, M. V., y Özer, Z. (2020). «The effects of music ıntervention on breast milk production in breastfeeding mothers: A systematic review and meta-analysis of randomized controlled trials», *Journal of advanced nursing*, 76(12), 3307-3316. <https://doi.org/10.1111/jan.14589>.

Eidelman A. I. (2021). «The Impact of Music on Breastfeeding Rates», *Breastfeeding medicine: the official journal of the Academy of Breastfeeding Medicine*, 16(3), 171-172. <https://doi.org/10.1089/bfm.2021.29177.aie>.

Fadó, R., *et al.* (2022). «Feeding the Brain: Effect of Nutrients on Cognition, Synaptic Function, and AMPA Receptors», *Nutrients*, 14(19), 4137. <https://doi.org/10.3390/nu14194137>.

Fatima, Y., Doi, S. A., y Mamun, A. A. (2016). «Sleep quality and obesity in young subjects: a meta-analysis», *Obesity reviews: an official journal of the International Association for the Study of Obesity*, 17(11), 1154-1166. <https://doi.org/10.1111/obr.12444>.

Fauvel, A. C., Dufour, A., y Schaal, B. (2019). «Musical emotions and brain processing: New perspectives on the role of music in human emotional development», *Trends in Cognitive Sciences*, 23(8), 652-661. <https://doi.org/10.1016/j.tics.2019.06.007>.

Feldman R. (2023). «Father contribution to human resilience», *Development and psychopathology*, 35(5), 2402-2419. <https://doi.org/10.1017/S0954579423000354>.

—, Braun, K., y Champagne, F. A. (2019). «The neural mechanisms and consequences of paternal caregiving», *Nature reviews*. Neuroscience, 20(4), 205-224.< https://doi.org/10.1038/s41583-019-0124-6>.

— (2021). «The Neurobiology of Human Attachments», *Trends in Cognitive Sciences, 25*(5), 345-359. <https://doi.org/10.1016/j.tics.2021.02.001>.

Ferreri, L., y Koelsch, S. (2019). «The role of music in emotional processing: From perception to action», *Psychology of Music*, 47(5), 679-687. <https://doi.org/10.1177/0305735619872280>.

Ferreri, L., y Koelsch, S. (2019). «Música y dopamina: de la neurociencia básica a las aplicaciones clínicas», *Frontiers in Psychology*, 10, 479. <https://doi.org/10.3389/fpsyg.2019.00479>.

Friederici, A. D. (2017). *Language in our brain: The origins of a uniquely human capacity*. MIT Press.

Fyfe-Johnson, A. L., *et al.* (2021). «Nature and Children's Health: A Systematic Review», *Pediatrics*, 148(4), e2020049155. <https://doi.org/10.1542/peds.2020-049155>.

Foster, J. A., y McVey Neufeld, K. A. (2013). «Gut-brain axis: how the microbiome influences anxiety and depression», *Trends in neurosciences*, 36(5), 305-312. <https://doi.org/10.1016/j.tins.2013.01.005>.

Gerry, D., Unrau, A., y Trainor, L. J. (2012). «Active music classes in infancy enhance musical, communicative and social development», *Developmental science*, 15(3), 398-407. <https://doi.org/10.1111/j.1467-7687.2012.01142.x>.

Glick, A. R., *et al.* (2022). «Implications of video chat use for young children's learning and social-emotional development: Learning words, taking turns, and fostering familial relationships», *Wiley interdisciplinary reviews. Cognitive science*, 13(5), e1599. <https://doi.org/10.1002/wcs.1599>.

Gómez Tabares, A. S., Correa Duque, M. C., y González Cortés, J. H. (2021). «Evolución del estudio sobre el efecto de la crianza en las conductas prosociales en la infancia y la adolescencia: una revisión sistemática», *Actualidades en Psicología*, 35(130), 49-73. <https://doi.org/10.15517/ap.v35i130.39958>.

González, R. J., *et al.* (2022). «The impact of musical training on phonological awareness: A longitudinal study», *Journal of Music Education Research*, 20(2), 120-133. <https://doi.org/10.1080/17511409.2021.1891327>.

Gordon, E. E., Fehd, H. M., y McCandliss, B. D. (2019). «Musical training and its effects on phonological processing», *Psychological Science*, 30(3), 427-434. <https://doi.org/10.1177/0956797618813380>.

Gooding, L., Morgan, P., y Salazar, P. (2020). «Music and therapeutic interventions in early childhood», *Journal of Music Therapy*, 57(3), 238-258. <https://doi.org/10.1093/jmt/thz024>.

Gromko, J. E. (2019). «The effects of music instruction on phonological awareness in preschoolers», *Journal of Research in Music Education*, 67(4), 405-417. <https://doi.org/10.1177/0022429419870050>.

Hewitt, L., *et al.* (2020). «Tummy Time and Infant Health Outcomes: A Systematic Review», *Pediatrics*, 145(6), e20192168. <https://doi.org/10.1542/peds.2019-2168>.

Hoekzema, E., *et al.* (2017). «Pregnancy leads to long-lasting changes in human brain structure», *Nature neuroscience*, 20(2), 287-296.

Honing, H., *et al.* (2015). «Without it no music: cognition, biology and evolution of musicality. Philosophical transactions of the Royal Society of London», *Series B, Biological sciences*, 370(1664), 20140088. <https://doi.org/10.1098/rstb.2014.0088>.

Hutton, J. S., *et al.* (2020). «Associations Between Screen-Based Media Use and Brain White Matter Integrity in Preschool-Aged Children», *JAMA pediatrics*, 174(1), e193869. <https://doi.org/10.1001/jamapediatrics.2019.3869>.

Jaschke, AC, Honing , H., y Scherder, EJA (2018). «Análisis longitudinal de la educación musical en las funciones ejecutivas en niños de primaria», *Frontiers in Neuroscience*, 12 , 103. <https://doi.org/10.3389fnins.2018.00103>.

Kohn, A. (2021). *Unconditional Parenting: Moving from Rewards and Punishments to Love and Reason*. Atria Books.

Korres, G., *et al.* (2024). «Unsupervised Screen Exposure and Poor Language Development: A Scoping Review to Assess Current Evidence and Suggest Priorities for Research», *Cureus*, 16(3), e56483. <https://doi.org/10.7759/cureus.56483>.

Kostilainen, K., *et al.* (2024). «Music and reading activities in early childhood associated with improved language development in preterm infants at 2-3 years of age», *Frontiers in psychology*, 15, 1394346. <https://doi.org/10.3389/fpsyg.2024.1394346>.

Kiefner-Burmeister, A., Domoff, S., y Radesky, J. (2020). «Feeding in the Digital Age: An Observational Analysis of Mobile Device Use during Family Meals at Fast Food Restaurants in Italy», *International journal of environmental research and public health*, 17(17), 6077. <https://doi.org/10.3390/ijerph17176077>.

Landry, M., *et al.* (2017). «Social Media and Sexual Behavior Among Adolescents: Is there a link?», *JMIR public health and surveillance*, 3(2), e28. <https://doi.org/10.2196/publichealth.7149>.

Leisman, G., Moustafa, A. A., y Shafir, T. (2016). «Thinking, Walking, Talking: Integratory Motor and Cognitive Brain Function», *Fron-*

tiers in public health, 4, 94. <https://doi.org/10.3389/fpubh.2016.00094>.

Levitin, D. J. (2018). *This is your brain on music: The science of a human obsession*. Dutton.

— y Tirovolas, A. K. (2019). «Music and the brain: The neural basis of musical processing», *Oxford Handbook of Music and Emotion*, 416-438. <https://doi.org/10.1093/oxfordhb/9780198743894.013.27>.

Lissak G. (2018). «Adverse physiological and psychological effects of screen time on children and adolescents: Literature review and case study», *Environmental research*, 164, 149-157. <https://doi.org/10.1016/j.envres.2018.01.015>.

Liu, J., Liu, X., y Ding, M. (2024). «The impact of a positive discipline group intervention on parenting self-efficacy among mothers of young children» *Frontiers in public health*, 12, 1461435. <https://doi.org/10.3389/fpubh.2024.1461435>.

Martínez-García, M., *et al.* (2023). «First-time fathers show longitudinal gray matter cortical volume reductions: evidence from two international samples», *Cerebral cortex* (Nueva York, N.Y. : 1991), 33(7), 4156-4163. <https://doi.org/10.1093/cercor/bhac333>.

Massaroni, V., Nueva York (2023). «The Relationship between Language and Technology: How Screen Time Affects Language Development in Early Life-A Systematic Review», *Brain sciences*, 14(1), 27. <https://doi.org/10.3390/brainsci14010027>.

Mehr, S. A., Nueva York (2020). «Origins of music in credible signaling», *The Behavioral and brain sciences*, 44, e60. <https://doi.org/10.1017/S0140525X20000345>.

McClure, E. R., *et al.* (2018). «Look At That! Video Chat and Joint Visual Attention Development Among Babies and Toddlers», *Child development*, 89(1), 27–36. <https://doi.org/10.1111/cdev.12833>.

McLaughlin, K. A., Sheridan, M. A., y Lambert, H. K. (2014). «Childhood adversity and neural development: deprivation and threat as distinct dimensions of early experience», *Neuroscience and biobehavioral reviews*, 47, 578-591. <https://doi.org/10.1016/j.neubiorev.2014.10.012>.

Moreno, S., y Bidelman, G. M. (2014). «Examining neural plasticity and cognitive benefit through the unique lens of musical training», *Hearing research*, 308, 84-97. <https://doi.org/10.1016/j.heares.2013.09.012>.

Moon, R. Y., *et al.* (2022). «Sleep-Related Infant Deaths: Updated 2022 Recommendations for Reducing Infant Deaths in the Sleep Environment», *Pediatrics*, 150(1), e2022057990. <https://doi.org/10.1542/peds.2022-057990>.

Muppalla, S. K., *et al.* (2023). «Effects of Excessive Screen Time on Child Development: An Updated Review and Strategies for Management», *Cureus*, 15(6), e40608. <https://doi.org/10.7759/cureus.40608>.

Mulla, W., *et al.* (2024). «Exploring Screen Time and Its Effects on Children's Mental Health: A Cross-Sectional Study», *Cureus*, 16(10), e71215. <https://doi.org/10.7759/cureus.71215>.

Nakshine, V. S., *et al.* (2022). «Increased Screen Time as a Cause of Declining Physical, Psychological Health, and Sleep Patterns: A Literary Review», *Cureus*, 14(10), e30051. <https://doi.org/10.7759/cureus.30051>.

Nguyen, T., *et al.* (2023). «Early social communication through music: State of the art and future perspectives», *Developmental cognitive neuroscience*, 63, 101279. <https://doi.org/10.1016/j.dcn.2023.101279>.

Orchard, E. R., *et al.* (2023). «Matrescence: Lifetime impact of motherhood on cognition and the brain», *Trends in Cognitive Sciences*, 27(3), 302-316.

Paternina-Die, M., *et al.* (2024). «Women's neuroplasticity during gestation, childbirth and postpartum», *Nature neuroscience*, 27(2), 319-327.

Paula, V., Vesa, *et al.* (2023). «Beneficial effects of a music listening intervention on neural speech processing in 0-28-month-old children at risk for dyslexia», *Developmental science*, 26(5), e13426. <https://doi.org/10.1111/desc.13426>.

Perry, B. D., y Szalavitz, M. (2021). *What Happened to You? Conversations on Trauma, Resilience, and Healing*. Flatiron Books.

Phillips, S. R., *et al.* (2020). «Sleep Quality in School-Aged Children: A Concept Analysis», *Journal of pediatric nursing*, 52, 54-63. <https://doi.org/10.1016/j.pedn.2020.02.043>.

Priftis, N., y Panagiotakos, D. (2023). «Screen Time and Its Health Consequences in Children and Adolescents», *Children* (Basel, Suiza), 10(10), 1665. <https://doi.org/10.3390/children10101665>.

Prins, J., *et al.* (2022). «Nature play in early childhood education: A systematic review and meta ethnography of qualitative research», *Fron-*

tiers in psychology, 13, 995164. <https://doi.org/10.3389/fpsyg.2022.995164>.

Pritschet, L., *et al.* (2024). «Neuroanatomical changes observed over the course of a human pregnancy», *bioRxiv: the preprint server for biology*, 2023.12.14.571688.

Rayce, S. B., Okholm, G. T., y Flensborg-Madsen, T. (2024). «Mobile device screen time is associated with poorer language development among toddlers: results from a large-scale survey», *BMC public health*, 24(1), 1050. <https://doi.org/10.1186/s12889-024-18447-4>.

Rebecchini, L. (2021). «Music, mental health, and immunity», *Brain, behavior, & immunity - health*, 18, 100374. <https://doi.org/10.1016/j.bbih.2021.100374>.

Rocka, A., *et al.* (2022). «The Impact of Digital Screen Time on Dietary Habits and Physical Activity in Children and Adolescents», *Nutrients*, 14(14), 2985. <https://doi.org/10.3390/nu14142985>.

Sánchez-Tena, M. Á., *et al.* (2024). «Prevalence and Estimation of the Evolution of Myopia in Spanish Children», *Journal of clinical medicine*, 13(6), 1800. <https://doi.org/10.3390/jcm13061800>.

Sanfilippo, K. R. M., Stewart, L., y Glover, V. (2021). «How music may support perinatal mental health: an overview», *Archives of women's mental health*, 24(5), 831-839. <https://doi.org/10.1007/s00737-021-01178-5>.

Santos, R. M. S., *et al.* (2022). «The Association between Screen Time and Attention in Children: A Systematic Review», *Developmental neuropsychology*, 47(4), 175-192. <https://doi.org/10.1080/87565641.2022.2064863>.

Santos, R. M. S., *et al.* (2023). «The associations between screen time and mental health in adolescents: a systematic review», *BMC psychology*, 11(1), 127. <https://doi.org/10.1186/s40359-023-01166-7>.

Sarkar, A., *et al.* (2018). «The Microbiome in Psychology and Cognitive Neuroscience», *Trends in cognitive sciences*, 22(7), 611-636. <https://doi.org/10.1016/j.tics.2018.04.006>.

Sewell, K. R., *et al.* (2021). «Relationships between physical activity, sleep and cognitive function: A narrative review», *Neuroscience and biobehavioral reviews*, 130, 369-378. <https://doi.org/10.1016/j.neubiorev.2021.09.003>.

Schore, A. N. (2021). «The Development of the Unconscious Mind»,

Frontiers in Psychology, 12, 684176. <https://doi.org/10.3389/fpsyg.2021.684176>.

Siegel, D. J., y Bryson, T. P. (2020). *The Power of Showing Up: How Parental Presence Shapes Who Our Kids Become and How Their Brains Get Wired*. Ballantine Books.

Spence, R., *et al.* (2022). «The moderation effect of secure attachment on the relationship between positive events and wellbeing», *PsyCh journal*, 11(4), 541-549. <https://doi.org/10.1002/pchj.546>.

Sinha, T. *et al.* (2023). «The maternal gut microbiome during pregnancy and its role in maternal and infant health», *Current Opinion in Microbiology*, 74, 102309.

Stiglic, N., y Viner, R. M. (2019). «Effects of screentime on the health and well-being of children and adolescents: a systematic review of reviews», *BMJ open*, 9(1), e023191. <https://doi.org/10.1136/bmjopen-2018-023191>.

Tosini, G., Ferguson, I., y Tsubota, K. (2016). «Effects of blue light on the circadian system and eye physiology», *Molecular vision*, 22, 61-72.

Torrijos-Muelas, M., González-Víllora, S., y Bodoque-Osma, A. R. (2021). «The Persistence of Neuromyths in the Educational Settings: A Systematic Review», *Frontiers in psychology*, 11, 591923. <https://doi.org/10.3389/fpsyg.2020.591923>.

Toumbelekis, M., Liddell, B. J., y Bryant, R. A. (2021). «Secure attachment primes reduce fear consolidation», *Depression and anxiety*, 38(10), 1078-1086. <https://doi.org/10.1002/da.23166>.

Trevino, M., Allen, EE, y Zatorre, RJ (2022). «El cerebro que canta: descubrimiento de neuronas específicas del canto en la corteza humana», *Journal of Neuroscience*, 42(8), 1451-1463. <https://doi.org/10.1523/JNEUROSCI.1723-21.2022>.

Trehub, S. E. (2019). «The origins of music and musicality», *Psychological Bulletin*, 145(9), 846-863. <https://doi.org/10.1037/bul0000191>.

Trehub, S. E., y Hannon, E. E. (2019). «Music and the infant brain», *Frontiers in Psychology*, 10, 302-318. <https://doi.org/10.3389/fpsyg.2019.00302>.

Twenge, J. M., y Campbell, W. K. (2018). «Associations between screen time and lower psychological well-being among children and adolescents: Evidence from a population-based study», *Preventive medicine reports*, 12, 271-283. <https://doi.org/10.1016/j.pmedr.2018.10.003>.

Victora, C. G. *et al.* (2016). «Breastfeeding in the 21st century: epidemiology, mechanisms, and lifelong effect», *The Lancet*, 387(10017), 475-490.

Vik, F. N., *et al.* (2021). «Parental phone use during mealtimes with toddlers and the associations with feeding practices and shared family meals: a cross-sectional study», *BMC public health*, 21(1), 756. <https://doi.org/10.1186/s12889-021-10757-1>.

Wang, H., *et al.* (2024). «Types of On-Screen Content and Mental Health in Kindergarten Children», *JAMA pediatrics*, 178(2), 125-132. <https://doi.org/10.1001/jamapediatrics.2023.5220>.

Wulff, V., *et al.* (2021). «The effects of a music and singing intervention during pregnancy on maternal well-being and mother-infant bonding: a randomised, controlled study», *Archives of gynecology and obstetrics*, 303(1), 69-83. <https://doi.org/10.1007/s00404-020-05727-8>.

Yamamoto, H., Sato, A., y Itakura, S. (2020). «Transition From Crawling to Walking Changes Gaze Communication Space in Everyday Infant-Parent Interaction», *Frontiers in psychology*, 10, 2987. <https://doi.org/10.3389/fpsyg.2019.02987>.

Yfanti, A., y Doukakis, S. (2021). «Debunking the Neuromyth of Learning Style», *Advances in experimental medicine and biology*, 1338, 145-153. <https://doi.org/10.1007/978-3-030-78775-2_17>.

Yogman, M., *et al.* (2018). «The Power of Play: A Pediatric Role in Enhancing Development in Young Children», *Pediatrics*, 142(3), e20182058. <https://doi.org/10.1542/peds.2018-2058>.

Zatorre, R. J., Chen, J. L., y Penhune, V. B. (2017). «Singing in the brain: Neural correlates of vocal performance», *Nature Reviews Neuroscience*, 18(9), 611-621. <https://doi.org/10.1038/nrn.2017.101>.

— y Gandour, J. T. (2017). «The neural specializations of speech and music», En R. J. Zatorre y J. T. Gandour (eds.), *The Oxford handbook of music and the brain* (pp. 393-402). Oxford University Press.

—, Lense, M. D., y Epp, B. (2015). «The role of the auditory cortex in musical processing», *Current Opinion in Neurobiology*, 33, 69-76. <https://doi.org/10.1016/j.conb.2015.02.011>.

— y Salimpoor, V. N. (2017). «From perception to performance: The neural bases of music», *Annals of the New York Academy of Sciences*, 1423(1), 67-76. <https://doi.org/10.1111/nyas.13399>.

— y Zarate, J.M. (2012). «Procesamiento cortical de la música», En LR Squire (ed.), *Enciclopedia de neurociencia* (pp. 975-982). Academic Press.

— Zarate, J. M., y Tian, X. (2017). «Neurons involved in the processing of pitch and speech», *Nature Neuroscience*, 20(8), 1168-1178. <https://doi.org/10.1038/s41593-017-0006-2>.

— y Zarate, J. M. (2020). «Neural mechanisms involved in music processing: From sound perception to emotional response», *Psychological Science*, 31(4), 501-513. <https://doi.org/10.1177/0956797620905231>.

Zimmerman, F. J., Christakis, D. A., y Meltzoff, A. N. (2021). «Associations between media viewing and language development in children under age 2 years», *JAMA Pediatrics*, 175(4), 379-387. <https://doi.org/10.1001/jamapediatrics.2020.6981>.

Zhang, C. *et al.* (2021). «The effects of delivery mode on the gut microbiota and health: state of art», *Frontiers in Microbiology*, 12, 724449.

Zhao, J., *et al.* (2022). «Association Between Screen Time Trajectory and Early Childhood Development in Children in China», *JAMA pediatrics*, 176(8), 768-775. <https://doi.org/10.1001/jamapediatrics.2022.1630>.

Zong, Z., *et al.* (2024). «The association between screen time exposure and myopia in children and adolescents: a meta-analysis», *BMC public health*, 24(1), 1625. <https://doi.org/10.1186/s12889-024-19113-5>.

«Para viajar lejos no hay mejor nave que un libro».

EMILY DICKINSON

Gracias por tu lectura de este libro.

En **penguinlibros.club** encontrarás las mejores recomendaciones de lectura.

Únete a nuestra comunidad y viaja con nosotros.

penguinlibros.club